新一代高等学校电子商务实践与创新系列教材

网络营销

（第3版）

郦　瞻　编著

清华大学出版社
北京

内容简介

网络营销已经成为数字经济背景下商业组织开展网络商务的新型营销模式。网络营销与传统营销相比,无论在理论、实践还是方法上都存在相当大的差异。特别是近年来以社会化媒体、短视频、直播等的兴起为标志,其开放、分享、自主、互动的 Web 2.0 特性使得网络营销进入新的发展时代,数据化、用户化、平台化的互联网业务模式趋势明显。

本书基于上述背景,力求充分体现网络营销教材的前沿性、规范性与先进性,突破国内外原有的网络营销教材的逻辑体系与知识内容,创新性地构建网络营销基础与战略、网络消费者理论、网络营销组合、社会化媒体营销、网络营销技术与工具五大模块。全书共 5 篇 18 章,内容涵盖了网络营销理论知识与实践前沿的要点与工具,能够充分满足网络营销课程的教学与应用要求。

本书立足前沿,结构新颖,体系规范,侧重应用,使读者在学习和掌握网络营销的基本理论和基本方法的同时,能够具备网络营销方法和技巧方面的基本能力,从而对当下主流的网络营销平台与工具进行深度运用。本书既可作为高等学校电子商务类专业课程教材,也适合有志于从事电子商务与网络营销的创业者自学。

图书在版编目(CIP)数据

网络营销/郦瞻编著. —3 版. —北京:清华大学出版社,2023.9(2024.7 重印)
新一代高等学校电子商务实践与创新系列教材
ISBN 978-7-302-64659-4

Ⅰ.①网… Ⅱ.①郦… Ⅲ.①网络营销—高等学校—教材 Ⅳ.①F713.365.2

中国国家版本馆 CIP 数据核字(2023)第 170514 号

责任编辑:袁勤勇
封面设计:傅瑞学
责任校对:郝美丽
责任印制:刘 菲

出版发行:清华大学出版社
    网   址:https://www.tup.com.cn,https://www.wqxuetang.com
    地   址:北京清华大学学研大厦 A 座   邮   编:100084
    社 总 机:010-83470000   邮   购:010-62786544
    投稿与读者服务:010-62776969,c-service@tup.tsinghua.edu.cn
    质量反馈:010-62772015,zhiliang@tup.tsinghua.edu.cn
    课件下载:https://www.tup.com.cn,010-83470236
印 装 者:三河市龙大印装有限公司
经   销:全国新华书店
开   本:185mm×260mm   印   张:18.25   字   数:421 千字
版   次:2013 年 3 月第 1 版 2023 年 9 月第 3 版   印   次:2024 年 7 月第 2 次印刷
定   价:58.00 元

产品编号:100480-01

　　电子商务自引入我国以来,其在各个领域均发生了巨大变化,从形式到内涵的各方面都更加丰富和完善,在国民经济中的作用显著增强。社会对电子商务人才的需求愈来愈大,也对高等学校电子商务人才的培养工作提出更高的要求。因此,如何面向日新月异的电子商务发展,开展各具特色的电子商务专业人才培养工作,打造新型的电子商务教材体系和系列教材,显得十分必要。

　　杭州师范大学阿里巴巴商学院是一所产学研相结合,充满创新创业激情的新型校企合作商学院。这次由教育部高等学校电子商务专业教学指导委员会指导,该商学院组织开展的高等学校本科教学电子商务实践与创新系列教材建设工作,是一次针对产业界需求、校企合作开展电子商务人才培养工作改革的有益实践,对探索我国现代服务业和工程创新人才的培养具有积极的意义。

　　电子商务实践与创新系列教材建设目标是打造一套结合电子商务产业和经济社会发展需要,面向电子商务实践,体现校企合作和创新创业人才培养特点的新一代电子商务本科教学系列教材,旨在为电子商务人才的培养工作服务。系列教材建设工作,前期已经过半年多时间的调查和研究,形成了面向电子商务发展的新一代教材体系基本框架。该系列教材针对电子商务中的零售、贸易、服务、金融和移动商务等不同的领域,对学生进行实践与创新的培训,不但吻合电子商务业界的发展现状和趋势,也属校企合作教学改革的一次实践与创新。

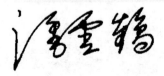

他序

　　一直觉得，自己人生中最快乐的日子，是站在讲台上当老师的那段时光。看着学生不断成长，真的是一件很有意义的事。

　　很多人说，良好的教育可以改变人的一生，教育对人的创新能力的培养非常重要。一方面，我国每年有几百万大学生毕业，但很多人走出校园却找不到工作；另一方面又有很多中小企业的老板对我说，自己的企业招聘不到合适的人才。这种反差说明我们的教育发生了偏离。现在学校里灌输的更多的是知识，而不是思维方式，这不是一种文化的传递。

　　现在很多大学都开设了电子商务专业，对于阿里巴巴这样的电子商务公司来说是件好事。阿里巴巴自成立以来，我们证明了一件事情，就是互联网和电子商务在中国能成功。同时我们相信互联网和电子商务的发展会影响我们的生活，并将影响未来。我相信电子商务未来会成为国家的竞争力，而不仅仅是企业的竞争力。但我觉得很多大学在培养电子商务专业人才时可能需要更加脚踏实地，更加务实，因为理论上可行的东西在实践上不一定能做到。我在阿里巴巴商学院成立仪式上说过，这是阿里巴巴在电子商务教育上的一次探索，商学院要加强对学生创业方面的指导、培训，中国中小企业发展需要创业者，他们更需要商学院的培训和教育。

　　这个世界在呼唤一个新的商业文明，我们认为新商业文明的到来、展开与完善，有赖于每一个公司、每一个人的创新实践。未来的商业人才须具备四个特质：拥有开放的心态、学会分享、具有全球化的视野、有责任感。过去十多年来，我们看到越来越多的年轻人加入网商行列，他们是改革开放以来最具创造能力的新一代，他们更有知识，更懂得诚信，更懂得开放。

　　分享和协作是互联网的价值源泉。作为一家生于杭州、长于杭州的企业，阿里巴巴乐意为电子商务未来的发展做贡献。阿里巴巴创业团队自创业到现在，积累了许多经验和大量案例，阿里巴巴希望将这些案例与中国的中小企业人、创业者及学子们分享，形成教育、企业、产业及社会通力发展的模式。

　　阿里巴巴商学院组织编写的电子商务实践与创新系列教材正是基于这一点进行酝酿策划的。这套教材融合了数以千万计网商的电子商务实践，从理论层次进行了总结升华,同时,教材编写团队中不仅有电子商务理论界的著名教授和学者,也有电子商务企业界专家,相信这套教材对高等学校电子商务教学改革将是一次很好的探索和实践。

感谢教育部高等学校电子商务专业教学指导委员会给予的指导,感谢所有参加系列教材编写工作的专家、学者,以及系列教材组织编写委员会的顾问、领导和专家。相信这次合作不仅是一次教材编写的合作,同时也是新一代高等学校电子商务实践与创新系列教材建设工程的开篇,更是一次全国电子商务界精英的大联盟。衷心期待我们的老师、同学们能够从教材中汲取知识,快速成长。

阿里巴巴集团

前言

随着网络营销理论与产业实践的发展，《网络营销》（第 2 版）的部分内容已不能适应和满足网络营销领域的教学要求，因此，笔者编写了第 3 版。第 3 版在内容体系上与第 2 版相比没有大的变动，但是对于多数章节进行较大的更新与修改。其中，第 3 章对于网络消费者市场，一是在 3.2 节介绍的影响网络消费者购买的主要因素中，在保持原有的人口统计学变量和心理统计学行为变量的同时，增加顾客在线环境下的现实体验变量；二是针对电商直播的兴起，在 3.3 节介绍的网络消费购买决策流程中增加电商直播情境下的网络消费购买决策过程；三是删除原有的网络消费者市场主要研究方法。针对视频营销与 SNS 社区营销在中国互联网产业的发展现状，删除原第 13 章"SNS 社区营销"，原第 14 章"视频营销"改为第 13 章，并针对视频营销中长视频与短视频的分布，特别是短视频的兴起，相关内容介绍改为以短视频为主。针对网红经济和电商直播的发展，将原第 14 章更换为介绍电商直播这一新兴的商业模式，并予以重点突出。

此外，第 1 章"网络营销概述"的修订主要针对 Web 3.0 时代的网络营销，一是将 Web 3.0 时代的特点，在原有的个性化、聚合化的基础上增加普适性；二是将重新优化组织 Web 3.0 时代的网络营销内容，具体包括信息聚合、价值重塑、精准营销和众包模式。第 2 章"网络营销战略计划"的修订主要增加了 2.4 节"网络营销战术、预估与执行"。第 7 章"网络营销渠道"的修订，删除了 7.2 节"网络营销渠道主体及决策"中网络营销渠道主体类型中信息中介的介绍。第 9 章"网络营销传播"的修订，增加 9.6 节"网络直播"，具体包括网络直播的概念、特征及相关流程。第 17 章"客户界面设计"的修订，一是将原有的 17.2 节"客户界面的设计原则"中介绍的一致性原则与重复原则合并为一致原则；二是在 17.3 节"客户界面的设计要素"中增加对文字要素的介绍。

互联网与信息技术的迅速发展，网络营销已经成为信息经济背景下商业组织开展网络商务的新型营销模式。与传统营销相比，网络营销无论在理论、实践还是方法上都存在相当大的差异。特别是近年来以社会化媒体兴起为标志，其开放、分享、自主、互动的 Web 2.0 特性使得网络营销进入新的发展时代。网络营销是电子商务及其相关专业的必修课程，可以作为高等学校大学生从事电子商务实践以及网络创业等工作的重要支撑。本书基于理论性和实践性相结合的原则，一方面注重学生掌握网络营销的基本原理、知识与方法，学生可以全面系统地掌握网络营销的理论基础；另一方面大胆突出最新的网络营销工具与技能,尤其加强学生在网络营销方法和技巧方面的基本训练,引导学生基于时下流行的网络营销平台与工具进行深度运用。全书共5篇,具体包括网络营销基础和战略、网络消费者理论、网络营销组合、社会化媒体营销、网络营销技术与工具。通过本书的学习,能够使学生应用网络营销专业知识去认识和理解专业领域问题,培养学生发扬积极主动的创新精神,运用科学的思维方法,提高学生分析和解决问题的能力,将所学的知识在网络营销乃至电子商务的实际中积极而合理地运用。

郦瞻负责本书的总体规划、框架设计和统稿,并编写了第1~3、6、7、9~11、13~18章;谭福河编写了第4章和第5章;赵奉军编写了第8章;沈春玲编写了第12章。

网络营销的发展日新月异,由于作者水平有限、编写时间较为仓促,书中难免存在疏漏、不当之处,还请读者不吝赐教指正。

作 者

2023年8月

第一篇　网络营销基础与战略

第二篇　网络消费者理论

第三篇　网络营销组合

第四篇　社会化媒体营销

第一篇

网络营销基础与战略

第 **1** 章 网络营销概述

 学习目标

- 掌握电子商务与网络营销的概念及区别;
- 理解 Web 2.0 时代网络营销的特征与内容。

1.1 电子商务与网络营销

电子商务(E-Commerce)是指基于互联网(internet)、企业内部网(intranet)和增值网(value added network)以电子应用方式进行商业和相关服务活动,是传统商业活动各环节的电子化、网络化。

电子商务包括电子货币交换、供应链管理、电子交易市场、网络营销、在线事务处理、电子数据交换(EDI)、存货管理和自动数据收集系统。电子商务不仅包括单纯的商品与服务的买卖关系,而且包括服务顾客、协作商业伙伴和实施企业内部电子交易等。例如,从业务流程的角度考虑,电子商务是基于计算机网络实施业务流程;从服务的角度考虑,电子商务是满足公司、消费者削减服务成本的愿望,同时改善客户服务质量与加快服务响应速度;从协作的角度考虑,电子商务是企业外部与内部组织的连接工具;从社会化媒体的角度考虑,电子商务提供在线学习、交易与协作的聚合场所。例如,我们在亚马逊订购图书的行为毫无疑问属于电子商务,那么,我们利用百度地图从始发地寻找去往目的地的路线是否属于电子商务呢?借鉴上述的电子商务定义,这一行为也属于电子商务。

概括而言,电子商务的内涵较为广泛,其主要涵盖供应链、网络营销、电子化运营三块核心内容。相对于电子商务,网络营销则显得更为具体。网络营销指基于互联网平台,利用信息技术与工具满足公司与客户之间交换概念、产品、服务的过程,通过在线活动创造、宣传、传递客户价值,并且对客户关系进行管理,以达到一定营销目的的新型营销活动。网络营销可以通过互联网创造更为先进的营销理念、更为有效的市场细分、更富效率的渠道策略,对促销策略、产品价格、分销策略、服务及创意等进行更为有效的规划和实施,创造满足个人和组织需求的网络交易,为顾客创造更大价值。

网络营销的特征具体表现在以下 8 方面。

1. 时空的无限性

互联网具有"一周 7 日,一日 24 小时"特点,只要产品与服务的信息内容存在,企业和用户就可以在任何时间进行不断的沟通。同时,只要企业有愿景,就可以将其信息与产品在地区乃至全球进行传播与扩散。

2. 成本的经济性

相对于传统媒体,例如报纸、广播、电视等,网络营销能够有效降低企业营销沟通成本,提高企业营销信息传播效率;同时,由于没有店面租金成本,企业提供的产品与服务具有较低的价格成本,具备明显的价格竞争力。

3. 市场的精准性

基于互联网与信息技术的背景,网络营销可以使企业充分地体现在线空间的市场细分、选择与定位。

4. 信息的透明性

网络营销中,互联性使信息的非对称性大大减少。消费者可以从网上搜索自己想要掌握的任何信息,甚至可以得到网络意见领袖的推荐指导。

5. 信息的快捷性

互联网使得营销活动具备快速运行的特征,可以迅速搜索到所需要的任何信息,并对市场做出即时反应。

6. 效果的可衡量性

网络营销可以有效地衡量在线营销效果。例如,点击率、网页浏览量、网络广告成本等都可以借助网络平台与工具进行即时有效的跟踪与度量。营销效果的可衡量性使得营销人员可以更为精确地把握促销支出。

7. 买卖双方的互动性

互联网环境下,传统经济条件下的"面对面"向"屏对屏"的转移,使得企业可以利用各种网络平台与客户充分地实现在线互动。

8. 大规模个性化

个性化是互联网的另一个根本属性。互联网环境下,消费者的个性化得以充分释放,企业针对这一趋势实施网络营销,可以充分保证为消费者提供个性化的商品与服务。

总体而言,电子商务与网络营销密切相关,网络营销在其中占据举足轻重的地位,并日益受到企业的广泛重视与应用。同时,二者的侧重范围也明显不同:网络营销注重以互联网为主要手段的营销活动;电子商务体系中的重要支撑内容,诸如网络金融、物流配送、电子商务法律等并不属于网络营销的范畴。

1.2　Web 1.0 时代的网络营销

互联网产生于 1969 年年初,它的前身是阿帕网(ARPA 网),是美国国防部高级研究计划管理局为准军事目的而建立的,开始只连接了 4 台主机,这便是只有 4 个网点的"网络之父";到了 1972 年公开展示时,由于学术研究机构及政府机构的加入,这个系统已经连接了 50 所大学和研究机构的主机;1982 年 ARPA 网又实现了与其他多个网络的互联,从而形成以 ARPANET 为主干网的互联网。1983 年,美国国家科学基金会 NSF 提供巨资,建造了全美五大超级计算中心。1986 年,NFSNET 建成后取代了 ARPA 网而成为互联网的主干网。早期以 ARPANET 为主干网的互联网只对少数的专家和政府要员开放,而以 NFSNET 为主干网的互联网则向社会开放。到 20 世纪 90 年代,随着计算机的普及和信息技术的发展,互联网迅速地商业化,以其独有的魅力和爆炸式的传播速度成为当今的热点。商业利用是互联网前进的发动机,一方面,网点的增加和众多企业商家的参与使互联网的规模急剧扩大,信息量也成倍增加;另一方面,商业利用更刺激了网络服务的发展。

Web 1.0 是第一代互联网,起始于 20 世纪 90 年代,主导其发展的就是以互联网和信息技术为代表的技术创新。以新浪、搜狐、网易为代表的综合性门户网站以及谷歌、百度为代表的通用搜索网站是 Web 1.0 的典型体现。

1.2.1　Web 1.0 时代的特点

在 Web 1.0 这一时期,用户上网主要就是浏览信息与搜索信息,流量和广告是这一时期互联网商业模式的核心体现。Web 1.0 的特点主要体现在以下三方面。

1. 技术创新

以互联网和信息技术的发展为代表的技术创新对 Web 1.0 时代的发展起到了决定性的作用。无论是百度的搜索引擎、腾讯的即时通信,还是盛大的网络游戏,技术创新都在其中起到了主导性的作用。

2. 门户网站

Web 1.0 时代,综合门户网站是各大网络新贵的首选。无论是新浪、搜狐,还是网易、腾讯、MSN 等都将门户网站作为自己的互联网产业布局的着力点,配置大量的人力、物力与财力致力于综合门户网站的发展。这一情况的出现,源于门户网站的盈利空间更为宽广,盈利模式更加多元化,从而可以更为有效地实现增值服务。

3. 流量至上

Web 1.0 背景下,网站的盈利普遍都依赖于点击流量。网络用户的规模大小与发展速度,是互联网站点"跑马圈地",实现网络效应的集中体现。

1.2.2　Web 1.0 时代的网络营销

Web 1.0 的网络营销与传统的线下营销在理论上并无明显差异,消费者还是作为"读者"或"听众",延续着被动的信息接收。在 Web 1.0 时代,网民的身份只是一名网络读者,或者是一名网络信息接受者。而这个时代的网络营销主要体现在以广告投放为主的网络宣传推广。在 Web 1.0 时代,网络营销包括网络广告、搜索引擎营销、电子邮件营销和即时通信营销等。

1. 网络广告

网络广告即广告商在第三方网络平台投放关于产品或服务的广告以提高品牌知名度和销售收入。在 Web 1.0 背景下,伴随着互联网的快速发展和网民的大量增加,网络广告日益成为消费者生活不可缺少的媒体形式,网络广告成为 Web 1.0 时代广告主实施网络营销的重要方式之一。

2. 搜索引擎营销

搜索引擎营销分为搜索引擎优化与付费搜索两种。搜索引擎优化是通过对网站结构(内部链接结构、网站物理结构、网站逻辑结构)、高质量的网站主题内容、丰富而有价值的相关性外部链接进行优化而使网站对用户及搜索引擎更加友好,以获得在搜索引擎上的优势排名,为网站引入流量。付费搜索重点体现为关键字广告或竞价位广告,即广告商通过网民搜索结果页上的广告位来实现营销目的。

3. 电子邮件营销

电子邮件营销是以订阅的方式将行业及产品信息通过电子邮件的方式提供给所需要的用户,以此建立与用户之间的信任与信赖关系。电子邮件作为互联网基础应用服务之一,绝大部分公司及网站都在利用电子邮件营销方式。

4. 即时通信营销

即时通信营销,顾名思义,是利用互联网即时聊天工具进行推广宣传的营销方式。

1.3　Web 2.0 时代的网络营销

Web 2.0 是互联网的一次革命性的升级换代,由原来的自上而下的由少数资源控制者集中控制主导的互联网体系转变为自下而上的由广大用户集体智慧和力量主导的互联网体系。2004 年,美国学者蒂姆·欧雷利(Tim O'Reilly)提出:Web 2.0 的内在含义包括"网络作为平台(web as platform)、采摘集体智慧(harnessing collective intelligence)、内在数据驱动(data is the software release cycle)、轻量级规划模型(lightweight programming models)、超越单一设备水平的软件(software above the level of a single device)、富含充分的使用者体验(rich user experiences)"。它强调以单个平等个体为核心的"去中心化",发挥以每个"草根"为基础的群体智能,突破了网络社会的信息虚假瓶颈,通过个人与群体间的自组织协同效应,力求构建真实、互动的网络社会。

这里可以将 Web 2.0 描述为以微博、社会化网络、视频、图片和论坛等网站为代表,依据六度分隔、XML、AJAX 等新理论和技术实现的新一代互联网模式,如图 1-1 所示。

1.3.1　Web 2.0 时代的特点

Web 2.0 的核心理念可以归结为它所包含的三大文化,即自由、开放和共享。自由是个人化的前提,开放是自组织的基础,共享是信息化的核心。Web 2.0 代表了未来互联网的发展,其带来的是理念上的发展,具有去中心化、草根性、真实性、自组织协同性、主体参与性、用户生成内容和网络社会化等独特属性。

1. 去中心化

去中心化是 Web 2.0 最显著的特征。我们可以发现,在现有的 Web 2.0 典型应用中,"人"被提到了很高的高度,每个人作为一个平等的主体而存在,他们在接受信息的同时也

图 1-1　Web 2.0 构建图

在创造信息。传播主体的不确定性，使得 Blog、SNS、Wiki 等诸如此类的 Web 2.0 应用出现了去中心化的特征。去中心化，同时又意味着 Web 2.0 具有开放性和共享性特征。

2. 草根性

草根性是 Web 2.0 的核心属性。以前只有作家、记者等社会的精英人物才能撰写并发表专业文章，现在普通的大众用户都可以通过写作来与大家分享自己的心情、经验或技术。草根用户也成为精英群体的一部分，此处的草根性，是指精英草根化和草根精英化。

3. 真实性

在 Web 1.0 时期，网络大都为虚拟社区、虚拟个体，但 Web 2.0 的基本原则是真实。Amazon 公司的前首席科学顾问安德烈亚斯·S.维根认为，"随着 Web 2.0 应用范围的扩大，它的内容的真实性和引导性会表现出来，用户长时间在网络上创作，已经建立了类似于现实世界的声誉，只有这样才能在 Web 2.0 环境下的网络集群中生存。"因此，真实性是 Web 2.0 的必然要求和本质属性之一。

4. 自组织协同性

Web 2.0 发挥的是自组织的力量。个人与个人之间、个人创造的内容与内容之间，以及个人汇聚的群体与群体之间都是通过 TAG 标签、RSS 聚合自组织而成的，他们结合成为一个个有着共同特征的网络群体。因此，Web 2.0 发挥的是网络的自组织协同效应，以自组织的方式让人、内容和应用等充分"活动"起来，使得协同力量最大限度地爆发。

5. 主体参与性

Web 2.0 采用的是一种用户参与和贡献的架构，改变了以往"只读"的属性，将网站变成既可读又可写。这种人人均可参与的性质，一方面体现在网站内容，通过鼓励用户参与构建网络，使网站的服务更具吸引力；另一方面，通过开放 API，利用用户的参与和贡献，形成一个围绕网站服务的良性生态网络，增强了 Web 2.0 服务的功能与竞争力。

6. 用户生成内容

在 Web 2.0 时代，原本处于被动接受方的用户参与到互联网建设中来，他们积极表达自己的思想,使得个体的声音得到充分表达。用户原创内容(User Generated Content,UGC),即用户将自己原创的内容通过互联网平台进行展示或者提供给其他用户。从内容层面来看,Web 2.0 是 2003 年以来新的一类互联网应用的统称,由单纯的"读"向"写"和"共同创建"发展;由被动接受信息到主动创造互联网信息。在 Web 2.0 时代,网络上内容的产出主要来自用户,每一个用户都可以生成自己的内容,互联网上的所有内容由用户创造,而不只是以前的某些人,所以互联网上的内容会飞速增长,形成一个多、广、专的局面。微信、视频、百科等都是 UGC 的主要应用形式。

7. 网络社会化

Web 2.0 由于充分发掘了个人的主动性与积极性,极大解放了个人的创作和贡献的潜能,使得互联网的创造力发生了历史性的提升,从而在根本上改变了 Web 1.0 时代互联网由少数人所控制和制造的影响。Web 2.0 时代将互联网的主导权交还给网民,使个人成为真正意义的主体,由成千上万的网民所形成的动力充分地推动 Web 2.0 的发展。Web 2.0 时代无论是从理念角度还是技术角度,都在实践着网络的社会化。

1.3.2　Web 2.0 时代的网络营销

在 Web 2.0 时代,用户原创内容并不是某一种具体的业务,而是一种用户使用互联网的新方式,即由原来的以下载为主变成下载和上传并重。YouTube、MySpace 等网站都可以视为 UGC 的成功案例,社区网络、视频分享、网络直播等都是 UGC 的主要应用形式。

消费者由原来搜索、获取信息转变为现在的主动创造信息,其主动性有了本质的加强,实现了由网站对人到人对人(P2P)的转变。P2P 是一种分布式网络,网络的参与者共享他们所拥有的一部分硬件资源(处理能力、存储能力、网络连接能力、打印机等),这些共享资源需要由网络提供服务和内容,能被其他对等结点(peer)直接访问而无须经过中间实体。在此网络中的参与者既是资源(服务和内容)提供者(server),又是资源(服务和内容)获取者(client)。虽然上述定义稍有不同,但共同点都是 P2P 打破了传统的 Client/Server (C/S)模式,在网络中的每个结点的地位都是对等的。每个结点既充当服务器,为其他结点提供服务,同时也享用其他结点提供的服务。C/S 模式与 P2P 模式的对比如图 1-2 所示。

随着互联网发展至 Web 2.0 时代,网络应用服务不断增多,网络推广方式也越来越丰富,包括博客营销、播客营销、RSS(Really Simple Syndication,简易信息聚合)营销、联属网络营销、SNS(Social Network Service,社会化网络服务)营销和社群营销等。

1. 博客营销

博客营销是建立企业博客,用于企业与用户之间的互动交流以及企业文化的体现,一般以诸如行业评论、工作感想、心情随笔和专业技术等作为企业博客内容,深化品牌影响力,使用户更加信赖企业。相对于广告而言,企业博客营销是一种间接的营销,企业通过博客与消费者沟通、发布企业新闻、收集反馈和意见、实现企业公关等,这些虽然没有直接宣传产品,但是让用户接近、倾听、交流的过程本身就是最好的营销手段。博客营销有低

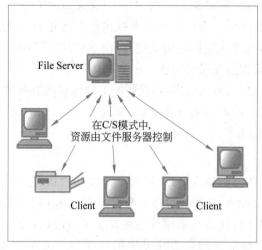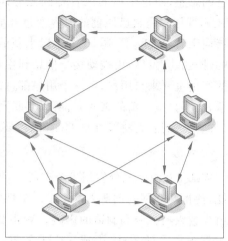

(a) C/S模式　　　　　　　　　　　　　　　(b) P2P模式

图 1-2　C/S 模式与 P2P 模式对比图

成本、贴近大众、信息性强等特点,博客营销往往会形成众人的谈论,达到很好的二次传播效果。博客营销可以是企业自建博客或者通过第三方 BSP 来实现,企业通过博客来进行交流沟通,达到增进客户关系,改善商业活动的效果。

2. 播客营销

播客营销是在广泛传播的个性视频中植入广告或在播客网站进行创意广告征集等方式来进行品牌宣传与推广。例如,"百事我创,网事我创"的广告创意征集活动,通过发布创意视频广告延伸品牌概念,使品牌效应不断地被深化。

3. RSS 营销

RSS 营销是指利用 RSS 聚合技术传递营销信息的网络营销模式。RSS 搭建了信息迅速传播的一个技术平台,使得每个人都成为潜在的信息提供者。无论是个人还是企业,在发布信息后,网络使用者可以非常便捷地获取相关主题的内容信息。

4. 联属网络营销

自 1996 年 Amazon 发布它的联属网络营销项目以来,联属网络营销模式已经被成千上万的网站使用。Web 2.0 的时代,在以互动、个性、分享为主的时代背景下,联属网络营销不仅可以为数以万计的中小网站提供额外的收入来源,同时,也可以为数以万计的商家站点提供无限的网络分销空间与渠道。

5. SNS 营销

SNS 营销,是互联网 Web 2.0 基于圈子、人脉、六度空间这样的概念而产生的,即主题明确的圈子、俱乐部等进行自我扩充的营销策略,一般以成员推荐机制为主要形式,为精准营销提供了可能。例如,Google 的 gmail 邮箱即采用推荐机制,只有别人发给你邀请,你才有机会体验 gmail 邮箱。Google 的 gmail 邮箱通过人与人的不断传递与相互关联实现了品牌的传递。这也可以说是病毒式营销的升华,但对于用户认可产品的品牌起到很强的作用。

6. 社群营销

Web 2.0 使得具有特殊爱好或共同利益的顾客群体基于市场细分的维度,形成用户高度参与、以兴趣为聚合点的虚拟社群,可以通过虚拟社群的形式,建立起某种经常性的联系。当网络社群的参与者发表或分享个人或集体信息时,浏览信息所获得的用户体验可以得到提高。从营销的角度讲,这种用户根据兴趣爱好分类聚合而形成的一个个志趣相投的群体,就是一个个自然形成的细分市场。企业针对这些细分市场,一方面能分析和挖掘用户的现实和潜在需求;另一方面,充分运用有效的手段、恰当的方法来开展双向互动、直接锁定目标客户群的精准营销,能降低企业的营销成本,提高企业的营销效能。

1.4　Web 3.0 时代的网络营销

Web 3.0 是由互联网业内人员制造出来的概念。常见的解释为:网站内的信息可以直接和其他网站相关信息进行交互,能够通过第三方信息平台同时对多家网站的信息进行整合使用;用户在互联网上拥有自己的数据,并能在不同网站上使用;完全基于 Web,用浏览器即可以实现复杂的系统才具有的功能。Web 3.0 与 Web 2.0 一样,不仅是技术的创新,更是思想的创新,特别是用户理念的创新。相对于 Web 2.0 通过网络获取用户信息,Web 3.0 背景下,网络成为用户需求的理解者和提供者,网络对用户了如指掌,知道用户有什么、要什么以及行为习惯,从而基于此进行快速有效的资源筛选、智能匹配。如果说 Web 2.0 解决了个性解放的问题,那么 Web 3.0 就是解决信息社会机制的问题,也就是最优化信息聚合的问题。所以,Web 3.0 的核心内涵就是信息的高度整合和服务的高度智能。

1.4.1　Web 3.0 时代的特点

Web 3.0 区别于 Web 2.0 中最广为认同的是语义网。语义网的建立很大程度上依赖人工智能。通俗地说,语义网就是能够根据语义进行判断的智能网络,实现人与计算机之间的无障碍沟通。它就像一个巨型的大脑,智能化程度极高,协调能力非常强大。在语义网上连接的每一台计算机不但能够理解词语和概念,而且还能够理解它们之间的逻辑关系,可以干人所从事的工作。它将使人类从搜索相关网页的繁重劳动中解放出来。语义网中的计算机能利用自己的智能软件,在万维网上的海量资源中找到所需要的信息,从而将一个个现存的信息孤岛发展成一个巨大的数据库。可以说,Web 3.0 时代的特点突出表现在互联网的个性化、聚合化与普适性。

1. 个性化

Web 3.0 将为用户提供个性化整合服务。Web 3.0 环境下的网络营销不仅是按照用户提出的要求为其提供全面的服务,更要提供针对用户爱好、行为、习惯而设计的个性化服务;也可根据用户提交的需求信息,为其深入定制个性化的门户网站。系统将用户的偏好作为主要的考量要素,在对用户生成内容进行筛选过滤的基础上,同时引入偏好信息处理与个性化搜索引擎技术,对用户的行为特征进行分析。依据用户的行为轨迹,通过归纳不同的细分群体的用户行为轨迹来开展营销。例如,商务人群的互联网行为轨迹、年轻女性的互联网行为轨迹等,找到他们的行为轨迹,就能够了解他们的在线触点,从而可以有针对性地设计和传播信息。Web 3.0 的个性化是用户最喜爱的方式,其节约了用户大量的时间,获得大量用户的青睐,与此同时,它也慢慢培养一批新生用户的上网习惯,用户自己选择上网的方式和关注的方向。Web 3.0 背景下,基于用户行为、习惯和信息而构建的,能够充分满足个性化需求设置才是互联网的发展趋势。

2. 聚合化

互联网的不断发展,在海量信息时代,用户需要更快捷、更精准地找到自己需要的信息,这就需要数据整合,智能化聚合用户需要的信息。Web 3.0 是全新的人与机器交互的时代,大量冗余的信息越来越少,人性化和精准化的聚合信息越来越多,使得每个角落的用户都能够交流和分享。Web 3.0 将改变用户获取信息的方式,Web 3.0 时代,每个人都能看到的同样一个模式的综合化门户将不复存在,真正的 Web 3.0 时代不仅仅是按照用户需求提供综合化服务,创建综合化服务平台;更关键的是,可以根据用户使用喜好及关注习惯而汇总的相关信息,立刻提供有效的个性化的聚合服务。这种个性化的聚合模式将会颠覆传统的综合门户,Web 3.0 时代的互联网评价标准不再是流量、点击率,而是到达率和用户价值。例如,人们看到的新浪新闻首页将是这个人感兴趣的新闻,而那些他们不感兴趣的新闻将不再显示,而这些个性化的聚合完全依赖于强大的智能化识别系统,以及长期对于一个用户互联网行为规律的分析和锁定。再如,搜索引擎的个性智能化,用户不用分析和试验如何组合关键词语,只要把想要的东西列出,与个人的偏好和背景连接,搜索引擎就能把适合的数据提供出来,更快捷地搜索信息、解决问题,同时用户可以自由订制搜索聚合结果。

3. 普适性

Web 3.0 的普适性表现为无线网络与移动互联网终端产品的发展。无线网络与有线网络的根本区别在于传输媒介的不同,无线网络抛开了传统的网线可以进行数据的高速传输。中国的无线网络技术较国外发展要晚一些,但是发展速度迅猛。目前,国内提供基础网络服务的三大运营商都在积极布局无线网络。Wi-Fi 网络覆盖面的逐步加大有力地促进了移动互联网终端的发展,现代社会人们对移动性和信息的需求急剧上升,越来越多的人希望在移动的过程中高速地接入互联网,获取急需的信息,完成想做的事情。例如,通过无线网络进行上网、视频通话、看电影、玩游戏、购物和收发邮件等。

无线网络的逐步完善与移动互联网终端的发展是互相促进的,离开了终端产品的支持,无线网络优势将无法实现,而终端产品缺少无线网络的依托也便失去了自身的优势。现在,消费者能使用的上网终端产品越来越多,包括智能手机、平板计算机、MP4、电子书等。无线网络的发展带动了大批移动互联网终端的发展。以智能手机为代表的终端产品的爆发式增长也有利于无线网络的发展。智能手机作为移动互联网终端的代表,让我们感受到移动上网的便捷,只要有无线网络覆盖的地方,人们就能随时随地在网上畅游。

随着技术和理念层面的发展和支持,层出不穷的新的移动终端的开发与应用都将充分地体现出互联网应用,这也使得各种终端的用户群体都可以享受到在互联网上冲浪的便捷。

1.4.2　Web 3.0 时代的网络营销

Web 3.0 时代的网络营销内容体现在以下 4 方面。

1. 信息聚合

Web 3.0 是全新的人机对话时代,整合的信息更加多元化,更加人性化,提供自动化的最优化资源组合,智能化的搜索将成为人们未来生活中的主要方向(人们需要的不是互联网上的所有信息,仅仅是自己需要的信息)。Web 3.0 将应用 mashup 技术对用户生成的内容信息进行整合,使得内容信息的特征性更加明显,便于检索。Web 3.0 将精确地阐明信息内容特征的标签进行整合,提高信息描述的精确度,从而便于互联网用户的搜索与整理。同时,对于用户生成内容的筛选性过滤也将成为 Web 3.0 不同于 Web 2.0 的主要特征之一。对于互联网用户的发布权限,经过长期的认证,对其发布的信息做不同可信度的分离,可信度高的信息将会被推到互联网信息检索的首项,同时提供信息的互联网用户的可信度也会得到相应的提高。聚合技术的应用将在 Web 3.0 模式下发挥更大的作用,渐进式语义网的发展也将为 Web 3.0 构建完备的内容聚合与应用聚合平台。将传统意义的聚合技术和挖掘技术相结合,创造出更加个性化,搜索反应迅速、准确的"Web 挖掘个性化搜索引擎"。

2. 价值重塑

如果说 Web 1.0 的本质是阅读,那么 Web 2.0 的本质就是互动,它让网民更多地参与信息产品的创造、传播和分享,人们在这个创造、传播和分享的过程中,通过内容为载体,将获得更多的荣誉、认同和地位。Web 2.0 虽然只是互联网发展阶段的过渡产物,但正是由于 Web 2.0 的产生,让人们可以更多地参与到互联网的创造劳动,特别是内容的创造中。但是这一创造过程并没有充分地体现网民的劳动价值,甚至可以说较为脆弱,因为其还是缺乏商业价值。而 Web 3.0 是在 Web 2.0 的基础上发展起来,那么"要求互联网价值的重新分配"将是一种必然趋势,Web 3.0 有可能实现网民所创造的互联网价值的有效配置与均衡分配。

3. 精准营销

如果说 Web 1.0 是大众营销,Web 2.0 就是分众营销,而 Web 3.0 则是精准营销。精准营销就是企业以消费者为核心,通过分析他们每一个单体,包括交易、社交等行为活动和特征在内的一切数据,得出该个体消费者当前或者潜在的需求,并以解决消费者需求为目的,通过各种方式针对消费者实施的高效、准确、高回报的营销活动。在 Web 3.0 环境下,网络营销最大的特点就是精准营销,网站能够通过记录在线用户浏览的足迹和消费习惯,将信息进行高效快速的聚合。例如,通过获取用户近期搜索过的关键词或者浏览过的商品页面的信息,进行记录和分析并以此来提供相关营销信息的营销模式。例如,淘宝收藏和分享宝贝都会在页面下方显示"你可能感兴趣的商品",如果是"淘宝专业户",你会发现淘宝有一个"我的足迹",在里面你能查找自己最近浏览的宝贝,而淘宝后台会针对你浏览的记录为你提供相关商品。

Web 3.0 是个性化的时代,也使得用户更加精准,无论是关键字聚合还是定向聚合,它都体现了个性化时代的个性需求,使得用户行为更加贴切聚合的信息,其用户更加精准。Web 2.0 时代,网络平台或站点收集的用户资料规模更为具体与庞大,因此,这也为实施市场细分,发掘用户个性化营销价值提供了坚实的数据基础支持。通过个性化聚合与数据化分析,整理出一个相应的用户行为和习惯分析等;然后,利用这些数据进行精准定位,引导消费者购买产品或服务。企业可以通过精准的条件匹配、用户定位实施真实意义上的精准营销。Web 3.0 背景下,企业基于互联网用户的大规模与丰富化的客户数据开展数据库营销将是大势所趋。依托客户数据库分析和界定自己的用户人群,将成为企业进行营销决策和提供营销服务的标准化工作。企业将通过 Web 3.0 网站精准锁定目标客户。Web 2.0 时代的网络虽然有很强的互动性,但是互联网用户散落在各个角落,用户的注意力是分散的,由于缺乏对用户本身的细分和聚合,导致用户的注意力价值无法发挥出来,互联网的广告价值也就很难评定。在 Web 3.0 时代,信息被高度聚合,用户也将被深度细分和聚合,因此企业非常清楚地知道自己的信息究竟能够传递给什么样的用户,企业也就可以精准地锁定目标客户。

4. 众包模式

工业资本主义具有两大原动力,一个是规模经济(品种越少,成本越低),另一个是范围经济(品种越多,成本越低)。网络经济条件下,多样性在网络经济中的核心地位开始凸显。这种多样性导致小批量、多品种的生产方式,进而导致众包的出现。人类的三种经济组织方式包括市场、企业和价值网络。其中,价值网络是介于市场和企业之间的第三种组织,是与网络对应的组织形式。传统经济背景下,制造业呈现向制造服务业方向发展的趋势,突出表现在外包成为一种比企业更合理的资源组织方式。网络经济背景下的众包,既可以理解为外包模式下的创新,又可以理解为在众多维度上进行的外包,或者是纵横交错的外包。以宝洁公司为例,其利用 14 万科学家组成的网络"创新中心",将公司内部职工解决不了的问题放到"创新中心";甚至连传统上属于核心竞争力的研发,都可以通过"创新中心"的方式外包,这可以理解为一种外包模式下的创新,即众包。Web 3.0 背景下的众包,即企业通过价值网络,强调突破企业的资产专用性边界,跨组织共享信息、配置实体资源,同时强调在社区网络的每一个结点上,发挥草根个体的能动性和创造性。

基于 Web 3.0 网络营销的众包模式正在成为未来的一种必然趋势。众包营销模式是企业将过去由员工执行的工作任务,以自由自愿的形式外包给非特定的大众网络的做法。众包的任务通常由个人承担,如果涉及需要多人协作完成的任务,也可能以依靠开源的个体生产的形式出现。众包模式有效解决了企业的相关需求,既能节省成本,又能提高工作效率。Web 3.0 时代,每个提供众包服务的用户,同时也可能是企业的潜在消费者;众包营销模式的网络营销将会是合作共赢,资源互补的,因为成千上万的消费者活跃于众包平台上，用户既是网站信息产品的生产者，又是互联网内容的消费者。

思考题

1. 简述电子商务与网络营销的差异。
2. 简述 Web 2.0 时代网络营销的特征与内容。
3. 简述 Web 3.0 时代网络营销的特征与内容。

第 **2** 章 网络营销战略计划

学习目标

- 了解网络营销战略计划步骤；
- 理解与掌握若干网络营销战略决策。

在电子商务与网络营销发展的前期阶段，曾经有人提出，已经存在的营销战略的理论与实践在互联网时代是缺乏意义的。为此，美国著名管理学家迈克尔·波特（Michael Porter）早在 2001 年就批评了那些认为互联网使著名的战略方法失效的结论。他说：许多人设想互联网改变一切，放弃了过去的所有关乎企业和竞争的规则。这也许是个自然的反应，但也是个危险的反应……最终导致做出侵蚀行业和损害自己竞争优势的决策。他给出了前车之鉴，部分行业使用互联网来改变竞争的基础，将质量、特色、服务和价格等弃之脑后，结果使得整个行业都举步维艰，获利困难。

网络营销战略为组织的电子营销活动提供持续的方向指引，这些活动与其他营销活动整合到一起，共同支持公司的总体目标。对于许多公司而言，首次进行网络营销并非源自一个经过很好定义和整合的战略；相反，它们是对快速市场发展的必然反应，或是对顾客需求做出的反应。以网站设立为标志的电子商务活动进行一年左右后，公司的中高层人员自然会质疑它的效率。于是，对实施网络营销战略的需求也就应运而生了。因此，网络营销战略计划与实施的条件在于它是以面向未来的增长角度出发探讨即将建立或业已建立的电子商务活动。

网络营销战略与传统的营销战略有许多相似性，具体表现如下。

- 为网络营销活动指明未来的方向；
- 采取组织的外部环境分析与内部资源分析来形成战略；
- 明确支持营销目标的网络营销目标；
- 进行战略决策的选择，以完成网络营销的目标以及创造特色竞争优势；
- 引入战略规划，如市场细分、选择目标市场、市场定位、营销组合的详细说明；
- 详细说明如何分配资源和构建组织以实现战略。

部分企业认为网络营销规划应该附属于企业的战略营销规划，如同企业拥有产品、价格、广告、促销等战略营销规划一样。随着互联网及信息技术的发展，以亚马逊、淘宝、戴尔、思科为代表的部分企业早已采取单独的网络营销规划，因为互联网已经从根本上奠定或改变上述企业的运营方式。企业销售收入的创造主要甚至完全是借助于互联网实现的。

营销计划根据计划涵盖时间,可以划分为战略营销计划与战术营销计划。所谓战略营销计划意味着实施时间超过一年(常见于3~5年);战术营销计划的实施期限为一年或少于一年。对于大中型企业而言,需要发展自己的网络营销战略计划,其应注重三个核心领域。第一,预先界定处于微观环境的竞争力变化与处于宏观环境的客户需求变化;第二,决定在线体验与产品发展的价值定位;第三,界定技术基础设施与信息框架以传递价值定位。此外,网络营销战略作为经常贯穿于3~5年的路线图也需要季节性地调整以保证其战略的敏捷性。

任何公司在从事网络营销时,必须制定其长期生存与发展的游戏规则,以应对形势、发挥机会、运用资源与实现目标。没有一个事先制定的综合性战略,企业就难以在激烈的市场竞争中占据一席之地。无论是对于大型企业,还是对于中小型企业,在互联网快速发展的今天,企业必须充分地评估自身所处的网络形势,确定业务使命与发展目标,并结合自身资源定位目标市场,然后运用相应的战略计划实现上述使命与目标。

制定网络营销战略计划的过程有以下显著特征:为企业实施网络营销面临的形势提供全面的分析判断;定位企业实施网络营销的目标市场;界定企业实施网络营销的发展目标;确立企业实施网络营销的差异化路径;提供吸引目标市场的网络营销组合等。网络营销战略计划的制订者应使各个步骤紧密联系,相互结合。

通用的营销战略计划包括使命定义、形势分析、目标设定、网络营销战略选择、实施计划、配置资源与预算、评估计划7个步骤。由美国网络营销专家戴夫·查菲(Dave Chaffey)和玛丽·史密斯(Mari Smith)提出的网络营销战略的总体战略流程也基本体现了这一思路。本章基于这一路线图对网络营销战略的几项重要步骤进行详细的阐述。

2.1　界定在线机会

网络营销战略计划的第一步即界定在线机会,需要解决界定市场导向的使命和分析市场形势两个问题。

2.1.1　界定市场导向的使命

网络营销战略计划的第一步是界定企业的使命。企业使命是企业对业务类型及其在市场中的角色、功能与地位的承诺,具体涉及消费者、员工、客户乃至竞争对手。在界定公司使命的过程中,可以完成对于网络营销目标和业务范围的简单描述。使命能够涵盖目标市场的普遍性质并转化为详细的支持目标以引导整个公司。清晰明确的组织使命能够帮助企业区别于竞争对手,获得消费者概念的建立以及之后的认知。

企业在界定其使命时需要考虑以下几点。

第一,使命是基于企业的商品和服务,还是基于消费者的市场需求。如果将业务局限于商品与服务,则通常会限定在一定的商品与服务范围内。随着企业的发展,其业务始终会依托于原有的商品与服务进行产品深度的扩充,如规格、尺寸、色彩等。而如果将业务着眼于消费者的市场需要,则企业会将自己定位于消费者需求问题的解决者,从而可以扩展并超越到原有的商品与服务范围之外。表 2-1 揭示了亚马逊和 eBay 的产品与市场定位。

表 2-1　亚马逊与 eBay 的产品与市场定位

公司	以产品为导向的界定	以市场为导向的界定
亚马逊	我们销售音像、玩具、电子产品及其他在线产品	我们致力于使得网络购物体验更为快速、简单与舒适,我们为你提供想在线购买任何产品的销售场所
eBay	我们从事在线拍卖	我们提供这一全球市场,在此,任何人都能够从事任何产品的交易;在这一网络社区人们可以快乐购物,相互结识

第二,企业打算在市场上充当领导者还是追随者。

第三,制定组织使命只是企业实施网络营销战略规划的第一步。最初,企业能够界定与完成清晰的组织使命。但是随着时间的推移,伴随着组织的成长,新产品或新市场的增加,企业的使命开始出现模糊甚至偏离。为此,企业需要持续地界定自己的组织使命,经常回答以下问题。

① 我们的业务是什么?

② 谁是我们的客户?

③ 消费者价值在哪里?

④ 我们的业务前景会如何?

⑤ 我们的业务应该如何发展?

2.1.2　分析市场形势

1. 微观环境分析

微观环境分析着重于消费者、竞争者、供应商与中介等市场主体。第一,消费者分析。对于消费者的分析,一方面包括需求分析,即理解现实与潜在的客户规模乃至转化为企业收入;另一方面包括消费者洞察,即理解用户的需要、特征和消费者行为。第二,竞争者分析。鉴于互联网的动态性质,相较传统企业而言,网络企业的服务创新和营销组合要素变动得更为频繁,行业内竞争者之间的概念与方法的复制日益普遍。例如,竞争者基准在特定的基准对象范围内,以竞争对手为基准进行比较。企业需要收集关于竞争对手的产品、过程以及业务业绩方面的具体信息,与企业自身的情况进行比较。由于有些比较敏感的商业信息不容易获取,因而有时还需要借助第三方的帮助。第三,供应商分析。供应商分析的必要性在于供应商对于传递到终端消费者的产品与服务价值具有相应影响,具体体现在产品价格、适用性和特征等。第四,网络中介分析。互联网背景下,网络中介提供目的网站的信息,以及网络用户与产品信息之间的连接方式。通常,门户网站提供某类综合性互联网信息资源并提供有关信息服务的应用系统,就是表现突出的网络中介。例如,Google、MSN 等既是典型的网络中介站点,也是主流的门户网站,如表 2-2 所示。

表 2-2　门户网站类型

门户网站类型	特　征	举　例
综合性(水平性)门户网站	常以新闻信息、娱乐资讯为主	新浪、网易
垂直型门户网站	覆盖特定市场,如旅游、机票等	携程、飞猪
商业型门户网站	面向 B2B、B2C 市场交易等	天猫、亚马逊
搜索型门户网站	专注于搜索市场	谷歌、百度
社会化媒体门户网站	面向社会化客户的互动交流	微信、微博

2. 宏观环境分析

宏观环境分析包括政治法律环境、经济环境、社会文化环境以及技术环境四方面的分析。由于上述四方面的英文首字母组合为 PEST,所以宏观环境分析也被称为 PEST 分析。宏观环境分析的目的是确定宏观环境中影响企业和行业的关键因素,并预测关键因素未来所发生的变化,以及这些变化对企业影响的性质、程度、机遇或威胁。第一,政治法律因素是指一个国家或地区的政治制度、体制、方针政策与法律法规等,该因素影响着企业的经营行为,尤其影响了企业较长期的投资行为。例如,国家的政治制度、政治形势、权力机构以及执法机构、方针政策和法律法规、政治形势等。政治和法律条件的稳定是保证企业正常经营、长期发展的必要条件。同时,不同的国家政策和法律法规也会给企业的生产经营活动带来不同的机会或者制约。第二,经济因素是指国家或地区的经济制度、经济结构、产业布局、资源状况、经济发展水平以及未来的经济走势等。和政治法律环境相比,经济环境因素对企业的生产经营的影响更加直观具体。第三,社会文化因素是指企业所处社会的民族特征、文化传统、价值观念、宗教信仰、教育水平以及风俗习惯等因素。不同的社会和文化环境会对企业生产经营产生不同的影响。社会和环境因素的范围很广,主要包括人口因素、社会流动性、消费心理、生活方式变化、文化传统和价值观等。第四,技术因素是指企业所处的社会环境中的技术要素及与该要素直接相关的各种社会现象的集合,技术不仅是引起时代革命性变化的发明,还是与企业生产有关的新工艺、新技术、新材料的出现、发展趋势及应用前景。技术可为企业创造竞争优势,但也可能缩短产品生命周期,淘汰企业现有产品。产业内的某一技术趋势与新兴科技的出现会对整个产业上下游的公司的经营决策都产生影响,在很大程度上引导整个产业的发展方向。

2.2　设定战略目标

网络营销战略应该基于清晰界定的企业目标,但是这里也存在着网络营销偏离于公司业务与营销目标的趋势;而这一趋势经常导致“纯网络公司”与传统企业从事电子商务的失败。理想情况下,企业的网络营销战略统一于公司业务与营销目标。例如,增加海外市场份额的商业目标以及引入新产品进入市场可以通过网络营销传播渠道进行支撑。

2.2.1 网络营销目标

作为设定特定目标的起点,考虑网络渠道的收益以至于这些收益可以转化为目标是非常必要的。网络渠道的收益包括:第一,有形收益,即成本节约与销售收入;第二,一般而言,无形收益难以计算资金收益,但依然是非常重要的收益,如客户服务质量。企业实施网络营销的典型收益如表 2-3 所示。

表 2-3　企业实施网络营销的典型收益

有 形 收 益	无 形 收 益
销售业绩的增加	公司形象的提升
新客户、新市场	强化品牌
现在的客户(重复销售)	更为快速的营销传播
现有的客户(交叉销售)	改善客户服务
成本的减少	学习未来
客户服务时间减少(客户在线自助)	建立网站符合客户期望
在线销售	界定新伙伴,支持现有伙伴
减少营销传播的印刷与分销成本	更好管理营销与客户信息
	来自客户对产品的反馈

2.2.2 设定目标原则

企业在设定网络营销目标时,需要坚持以下 5 项原则。

第一,具体性,即要求目标能够清晰详尽地衡量现实世界的问题与机会;

第二,可衡量性,即能够定性或定量地加以度量;

第三,可执行性,目标可以被有效地实施;

第四,相关性,目标可以被应用到企业所面对的具体问题中;

第五,一致性,战略目标应将历史、现状与未来充分结合,注意相互之间的连续性与一致性。

基于网络营销战略的设定原则,企业员工可以准确地理解企业所针对的目标市场及达到这一目标市场需要采取的流程与措施。以下是设定网络营销战略目标在客户获取、转换和保持方面的部分典型范例。

- 网络渠道贡献目标:两年内在线收益贡献率达到 30%。
- 获取目标:一年内获取 10 万客户,每位客户的获取成本为 50 元,每位客户的平均利润率为 20%。
- 获取目标:一年内某一特定目标市场的销售增长率为 50%。
- 转化目标:提高平均客户单价,达到 100 元。
- 转化目标:提高客户转化率,达到 4%。
- 维持目标:增加年度二次购物转化率 10%。
- 维持目标:增加客户满意度,比率由 80% 提升至 90%。
- 成本目标:一年内营销沟通成本减少 10%。

2.2.3 用于目标设定的平衡计分卡方法

平衡计分卡作为一种综合度量方法,已经被广泛应用于把组织战略变为目标,然后再提供一定的度量标准来监督战略的执行。平衡计分法于 1993 年由卡伯兰和诺顿通过《哈佛商业评论》加以推广,其可以将愿景和战略转化为目标,并通过衡量,评估策略及其实施是否得以成功。平衡计分卡作为广泛应用的目标基准体系,可以同样被用于网络营销目标的设定。

平衡计分卡方法主要应用于组织绩效管理的四大领域。

1. 财务维度

财务绩效度量可以显示企业策略的实施与执行。财务目标通常指营业收入、成本、获利能力、资本回报率等。

2. 顾客维度

顾客是企业获利的主要来源,因此,满足顾客的需求便成为企业追求的目标。顾客满意度、顾客延续率、新顾客争取率及顾客获利率等都是顾客维度关注的指标。

3. 内部流程维度

内部流程维度是以对客户满意度产生最大影响的业务流程为基础,如时间周期、质量、员工的技能和生产效率。企业也应该确认至关重要的核心能力,并尝试保证市场的领先地位。

4. 创新与员工成长维度

创新与员工成长维度主要着重于员工绩效的衡量,员工成长相当于企业的无形资产,有助于企业的进步。企业可借学习与成长维度以达到缩小落差的目的,其衡量指标包括员工的满意度、延续率、培训、技术等。

对于上述 4 方面,管理团队都将制定目标、具体的标准以及实现这些目标的措施。在交易型电子商务网站部署平衡计分卡系统,以支持其网络营销发展战略,如表 2-4 所示。

表 2-4 交易型电子商务网站在平衡计分卡框架下的网络营销目标范例

平衡计分卡	效　率	效　果
财务效果	渠道成本 渠道收益	在线分销(直接) 在线分销(间接) 收益分配
客户价值	在线取得(特有客户、潜在客户的比率) 取得每笔销售的成本 探知客户的购买倾向	销售额和每个客户的平均销售额 新客户 在线市场份额 客户满意比率 客户忠诚度指数
经营流程	转化率 订单均值 订单数量和质量 电子邮件的活动情况	业务履行时间 支持响应时间

平衡计分卡	效　　率	效　　果
创新与学习	创意思维测试 内部电子营销教育 内部满意度	新的方法部署 绩效考核

2.3　网络营销战略选择

网络营销的战略决策选择与传统营销的战略决策选择殊途同归,也需要考虑客户、定位、渠道等战略视角,从而为后续狭义的网络营销计划(战术)提供相应的战略层次指导。

2.3.1　互联网分销战略

分销渠道,即产品或服务由来自制造商或服务提供商向最终客户的流动。分销渠道一方面表现为制造商直接面对消费者,另一方面又表现为以批发商或零售商作为中介涉足其中。企业基于互联网的多渠道分销战略可以通过图 2-1 和图 2-2 加以分析。

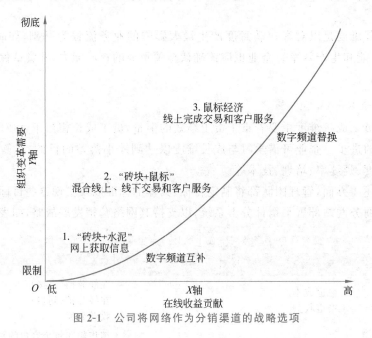

图 2-1　公司将网络作为分销渠道的战略选项

1. 公司将网络作为分销渠道的战略选项

在图 2-1 中,横坐标代表在线收益贡献率,从左至右,企业的在线收益贡献率由低到高。在线收益贡献是一种评价指标,它用于衡量公司的在线业务对组织销售收入的直接影响程度。纵坐标代表组织需要做出的改变,从下至上,企业需要做出的改变越来越大。图中典型的三种选项如下。

第一,对于"砖块＋水泥"类企业,在线收益贡献率有限,因此在这一背景下,企业需要做出较为有限的改变,即可以将网络分销渠道作为信息展示的管道。例如,对于娃哈哈这

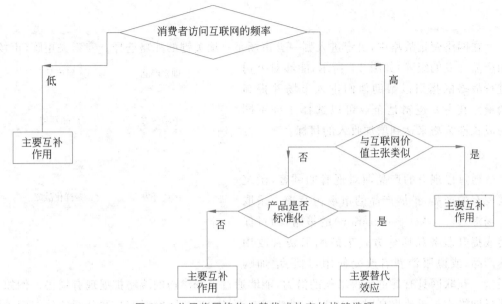

图 2-2　公司将网络作为替代或补充的战略选项

样的企业,期望它能够取得较高的在线收益贡献率是不现实的。在这种情况下,互联网只能作为一种辅助的渠道,通过建立网络站点,树立品牌形象,加强客户互动,来间接支撑企业的离线业务增长。

　　第二,对于"砖块+鼠标"类企业,在线收益贡献率较之图 2-1 中的 1 已有明显的增长,为此,企业可以通过互联网实施在线交易与在线客服。例如,对于联想这样的企业,近年来,通过加快企业官网及第三方平台站点建设,有效地拉动了其在线收益占总体运营收入的贡献率。

　　第三,对于"纯网络"公司,如图 2-1 中的 3 所示,在线收益贡献率已经占据企业运营收入的核心部分,此时,企业需要在互联网上投入更多的资源。如果公司的目标是得到大于 70% 的高在线收益贡献率,那么就需要对公司进行基础层面的改变,将公司转变成"鼠标+水泥"或"只有鼠标"。例如,思科公司作为计算机网络设备制造商,现在的网络销售收入已经占据其总体销售收入的绝大部分。这正是由于思科高层认识到互联网的重要性,强调在线收益贡献目标,并投入大规模的电子商务投资所致的。

　　2. 公司将网络作为替代或补充的战略选项

　　Kumar 于 1999 年提出,公司应该决定互联网对于公司的其他渠道是担任替代还是担任补充。如果互联网被确认为公司的替代渠道,那么需要公司接下来加大投资与基础设施建设来加以实现。Kumar 提出互联网对于公司其他渠道进行替代的若干条件:第一,接入互联网的客户比例高;第二,相对于其他媒体,互联网能够提供更好的价值定位;第三,产品趋于标准化,客户通常不需要审视采购。只有以上三个条件全部得到满足,才会出现替代效应。如果不是三个条件都同时得到满足,更有可能出现的是补充效应,如图 2-2 所示。

2.3.2　产品与市场的开发战略

在网络营销战略中,决定进入哪一类市场是一项关键的战略选择。安索夫矩阵(市场和产品开发的矩阵)如图 2-3 所示,能够对公司进行战略的指引以帮助他们进入市场并提高销量。其主要逻辑是企业可以选择 4 种不同的成长性策略来达到增加收入的目标。

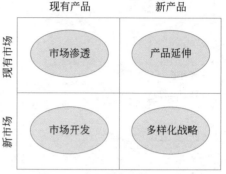

图 2-3　产品与市场战略矩阵

1. 市场渗透

通过以现有的产品面对现有的顾客,围绕其现有的产品,扩展产品的市场占有率。采取市场渗透(market penetration)的策略,通过促销或提升服务品质等方式来鼓励消费者改用其产品,或说服消费者改变使用习惯、增加购买量。互联网具有促进销售增长的潜力,能够通过市场渗透的战略扩展现有销售。例如,通过网络广告投放提高网页浏览量,提高现有市场中潜在顾客对产品和公司的认知度,进而获得市场份额增长;通过为客户提供网络价值来提升现有产品、服务的附加价值,进而提高顾客忠诚度与品牌美誉度。例如,汽车厂商可以通过产品或品牌站点为顾客提供丰富翔实的展示与沟通信息。

2. 市场开发

通过提供现有产品开拓新市场,企业必须在不同的市场上找到具有相同产品需求的目标顾客。互联网可以被用来在新的市场销售产品或服务,一方面可以进行传统意义上的市场开发(market development),例如,通过互联网在其他地区或全球投放商业广告,而不需要投入顾客所在地区与国家的商业基础设施建设;另一方面可以进行新兴意义上的市场开发,例如,成立网络营销组织,通过互联网直接进行针对网络客户或网络消费者的市场开发。

3. 产品延伸

通过推出新一代产品或相关的产品给现有的顾客,以扩大现有产品的深度和广度,提高该厂商在现有市场的占有率。例如,网络零售巨头亚马逊推出的图书评论、关联推荐、数字产品"电子书"等,都可以看作是新产品维度的发展。

4. 多样化战略

多样化战略(diversification)提供新产品给新市场,多样化战略包括核心业务多样化、相关业务多样化与无关业务多样化。例如,亚马逊的图书与唱片在 2000 年持续盈利,但是随后推出产品多样化战略,包括陆续推出的玩具、服装、电子产品等产品大类。企业通常选择核心业务多样化与相关业务多样化的发展战略,因为这样成功的可能性更高。

2.3.3　多渠道传播战略

互联网的出现使得传统的线下营销沟通平行衍生出基于 Web 1.0 的网络营销沟通,即以网络广告、网站公关等为代表的网络营销传播;而伴随着 Web 2.0 的兴起,以社会化媒体崛起为标志,相对于基于 Web 1.0 的网络营销沟通又平行衍生基于 Web 2.0 的网络营销传播(如表 2-5 所示)。上述三个维度的营销传播共同构成了企业的多渠道传播战略。企业选择适宜的多渠道传播组合是一项复杂的挑战,企业需要从两个角度进行充分的评估。第一,客户渠道偏好。部分消费者偏好利用网络渠道进行产品选择与订单实现;而部分消费者依然偏好传统渠道。第二,组织渠道偏好。对于企业而言,传统渠道的营销沟通比网络渠道的营销沟通更为昂贵;然而,这并不意味着传统渠道的营销沟通比网络渠道的营销沟通更为有效。例如,汽车保险的业务销售可能通过网络的在线比较反而比电视上的广告投放更为积极。传统渠道的部分营销沟通方法依然会发挥自己独特的作用,例如,通过面对面与电话联络的人员沟通能够带来更优的用户体验,以提升客户忠诚度。

表 2-5 多渠道传播战略

渠道类型	描述
传统线下营销传播	以传统的离线电视、广播、报纸、杂志为代表的线下营销传播
Web 1.0 的网络营销传播	以网络广告、网站公关等为代表的线上营销传播
Web 2.0 的网络营销传播	以社会化媒体(微博、社会化网络、百科等)为代表的线上营销传播

企业需要灵活机动地开展多渠道传播战略,针对不同的目标市场配置不同的传播工具。以戴尔为例,戴尔的目标市场可以分为低度价值目标市场(如小企业或消费者)和高度价值市场(如能够实现大量订单的大企业市场),不同细分市场的价值各自不同。对于消费者,戴尔推出低成本的网络渠道;对于中等规模的企业,戴尔推出网络呼叫中心,利用电话沟通来满足客户;对于高度价值的大型企业,戴尔通过客户经理以定制化方式来加以个性化沟通。

2.3.4 自我定位和差别化战略

Deise 等于 2000 年提出,在网络背景下,相对于竞争者提供的产品或服务,公司可以基于 4 项主要变量来定位自己的产品。4 项主要变量即产品质量、服务质量、价格和实现时间,基于上述变量,他们同时提出如下公式,并认为这一方法有利于评估上述 4 项产品因素的组合如何影响对于价值或品牌的客户认知。

$$客户价值 = \frac{产品质量 \times 服务质量}{价格 \times 实现时间}$$

这一战略评估产品和服务质量的提高与价格和实现时间的降低的配比程度。Chaston 于 2000 年提出在网络市场上有 4 个战略选项可以用来给一个公司定位。Chaston 提出的 4 个战略选项与 Deise 等提出的 4 个变量具有明显的相关性。Chaston 认为其提出的 4 个战略选项应该建立在已有的优势上,并且可以通过网络设施建设来强化定位。第一,产品性能优异,即通过提供网络产品定制来加以强化。第二,价格性能优异,即向公司忠诚客户提供具有竞争力的价格或者当市场需求相对不足时降低价格。第三,交易优异。例如,软件系统通过将定价的信息与动态的产品信息、库存水平和订单数量相结合来达到交易优化。第四,关系优异。利用个性化特征鼓励消费者评价销售订单历史与实现重复购买。这些定位选项与波特的通用性竞争策略,如成本领先策略或者广泛市场的差异性和市场细分方法具有许多共同之处。市场细分方法注重更为有限的目标市场。

2.3.5 商业和收益模式战略

与产品密切相关的商业模式与收益模式的机会审视也是网络营销战略的重要决策之一。评估全新商业模式是重要的,如果公司不加以审视创新机会,竞争者和新的进入者将随之而来。无论是美国的谷歌、戴尔,还是中国的淘宝、京东商城都在不断地创新,开发与尝试全新的商业和收益模式,参见案例 2-1。

【案例 2-1】 TikTok 的商业模式创新

TikTok 是字节跳动公司旗下短视频社交平台,于 2017 年 5 月上线,其愿景是"激发创造,带来愉悦"(Inspire Creativity and Bring Joy)。数据显示,2019 年,抖音及 TikTok 的市场占有率超过脸书、推特等西方所有社交平台。2020 年 5 月,二者在全球下载量超过 20 亿次。2021 年,TikTok 是全球访问量最大的互联网网站。2022 年 10 月,TikTok 全球日活跃用户数突破 10 亿。而在美国,平台拥有超过 1.5 亿月活跃用户,接近全美人口的一半。不少美国用户通过这款应用圆梦、实现自我价值。TikTok 曾多次登上美国、印度、德国、法国、日本、印度尼西亚和俄罗斯等地 App Store 或 Google Play 总榜的首位。TikTok 在全球各地设有办公室,包括洛杉矶、纽约、伦敦、巴黎、柏林、迪拜、孟买、新加坡、雅加达、首尔和东京等。TikTok 已经成为全球范围内最受欢迎的社交媒体之一。平台内的创作者和观众正享受着前所未有的关注与机会。在这个充满创意和活力的平台上,越来越多的人希望通过自己的兴趣爱好,打造独特的个人品牌,并将其转变为稳定的收入来源。

在 TikTok 这个充满活力的平台上,商业模式多种多样,为创作者提供了广泛的营利途径。以下是三种最为常见的 TikTok 商业模式。第一,广告收入。TikTok 为创作者提供了广告分成的机会。平台内的广告形式丰富,包括开屏广告、信息流广告、挑战赛广告等。当你的粉丝数量和观看量达到一定程度,你可以申请成为 TikTok 广告联盟的一员,通过发布广告获得收入。例如,美国时尚博主 @emmachenartistry,她在自己的视频中融入了一些时尚品牌的广告,既保持了内容的吸引力,又实现了盈利。第二,虚拟礼物。TikTok 的直播功能为创作者提供了现场互动的机会。观众可以在直播间向喜欢的主播赠送虚拟礼物,这些虚拟礼物可以兑换成现金。例如,知名音乐创作者 @spencerx,在他的 Beatbox 直播间中吸引了大量观众,粉丝们纷纷送出虚拟礼物以示支持。通过这种方式,创作者在与粉丝互动的同时,也能获得额外的收入。第三,短视频/直播带货。在 TikTok 上,许多创作者通过直播为品牌代言,向粉丝推荐自己喜欢的产品,并从中获得佣金。例如,拥有超过 2000 万粉丝的 @thehypehouse,他的直播间汇集多位知名创作者进行联合直播,充分利用平台资源与人气,互动性强,吸引力更大。

2.3.6 O2O 营销模式战略

O2O 即 Online To Offline(线上到线下),O2O 对于推动电子商务从销售货物向提供服务和体验转变起到很大的推动作用。从 2013 年起,基于本地化与智能手机的快速发展,O2O 营销模式进入高速的发展阶段。O2O 营销模式是指将线下的商务机会与互联网结合,让互联网成为线下交易的前台。O2O 营销模式作为线下商务与互联网结合的新模式,解决了传统行业的电子商务化问题。O2O 营销模式强调的是"实体体验式消费",适合那些面对面"亲自"接受的体验型服务。O2O 通过打折、提供信息、服务预订等方式,把线下商家的消息推送给互联网用户,从而将他们转换为自己的线下客户,其尤其适合于必须到店消费的商品和服务,例如餐饮、健身房、咖啡店、电影院、美容院等。O2O 网络营销模式的优势主要体现为以下 4 点。第一,实体供应商以互联网为媒介,利用其传输速度快、用户受众多的特点,快速聚集大量的线上用户;同时,通过在线营销,商家能够实现经济有效的宣传效应,降低了线下实体店面的营销成本,大幅度地提高营销效率,从而减少了对于店面地理位置的依赖性。第二,O2O 营销模式下,客户订单线上产生、线上预付的方式,订单透明度高,使得每笔客户交易可以追踪,便于实体商家实时、定量统计营销效果,有利于实体商家合理规划经营;在此基础之上,商家还可以实施深度的客户关系管理。第三,用户足不出户,就可以依靠网络便捷地了解商家的产品乃至服务,同时,还可以借鉴已有消费客户的评价;通过网络直接线上咨询交流。第四,降低了客户的购买成本。通常,实施 O2O 营销模式的商家,经常会使用比线下支付要更为优惠的手段吸引客户,客户能够获得比线下消费更便宜的价格,这也为消费者节约了商品或服务支出。

【案例 2-2】 优衣库的 O2O 运营模式

优衣库(英文名称:UNIQLO,日文假名发音:ユニクロ),为日本迅销公司的核心品牌,建立于 1984 年。当年是一家销售西服的小服装店,现在已经是家喻户晓的品牌。在 2018 世界品牌 500 强排行榜中,优衣库排名第 168 位。优衣库是很多人喜欢的一个品牌,在我国各大城市都设有实体店。优衣库的运作已经实现了线下与线上的结合,具体有官网、天猫旗舰店、手机 App 等多种形式,全方位地实现了线上线下的同步销售,如图 2-4 所示。以手机 App 为例,进入优衣库 App 中,可以看到产品展示、产品促销等信息,并支持在线查询、在线购物、在线支付等功能。其中在线购物是核心,当消费者浏览到自己喜欢的产品时,还可以直接进入与 App 相关联的天猫旗舰店、官网等手机端直接下单、购买。同时,App 也起着向线下门店引流的作用,如线上发放的优惠券,优衣库支持线下使用。因此,很多线上消费者也会到线下购买。这种线上宣传、线下消费的模式也是 O2O 的价值所在,主要就是为了向线下门店引流,增加线上用户到实体店消费的概率。

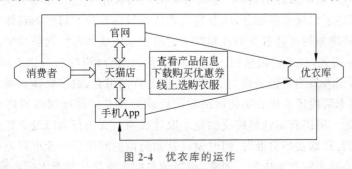

图 2-4 优衣库的运作

O2O 模式中,全渠道整合是必不可少的一环,需要整合企业线上线下店铺、移动商城以及社交媒体等以满足消费者购物、娱乐、社交综合体验需求。优衣库结合线上线下营销,通过微博、微信、抖音等网络渠道,最大程度实现线上导流功能。直营店铺、自有App、微信公众号、小程序、天猫商城等形成了优衣库全渠道销售模式,实现 App、PC、店铺顾客流的互通。线下可以通过迭代式开店,快速扩张零售网络,逐步实现线下渠道下沉;线上整合电商资源,优化 App 体验。优衣库真正做到线上线下商品同款,而且实现"门店自提"。大力发挥电商导流作用,体验核心在线下门店。从优衣库 O2O 体系的运作模式可见,优衣库的做法是先在 App 上展示,如产品信息、优惠券等。然后再通过线上直接消费或线上引流形成购买行为,从而保证了线上线下的双向运作。同时,以门店作为O2O 的核心,让线上为线下服务,目的是通过线上消费或引流,提高线下门店的销量。优衣库最终要实现 App、PC、门店的顾客互通,核心竞争点则是要打造庞大的忠诚粉丝群。如实行奖励计划,参与顾客在品牌的任何零售渠道消费都能获得累计积分,用于兑换优惠券、礼品等,对于弱势渠道可以加大奖励力度,维持全渠道的一个平衡生态。

【案例 2-3】 抖音与快手的"O2O"

短视频平台不断扩展本地生活业务,从内容消费走向线下服务。快手、抖音两大短视频平台通过不同路径开展本地生活业务。快手通过与第三方平台合作的方式,发展成为线上线下一体化的综合服务平台。2022 年 1 月,"快手小店"对本地生活行业商家开放入驻。同时,快手通过与美团、顺丰在团购、配送等领域进行合作,推进自身在线下市场的大规模布局,发挥流量优势,最终实现价值变现。抖音则选择独立发展本地生活业务,主要围绕一、二线和网红城市进行布局,先后推出美食探店、心动外卖等业务,并对入驻的本地餐饮商家进行流量扶持,通过种草吸引顾客,促进线上线下交易闭环。

2.4　网络营销战术、预估与执行

在完成网络营销战略设计之后,接下来需要依次进入网络营销战术、财务预估和执行控制等阶段。

2.4.1　网络营销战术

在公司完成战略阶段之后,其已经在相应的战略视角上进行了做还是不做的决策。而且,公司也清楚了目标市场细分,以及自己希望在目标客户心目中的具体定位。网络营销战术阶段要解决如何通过富有创意和效率的战术来完成目标。网络营销战术阶段的具体内容体现在:首先,战术阶段承担了设计网络营销组合(简称为营销手段)的任务。通常而言,网络营销人员的营销手段主要包括传统的营销组合、数字媒体沟通和客户关系管理等。其次,战术阶段还承担着实施网络营销行动的任务。设计网络营销组合只是网络营销成功的开始。网络营销计划解决的是采取什么网络营销行为以及为什么要这样做的问题,网络营销行动则要解决谁做、何时做以及如何做的问题。企业可以通过有效的执行获得相对于竞争对手的竞争优势。通常,相当数量的企业往往具有大同小异的战略,但是在具体的执行上,其中的部分企业往往更为灵活而有效。对于网络营销行动而言,企业网络营销系统中各个层次与部门的成员需要内外部密切协作,以落实网络营销组合。例如,从公司内部而言,网络营销经理需要与制造部门探讨生产和存货水平,与研发部门探讨产品或服务设计,与人力资源部门探讨营销与销售人员的招募等。从公司外部而言,网络营销经理需要与网红经纪公司策划设计直播与短视频内容,与网络零售平台设计与确认"双十一""618"等网络购物节活动。

2.4.2 财务预估

网络营销战略规划的关键之一在于确定预期的投资回报。越来越多的企业会密切关注网络营销活动的投资回报率。在网络营销计划阶段,财务预估包括销售收入预测(按季度和产品类别)、营销成本预测(细分为更精细的类别)、利润预测(销售预测收入与营销成本预测之差)以及收支平衡分析(企业必须销售多少单位以抵消其固定成本和平均每单位可变成本)。

2.4.3 执行控制

网络营销战略规划的最后一步即评估并控制战略结果。如果网络营销战略结果达到了超越战略目标,企业就不需要进行改变;相反,如果没有达到战略目标,企业就需要进行必要的分析与调整。网络营销战略计划进入行动阶段之后,由于存在众多的不可预测性,企业就应该对其进行控制,以保证计划的实施效果,以及如何进行优化调整以保证既定目标的实现。执行控制主要度量和控制网络营销战略和计划的结果,采取如何进行修正行动以保证目标的达到。执行控制依次划分为设定特定目标,评估市场表现,分析特定目标和市场表现存在的差距及采取弥补差距的措施。例如,如果企业围绕平衡计分卡设定特定目标,这就需要企业建立相应的跟踪与评估系统,界定与评估考核指标如何匹配平衡计分卡的相应目标。通常,执行的数据会详细说明月度、季度乃至年度的目标和预算,以便企业管理层可以查看结果并根据需要采取纠正措施。

📚 思考题

1. 简要分析平衡计分卡方法。
2. 基于上述网络营销的战略决策,选择你熟悉的企业,进行具体分析。

第二篇

网络消费者理论

第 **3** 章　网络消费者市场

学习目标

- 理解并掌握影响网络消费行为的主要因素,包括文化因素、社会因素、个人因素等特征因素和商品品质、物流配送、客户服务等体验要素。
- 理解并掌握网络消费的决策过程,包括传统网络购买决策流程和网红经济购买决策流程。

3.1　网络消费者概述

中国互联网信息中心第 50 次中国互联网络发展状况统计报告显示,截至 2022 年 6 月,我国网民规模达 10.51 亿,较 2021 年 12 月增长 1919 万,互联网普及率达 74.4%,较 2021 年 12 月提升 1.4 个百分点,如图 3-1 所示。我国手机网民规模达 10.47 亿,较 2021 年 12 月增长 1785 万,网民使用手机上网的比例为 99.6%,与 2021 年 12 月基本持平,如图 3-2 所示。截至 2022 年 6 月,我国城镇网民规模达 7.58 亿,占网民整体的 72.1%;农村网民规模达 2.93 亿,占网民整体的 27.9%。截至 2022 年 6 月,我国网民使用手机上网的比例达 99.6%;使用电视上网的比例为 26.7%;使用台式计算机、笔记本计算机、平板计算机上网的比例分别为 33.3%、32.6% 和 27.6%。我国网络消费市场依然保持着稳健的增

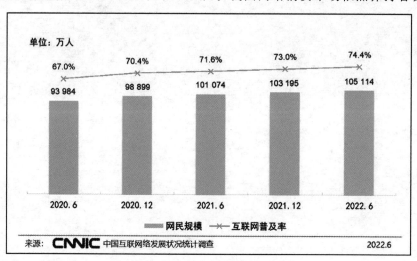

图 3-1　网民规模和互联网普及率

长速度。网络消费服务的持续深化将带动更多的网民通过互联网实现日常消费,网络消费用户规模也将持续稳健增长。

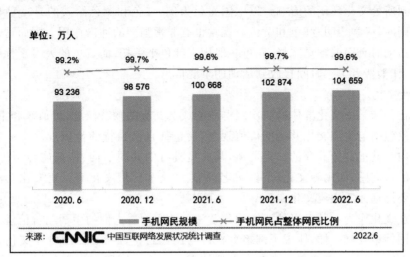

图 3-2　手机网民规模及其占网民比例

我们可以从近年来全球电子商务热潮中感受到:网络零售这一商业模式进一步强化了消费者的主体地位。在网络消费过程中,哪些因素影响了消费者的网络消费行为?消费者如何进行网络消费决策?网络零售商又如何把握消费者的消费心理与消费行为,并调整可控因素来迎合消费者的需求?这一系列相互关联的问题是网络消费者市场研究的热点。

3.2　影响网络消费者行为的主要因素

对于消费者网络购物行为影响因素的研究,是网络零售商提高顾客服务水平的坚实基础。研究表明,诸多因素对消费者网络购物行为产生影响。概括而言,特征因素与体验因素这两个维度的因素对于网络消费决策的影响比较明显。

3.2.1　特征因素

特征因素包括文化因素、社会因素与个人因素。网络消费者的购买决策是文化、社会、个人等特征因素综合作用的结果。识别出营销人员可以控制的因素,能够辅助他们制定产品、价格、渠道、促销等策略,以激发消费者的强烈反应。

1. 文化因素

文化是一个综合的概念,它几乎包括了影响个体行为与思想过程的每一事物。文化是一种习得行为,它不包括遗传性或本能性的行为与反应。

(1)文化。

文化是区分一个社会群体与另一个社会群体的主要因素,是人们通过学习获得的区别于其他群体行为特征的集合。由于人类绝大多数行为均是通过学习获得而不是与生俱来的,所以,文化确实广泛影响着人们的行为,人们总是与同一文化中的其他人员一样行动、思考、感受。文化的影响如同我们呼吸的空气,无处不在,无时不有。消费者的购买决策往往受到所处文化环境的影响。以中国文化为例,红色和黄色给人的是一种喜庆大气的感觉。同时,科学表明,红色和黄色对视觉也有非常强烈的冲击作用。因而这也成为了网站进行活动时页面的常见选择,底色一般用大红色来承托,而黄色的大号字标明活动的关键词眼,让消费者第一时间接收到活动的重要信息。

(2) 亚文化。

亚文化是指某一文化群体所属次级群体的成员共有的独特信念、价值观和生活习惯。亚文化不仅包括与主流文化共通的价值观念,还包括自己独特的价值观念。亚文化是在较大文化内与其他群体共存的一个群体,其成员具有的共同信仰、特征或经历等,能提供更为具体的认同感,如民族文化、宗教文化、种族文化和区域文化等。亚文化对消费者决策的影响要远远大于主流文化。

网络亚文化作为一种新兴的亚文化日益深刻地影响着人们的生活与价值观念。这种文化发展同网络发展一样,体现了网络草根性与网民自主性特征。网络亚文化是相对于网络文化而言,在网络虚拟空间中存在的群体文化。由于网民在兴趣爱好、价值取向、消费观念等方面的差异和类同推动着网络的分流和集聚,网民逐渐在网络中形成、信奉和推行的一种特有的文化价值体系、思维模式和生活方式,使得网络亚文化开始表现出丰富多样性的特征。积极的网络亚文化能够被网络主流文化所接纳,成为网络主流文化的重要组成部分,例如,虚拟文化、饭圈文化、电竞文化等。

(3) 社会阶层。

社会阶层即人们在一定的社会经济结构中所处的地位不同而形成的社会集团。其内部存在着多个社会群体,并构成各社会阶层。社会阶层的划分通常按照一定的社会标准,如收入、受教育程度、职业以及名望等,将社会成员划分为若干社会等级。人们属于不同的社会阶层,同一社会阶层的人往往有着共同的价值观、生活方式、思维方式和生活目标,这些因素影响着他们的购买行为。根据 CNNIC 的数据显示,网购消费金额的 73.9% 是由 19.7% 的用户贡献的,这部分群体无疑是网购市场的核心用户。近年来,无论是按照统计局的中产标准,还是从职业、教育、声望和收入等社会资本标准上看,网购用户的核心群体都与中产阶级的群体在逐步逼近,可见阶层因素对网购行为的影响是十分明显的。此外,核心用户学历属于相对较高的水平。与整体网购用户相比,这些群体的学历水平更高,网购核心用户有 48.6% 的人其学历为大学本科及以上,高于网购用户中大学本科及以上人士所占的比例(40.4%);同时,核心用户学历在大专及以下的占比低于网购整体用户。网购核心用户更集中在高知群体。

2. 社会因素

社会因素是指消费者周围的人及社会宏观环境对他所产生的影响。网络消费者的购买行为同样也受到一系列社会因素的影响。社会因素主要涉及参照群体、家庭以及角色地位。

(1) 参照群体。

参照群体是对于消费者态度与行为具有直接或间接影响的所有群体。网络营销通过识别目标市场的参照群体。部分网络消费者缺乏消费经验与能力，不能确定购买某一商品的结果能否满足需要。在这种情况下，消费者对参照群体的依赖性，要远远超过对商业环境的依赖性。例如，小红书上的达人分享或者是豆瓣信息小组的分享。参照群体可以向消费者展现出一种新的行为或生活方式，影响消费者的购买态度和自我概念。网络红人、文体明星等常以自身较大的知名度与影响力围绕品牌产品的图文广告、视频直播，即是参照群体在网络空间范围内的粉丝经济效应体现。《2018年微博电商行业调研问卷》显示，76.6％的"95后""00后"会实践"种草"行为，即在第三方的分享意见影响下会有对推荐商品产生购买欲望。其中，18.8％的网民会在网红推荐后直接购入该商品。另一项《2019年全球网红营销调查》指出，有半数的消费者认为，只要网红透露其与某品牌的关系，他们就会选择接受推荐。

（2）家庭。

家庭成员对消费者的行为影响程度很深。每个人的价值观、审美观、爱好和习惯大多是在父母的影响下形成的，传统购物时父母会对孩子产生种种倾向性的影响。传统经济背景或线下购物模式下，子女大多受父母的购买方式所影响。但是，网络经济背景下，网络消费这一新型的方式则逆向而行。随着子女对于网络的深度融入，子女的接受度会更高，其实际的购物经验可能比父母更丰富。追求自我与个性的思维正逐步影响着年轻的消费者，他们在家庭网上购物的整个过程中，有更多机会或话语对父母的购买意愿和购买决策施加影响。父母的购买方式往往受子女影响，例如，对于部分潮流的科技产品，父母经常会征求子女的看法。

（3）角色和地位。

每个人在社会中扮演一定的角色，拥有相应的地位，多种角色需求可能不一致，对一个人的行为就有多种期望，其消费行为往往也就不同。例如，一个男子不仅扮演父亲和丈夫的角色，而且还可能是公司主管、社区管理人员或者大学夜校的学生。换句话说，就是不同的角色地位决定了他们自身的生活品质和生活方式。对于角色而言，我们当中的每个人都在一定的组织、机构和团体中占有一定位置，和每个位置相联系的就是角色。对于地位而言，地位是具有相似社会地位的人的一个开放的群体。开放指的是个人可以自由地进入和离开。通常人们会选择与自己地位相吻合的产品及服务，而产品和品牌也可能成为地位的象征。

3. 个人因素

人口统计变量是个人因素的重要组成，主要包括年龄、性别、家庭、收入、职业、教育、宗教等个人基本特征。这些特征被广泛地应用于细分消费者市场，以更好地制订针对目标消费者的营销策略。在互联网背景下，人口统计变量是影响网络消费者行为的重要因素。网络消费者的购买行为会受其个人特征（如年龄、性别和生命周期，职业和经济状况，个性和自我观念，生活方式和价值观）的影响。

（1）年龄、性别和生命周期。

- 年龄：年纪过小的网络群体接触互联网的时间短、机会少，而年纪过大的网络群体接受新事物的意愿不够。网络消费者的年龄差异影响网络消费决策。互联网用户的主体是青年人，处于这一年龄阶段的消费者思想活跃，好奇冲动，乐于表现自己,在消费行为上表现为时尚性消费和个性化消费两极分化。因此个性化、时尚型的商品在电商平台的销售更受欢迎。此外,网络营销人员不仅应注意消费者的生理年龄,更应关注其心理年龄。

- 性别:女性网络消费者购物时感性成分大于理性成分,比较在意他人评价。男性网络消费者则相反,在购物时理性成分居多,自主性较强,往往在深思熟虑之后才做出购买决策。女性网络消费者购物时不仅为自己挑选商品,还会为家人挑选。男性网络消费者购物的目的性比较强,喜欢自己做出判断,不容易受到网络广告的影响。女性网络消费者购物时会参考各方面的因素,且容易被打折的商品所吸引。

- 生命周期:消费者会在生命周期的不同阶段需要各种不同的商品与服务。单身阶段、新婚阶段、满巢阶段、空巢阶段和退休阶段、鳏寡阶段会对网络产品与服务具有不同的选择。

(2)职业和经济状况。

- 职业:职业会影响一个人的消费观,收入较高的职业和收入较低的职业相比,网络消费观念具有明显不同。例如,购买金额的大小和挑选物品的消耗时间等。此外,职业稳定性会对消费者产生影响,如政府公务人员的职业比私人企业稳定。而这会影响一个人对未来收入的判断,根据未来预期而做出激进或保守的行为。

- 经济状况:经济状况是决定购买行为的首要因素,决定着能否发生购买行为以及发生何种规模的购买行为,决定着购买商品的种类和档次。经济状况主要取决于可支配收入的水平、储蓄、资产、借贷能力等。如果某消费者有较多的可支配收入、储蓄和较高的借债能力,更热衷于消费而不是理财,那么其可能就会是高档、时尚商品的重度购买者。

(3)个性和自我观念。

- 个性:个性是个人独特的心理结构,以及这种结构如何长期稳定地影响个人对环境做出反应的方式。人人都有个性,每个人独特的个性将影响其购买行为。个性通常被描述为诸如自信、支配力、社交能力、自主性、防御性、适应性和攻击性等特征。个性可以被应用于分析消费者对某些产品或品牌的选择。个性在分析特定产品或品牌选择的消费者行为时很有用。品牌也有自己的个性,例如,苹果的个性体现为兴奋型,古驰的个性体现为成熟型。消费者倾向于选择与自己个性相匹配的品牌。

- 自我概念:或称自我形象,是指个人对自己的能力、气质、个性等特征的自我评价,自我概念与个性密切相关。自我概念的基本前提即人们拥有的产品决定和反映了他们的身份。

(4)价值观和生活方式。

- 价值观:价值观是基于人的一定思维感官之上而做出的认知、理解、判断或抉择,也就是人们认定事物、辨别是非的思维或取向,从而体现出人、事、物一定的价值或作用。价值观具有稳定性、持久性、历史性、选择性和主观性的特点。消费者决策受到价值观的影响,价值观从基本层面上影响着消费者的选择。概括而言,价值观可以划分为理论的(重经验、理性)、政治的(重权力和影响)、经济的(重实用、功利)、审美的(重形式、和谐)、社会的(重利他和情爱)及宗教的(重宇宙奥秘)6种。施普兰格尔认为,人们的生活方式朝着这6种价值观方向发展。6种价值观念的绝对划分并不表示有这6种典型人物存在,分类只是为了更好地理解。事实上,每个人都或多或少地具有这6种价值观,只是核心价值观因人而异。

- 生活方式:生活方式与价值观密切相关。生活方式是个人表达自己心理的一种生活模式。它相对个性而言更为具体,可以反映一个人在社会中的行动和兴趣。生活方式需要衡量消费者的 AIO 维度,即活动(工作、嗜好、购买活动、运动和社会活动)、兴趣(食品、服装、家庭、休闲)和观念(关于自己、社会问题、商业和产品等)。

【案例 3-1】 Z 世代

Z 世代,又被称为网络世代,是指 1995 年至 2009 年出生的一代人。从他们出生到长大成人,围绕他们身旁的是互联网、即时通信、智能手机和平板计算机等科技产物。

QuestMobile 数据显示,作为互联网"原住民",Z 世代经历了从 2G 到 5G 的衍变,截至 2022 年 6 月,Z 世代线上活跃用户规模已经达到 3.42 亿,月人均使用时长近 160 小时,月人均单日使用时长 7.2 小时,尤其是 21 点到次日 0 点的活跃度,明显高于全网用户,如图 3-3 和图 3-4 所示。

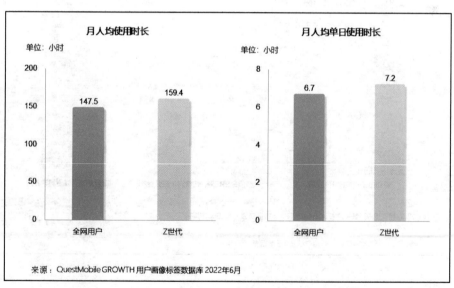

图 3-3　Z 世代与全网用户月人均使用时长及单日使用时长对比

从应用领域上来看,移动视频、移动社交及手机游戏行业为 Z 世代总使用时长占比 TOP3 的行业,分别为 37.4%、28.5%、7.9%,均高于全网水平。

由于 Z 世代中学生群体众多,因此,教育(知识获取)和求职是非常重要的应用领域。不过,从兴趣上来看,Z 世代对二次元、游戏、美妆、颜值、宠物萌宠的内容偏好均高于全网用户,如图 3-5 所示。以英雄联盟、王者荣耀及和平精英电竞赛事内容受众特征来看,年

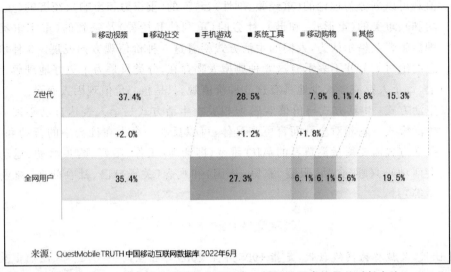

移动视频 ■移动社交 ■手机游戏 ■系统工具 ■移动购物 ■其他

Z世代	37.4%	28.5%	7.9%	6.1%	4.8%	15.3%
	+2.0%	+1.2%	+1.8%			
全网用户	35.4%	27.3%	6.1%	6.1%	5.6%	19.5%

来源：QuestMobile TRUTH 中国移动互联网数据库 2022年6月

图 3-4　2022 年 6 月 Z 世代及全网用户一级行业用户使用总时长占比

轻男性群体非常突出，例如，哔哩哔哩英雄联盟赛事官方账号"00 后""90 后"群体占比超过 80%；而小红书 TOP5 美妆类 KOL 用户中，30 岁及以下年轻用户占比均在 60% 以上。

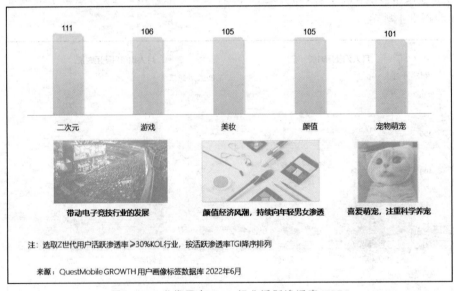

注：选取Z世代用户活跃渗透率≥30%KOL行业，按活跃渗透率TGI降序排列

来源：QuestMobile GROWTH 用户画像标签数据库 2022年6月

图 3-5　Z 世代用户 KOL 行业活跃渗透率 TOP5

Z 世代用户线上消费能力和意愿一直在增长，具体呈现以下八大特点。

1. 热衷线上消费

随着 Z 世代人群逐渐迈入职场，线上消费能力提高，线上消费意愿增强。QuestMobile 数据显示，Z 世代用户线上高消费潜力较大，线上消费能力在 2000 元/月以上的用户占比达到 30.8%，同比增长 2.7%。Z 世代用户线上消费关注点 TOP5 如图 3-6 所示。

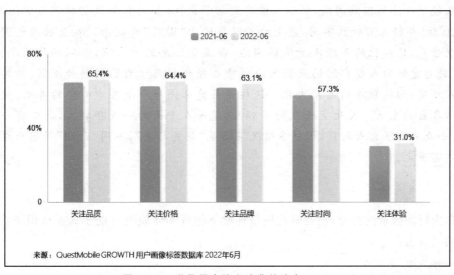

图 3-6　Z 世代用户线上消费关注点 TOP5

2. 追求"质价比"

Z 世代用户在追求时尚潮流、购物体验的同时,消费也更加理性,追求"质价比"的消费理念,使其对品质的关注放在首位。

3. 偏好"代入感"体验

Z 世代对于"代入感"的体验要求更高,密室逃脱、剧本杀的沉浸式场景给予玩家真实的参与感,在带动线下娱乐发展的同时,相应线上 App 也应运而生。

4. 喜欢细分类产品

Z 世代用户在"宅"的同时对品质生活有较高要求,各类功能齐全的家电产品,尤其是精致小巧的小家电在 Z 世代中引发消费风潮。

5. 追求"小而美"

Z 世代用户追求"小而美"的精致生活,偏好料理机、养生壶、空气炸锅等个性化、功能细分化的产品,善于个性化 DIY。

6. 注重健康养身

Z 世代食品饮料消费逐渐偏向健康、品质,"低脂、低卡、低糖"成为具有吸引力的标签。

7. 滋补市场年轻化

滋补养生市场呈现年轻化趋势,市场中的传统品牌更加注重数字化转型,阿胶、燕窝类品牌通过营造产品的多场景实用性,精准触达年轻人的需求。

8. 掀起国潮文化

在文化更加自信的环境下成长起来的 Z 世代人群,更乐于把传统文化带到日常生活消费场景中,掀起汉服消费热潮。

从颜值经济到国潮国风,从懒人经济到电子竞技,如果真要说Z世代与曾经的"80后""90后"年轻人有什么不同,最大的不同莫过于"圈层"的概念。在互联网包围中出生的Z世代,比以往的年轻人更依赖网络,在海量信息的冲击下,不同的价值观、生活态度、兴趣爱好的人在广阔的互联网海洋中都能找到属于自己的精神家园,与志同道合的人社交,形成独特的圈层文化。这些圈层更像是一个个去中心化的孤岛,彼此互不干涉各自的生活。因此Z世代的年轻人,是千人千面的一代年轻人,其中有一些圈层,从小众走到了大众面前,但更多情况下还是"美美与共",不同"面相"折射出这个世代的丰富多元。

3.2.2　体验因素

作为特征因素的补充,消费者在网络环境下的现实体验也有助于商家认识消费者的在线购买行为。

1. 购物便捷

传统的购物行为,消费者购买商品,必须花较多的时间和精力,这也无形地增加消费者的购买成本,网络购物正好弥补不足。网上虚拟市场能够提供全天候服务销售。在线支付、送货上门等服务特点极大地方便消费者。网络消费者足不出户就可以在更大的网络空间范围内选择商品,对于个体消费者而言,网络消费可以充分地实现"货比三家"。

2. 商品品质

消费者进行网络购物这一行为的最终目的是满足其对商品的需要,商品品质直接关系到网络消费者的购买决策。此外,网络销售的产品还需要考虑时尚、新颖和个性,以吸引不同的网络消费者注意。

3. 商品价格

商品价格影响消费行为是一个重要的因素。网络店铺需要提供比传统商店更富竞争力的商品。

4. 物流配送

买方的购后评价一般都会涉及物流配送是否及时,这显示物流配送的重要性。国内物流最后1公里仍为尚需优化解决的问题,例如,物流发货不及时、货物配送误差、货物损坏或损失、快递服务低下等。因此,物流配送的问题是消费者网络消费行为的重要考虑因素。

5. 评价因素

在网络消费环境下,消费者,特别是初次网络消费或网购经验缺乏的消费者,其购物行为会在很大程度上受到他人评价的影响。消费者在提供同类商品的两家或多家网店之间做选择时,好评会起到很大的作用,有时甚至直接影响消费者的选择。

6. 信息安全

信息安全即信息的安全性及保密性。消费者期待其提供给商家的详尽个人信息及财务信息应该安全存储。消费者个人隐私、交易安全等是影响网络消费的重要因素。

7. 商品品牌

品牌是企业迈向成功的关键。相当数量的网络消费者面对虚假宣传,延迟交付,货物的质量和数量不能得到有效的保障,达不到商品售后服务承诺和其他严重的问题时,为了减少风险,通常偏好品牌商品,因此具有较高知名度高与美誉度的产品与服务一般广受欢迎。

8. 客户服务

对于网络购物而言,客户服务是非常关注的一个问题,网购的商品一旦出现问题,就需要将商品寄回维修或者直接更换,流程烦琐。因此,提高售后服务的质量和水平关系到店铺的持续发展。

9. 店铺设计

店铺设计是否美观直接决定消费者能否仔细浏览店铺商品信息。个性化的店铺形象对网络消费起着非常重要的作用。店铺形象设计内容面向客户,网页内容罗列有序、整齐美观、更新及时、信息有效,从而有效吸引顾客。

3.3 传统网络购买决策流程

传统网络购买决策流程可分为需求唤起、信息搜索、方案评估、购买决策和购后评价5个阶段,如图3-7所示。当消费者感觉到某事物的实际状态和期望状态之间有差距,且当差距扩大到足以激发消费者进入购物决策程序,便引起消费动机,唤起知觉上的需求,进而产生问题与需求认知。当消费者意识到自己的需求时,就开始搜索内部或外部信息,以满足需求,为购买前的方案提供充足的信息。在这一过程中逐步形成一套方案评估标准,做好购买前的方案评估。然后从可能的方案中选择最后确定要购买的商品,做出购买决策,产生购买行为,取得所要的商品或服务。在购买后,消费者对本次购买行为进行评价,加深消费者对商品或服务消费经历的体验,这将有助于制定未来的购买决策。在完成购买行为后,消费者将对购物经历产生满意或不满意的评价。若消费者对购物经历感到满意,则会加强信念并将满意结果存储于记忆中;若消费者对购物经历感到不满意,则会产生购买后的心理失调。

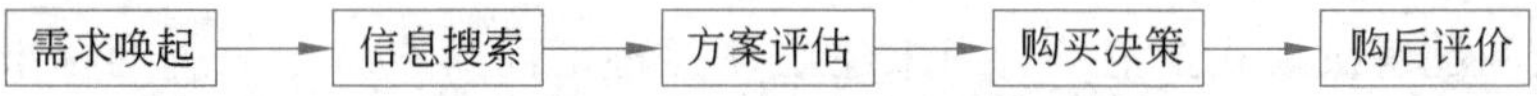

需求唤起 → 信息搜索 → 方案评估 → 购买决策 → 购后评价

图 3-7　网络消费决策过程

消费者决策过程的5个阶段是一种理想的线性模式。在现实的网络购物环境中,决策过程往往比较复杂。但对于线性模型的学习和理解,将有助于我们进一步探索、研究复杂的网络消费决策模型。需要指出的是,在某些情况下,消费者可能会跳过或颠倒其中某些阶段,尤其在低度介入的购买中更是如此。同时,处于各方面因素的考虑,消费者在购买决策过程中的任何阶段都有可能放弃购买,造成购买决策过程提前终止。

3.3.1 需求唤起

网络消费者购买决策过程的起点是需求唤起。通常，人体内在的需要和外部刺激都可能唤起消费者的需求。消费者需求的产生有以下几方面的诱因。一是情感动机，如新奇感、快乐感、满意感等消费者的个人心理情感可能诱发网上消费需求，这种基于情感的动机通常是不稳定的。二是理性动机，当消费者认为已有的商品不能满足需求时，就会产生购买新产品的欲望。三是光顾动机，消费者由于对特定的网站或商品等产生特殊的信任与偏好而习惯性光顾，并在光顾的过程中产生购买动机。这类消费者通常是某一网站的忠实浏览者，他们不仅自己经常光顾这一网站，还会向周围的朋友推荐该网站。

消费者的购物行为始于对某种需求的确认，即消费者意识到一种需要，并且有一种解决问题的冲动。网络消费者可以理性地确定自己的购物需求，习惯于在网站、网络商店之间频繁转换、浏览，比较与选择的空间增大。网络营销企业注意了解与自己产品有关的实际需求和潜在需求，了解这些需求在不同时间的不同程度，了解这些需求是由哪些刺激因素诱发的，进而巧妙地设计促销手段去吸引更多的消费者浏览网页，诱导他们的需求欲望。同时，网络消费者需求的唤起与网页等外部因素刺激有很大关系。在网络消费过程中，这些外部因素主要是指对消费者的视觉和听觉的吸引。因此，文字的表述、图片的设计、声音的配置、视频的拍摄是诱导消费者网购的直接动因。

3.3.2 信息搜索

当需求被唤起后，消费者希望自己的需求能得到满足，接下来将收集信息、了解行情，这些构成了消费者购买决策的第二个阶段。网络消费者收集信息的渠道来源主要包括内部渠道和外部渠道。消费者首先在自己的记忆中搜寻与所需商品相关的知识经验，如果没有足够的信息用于决策，消费者便通过浏览各专业网站、商业网站和公共网站等外部渠道寻找相关信息。网络消费者收集信息的渠道目标主要包括商业站点信息和目标商品信息。商业站点信息即网站的知名度、网络零售站点的信誉、提供产品信息的充分程度、对同类产品性能和价格的比较等。目标商品信息即商品属性、商品描述、用户评论等。

不是所有的购买决策活动都要求同样的信息内容和同样的信息搜寻行为。根据消费者对信息需求的范围和收集信息的努力程度不同，可分为以下三种模式。

1. 广泛的问题解决模式

广泛的问题解决模式指消费者尚未建立评判特定商品或特定品牌的标准，也不存在对特定商品或品牌的购买倾向，而是很广泛地收集某种商品的信息。处于这个层次的消费者，可能是因为好奇、消遣或其他原因而关注自己感兴趣的商品。这个过程收集的信息会为以后的购买决策提供经验。在该模式下，消费者所使用的信息收集渠道为外部渠道。

2. 有限问题的解决模式

处于有限问题解决模式的消费者，已建立了对特定商品的评判标准，但尚未建立对特定品牌的倾向。这时，消费者有针对性地收集信息。这个层次的信息收集能真正而直接地影响消费者的购买决策。在这种模式中，消费者内部渠道与外部渠道并行使用。

3. 常规问题的解决模式

在常规问题的解决模式中,消费者对将来购买的商品或品牌已有足够的经验和特定的购买倾向。在该模式下,购买决策需要的信息较少,消费者主要使用内部渠道收集信息。

3.3.3 方案评估

消费者取得的各种信息可能是相互重复的,甚至是互相矛盾的,因此还要进行分析、评估和选择。常见的方式有比较发布渠道、商家信誉、广告用语、商品主页内容、网络口碑、已购者或资深用户(专家)评价、尝试性购买等。消费者根据某些条件生成备选产品或服务的集合,并进行最终选择。例如,基于网络进行手机选购,其中有不同品牌、不同价位、不同配置。通过在互联网上的信息收集,如网络搜索、消费者评价、博主测评等,消费者能更好地比较、分析、研究所需商品,并且选择符合自身消费水平的商品。在消费者的评估选择过程中,有以下影响网络消费者购买行为的因素值得网络营销者注意:产品质量、产品购后评价、产品价格、企业的信任度、产品网络口碑、商家信誉、商品价格、物流配送等。在众多的考虑因素中,网络消费者的经济状况是影响消费者购买意向形成的重要因素。一般情况下,网络消费者的经济状况越好,网络产品价格、上网费用等购买成本对消费者影响越小,消费者的购买欲望越强。同时,网络口碑、商家信誉、产品购后评价和资深用户(专家)评价也是评估的重要影响因素,如果网络口碑和购后评价越好,商家信誉和资深用户(专家)评论越高,那么消费者购买欲望就越强。

3.3.4 购买决策

购买决策即网络消费者基于对需求的识别、信息的收集、商品的比较选择以及对可能的购买结果所做的综合分析及得出的最终决策。购买决策包括购买数量、购买地点、购买方式、付款方式等。通常,网络消费者做出购买决策要具备三个条件:对商家有信任感、对网上支付有安全感和对商品有好感。网络消费者的安全戒备程度比传统消费者更高,促成交易的难度要高于网下交易。互联网的信息保密性、付款安全程度、物流配送及时程度等可能导致消费者推迟甚至放弃网上购买。而网上交易的方便快捷和顾客成本低等特点又决定了特定消费者一旦拥有一次成功、满意的网上购买经历后,就更容易对网上交易方式产生信赖和忠诚感,对成功消费过程所涉及的品牌和产品都会产生高于网下消费的信任度。

在购买决策阶段,消费者将会在不同方案之间形成购买意图和偏好。消费者对商品信息进行比较和评选后,已形成购买意愿,然而从购买意图到决定购买之间,还要明显受到他人态度因素的影响。他人的反对态度愈强烈,或持反对态度者与购买者关系愈密切,修改购买意图的可能性就愈大。他人的态度对网络消费者的购买决策具有重要的影响。他人主要指以下三类人。一是家人、亲友、邻居、同事等,通常这些人的态度和建议对购物决策可能起到决定性的作用;二是广告商、推销员、经销商等,这些人对于商品的宣传和介绍能影响并改变消费者的决策;三是大众传媒、报纸杂志、专家学者、专业网站等中立者的评价。消费者会综合上面各个角色的评估信息,对每个方案进行比较,同时依照自己的偏好,确定出各种产品的优劣顺序。

下面介绍 4 种代表性的消费者购买决策原则。

1. 最大满意原则

消费者总是力求通过决策方案的选择、实施,取得最大效用,使某方面需要得到最高限度的满足。遵照最大满意原则,消费者将不惜代价追求决策方案和效果的尽善尽美,直至达到目标。这是一种理想化原则。

2. 相对满意原则

相对满意原则认为:在现代社会,消费者面对多种多样的商品和瞬息万变的市场信息,不可能花费大量时间、金钱和精力去收集制定最佳决策所需的全部信息。即使有可能,与所付出的代价相比也绝无必要。因此,在制定购买决策时,消费者只需做出相对合理的选择,达到相对满意即可。贯彻相对满意原则的关键是以较小的代价取得较大的效用。

3. 遗憾最小原则

若以最大或相对满意作为正向决策原则,遗憾最小原则立足于逆向决策。由于任何决策方案的结果都不可能达到绝对满意,都存在不同程度的遗憾,遗憾最小原则将可能产生的遗憾最小作为决策的基本原则。运用此项原则进行决策时,消费者通常要估计各种方案可能产生的不良后果,比较其严重程度,从中选择风险最小的作为最终方案。

4. 预期满意原则

有些消费者在进行购买决策之前,已经预先形成对商品价格、质量、款式、服务等方面的心理预期。消费者在对备选方案进行比较选择时,与个人的心理预期进行比较,从中选择与预期标准吻合度最高的作为最终决策方案,这时他运用的就是预期满意原则。这一原则可大大缩小消费者的选择范围,迅速、准确地发现拟选方案,加快决策进程。

【案例 3-2】 淘宝网钻石消费者调研节选

对《淘宝网钻石消费者调研》的研究发现:钻石消费者在线下实体店和在网络购买钻石的决策驱动因素有很大区别,且淘宝网消费者和竞争网站消费者的网购钻石决策驱动因素未呈现明显差别。

以下信息来源于《淘宝网钻石消费者调研》问卷调查数据,驱动因素按照消费者所选择的比例由高到低排序。

根据消费者的购买决策原则,将钻石消费决策驱动因素进行分类,如表 3-1 所示。线下与网络购买钻石的决策驱动因素显示出明显的差异。

线下消费者的决策驱动因素主要体现了预期满意原则,其次是遗憾最小原则。而网络购买决策驱动因素主要体现了遗憾最小原则,其次是相对满意原则、预期满意原则,如表 3-2 所示。说明消费者在网络购买钻石做出成交决策时存在很多障碍,这些障碍点分布于网络购物的各个环节:从产品质量、真伪的判断,到物流、付款安全性,再到售中服务态度、售后服务保障。网络钻石购物市场有待进一步成熟,网络钻石潜在消费者需要长期的培育与引导。

表 3-1　钻石消费决策驱动因素

线下购买决策驱动因素	网络购买决策驱动因素
购物和售后有保障 挑选方便,可以试戴 产品有鉴定证书 知名品牌的专卖店,专注、专业 珠宝产品款式多,可选择余地大 店铺口碑好,知名度高 有专业的人员介绍珠宝商品知识和帮助挑选 产品价格优惠 物品齐全,可以与非珠宝类产品一块购买 购物环境好 地理位置好,购物方便 店面规模大	产品质量 产品真伪 卖家信用 产品价格 是否有鉴定证书 售后服务保障 产品外观 买家评价 产品介绍详细程度 卖家服务态度 产品图片清晰度 付款安全性 物流配送安全性 产品品牌知名度 物流配送速度 朋友推荐

表 3-2　不同决策原则下的钻石消费决策驱动因素

	线下购买决策驱动因素	网络购买决策驱动因素
相对满意原则	产品价格优惠	产品外观 物流配送速度
遗憾最小原则	购物和售后有保障 产品有鉴定证书	产品质量 产品真伪 卖家信用 是否有鉴定证书 售后服务保障 产品介绍详细程度 产品图片清晰度 付款安全性 物流配送安全性 卖家服务态度
预期满意原则	挑选方便,可以试戴 知名品牌的专卖店,专注、专业 珠宝产品款式多,可选择余地大 店铺口碑好,知名度高 有专业的人员介绍珠宝商品知识 和帮助挑选 物品齐全,可以与非珠宝类产品 一块购买 购物环境好 地理位置好,购物方便 店面规模大	产品价格 买家评价 朋友推荐

3.3.5 购后评价

网络消费者在购买商品后,通过使用、体验,对决策结果进行检验,以判断决策正确与否。至此,一个完整的购买决策过程结束。同时,购后评价又是潜在的新一轮购买决策过程的开始。消费者的购后评价能影响消费者未来的决策行为。

网络消费者在购买商品之后会对本次购买满意程度进行评估。评估的常用方式是通过自身使用以及参考他人的评价,对自己的购买选择进行检验和反省,重新考虑这种购买是否正确、效用是否理想、服务是否周到等问题。网络消费者的购后评价主要集中在商品的外观、质量或功效与预期是否相符,卖家服务是否及时和专业,支付方式是否安全和便捷,物流是否快速和安全,售后服务是否到位等。网络消费者声誉评价机制主要受感知产品、感知服务质量、交易安全性、感知物流性价比等因素影响。

中国消费者在网络消费过程中很可能是世界上最"社会化"的消费者,他们发表的在线评论数量最多,阅读在线评论也最频繁。网络消费者的评价经常表现在实际产品与描述产品是否相符、网页是否利于产品快速搜索、沟通过程中是否友好、物流速度是否快捷等。因此,提升商品质量、改善服务态度、完善售后服务等方法都会促使消费者提供偏好的购后评价。购后评价往往决定了消费者今后的购买意向和行为。如果购后评价符合期望甚至超出期望,消费者对本次购买的满意度会很高,在今后的购买中,重复购买的可能性就高;反之,如果与期望不符,消费者对本次购买会不满意,重复购买的可能性低,消费者甚至会成为该商家的流失客户。

【案例 3-3】 亚马逊独具特色的书评

亚马逊的书评主要来自书的作者、出版者和读者,以对一本书提供多角度的分析和评价。亚马逊对撰写书评提出了具体的要求,无论是作者、出版者还是读者都要遵循它的特定指南。该指南的作用主要体现在对书评的内容作了规定,对适宜与不适宜内容罗列得非常详尽,并特别声明任何违反规定的书评将不予在网上刊登。

对作者评论、出版者评论、读者评论分别提供不同的要求和规定,例如,作者评论只能由作者本人或权威性代表来写,主要内容应提炼图书的精华部分,介绍写作初衷,提供作者本人的背景、逸事等。出版者评论主要由原书的出版商撰写,其主要内容包括对作者的评价、对书内容的简介、对书内容的评价三方面。应该指出,那些知名度和信誉度较高的出版商评论,是很值得我们一看的。读者评论较为自由,撰写者可以署名或留下E-mail 地址,以利于互相交流,也可采用不署名的形式而以"A reader"指代。读者评论有两种形式,第一种形式可称为"一句话推荐",第二种形式是针对单本书的内容进行评论。虽然读者评论在水平上是参差不齐,但从相似性及对同一本书的书评数量上,大致可以分辨该书的实际影响效果,故也可以作为买书时的一个参考项目。

3.4 网红经济购买决策流程

网红经济的主要代表"直播电商"自 2016 年兴起后高速成长,目前已发展成为重要的网络消费模式。直播电商一方面对于传统电商具有一定的客户分流作用,另一方面通过下沉市场与电商渗透率提升为电商市场创造了增量空间。相对于传统的购买决策流程，即消费者通常始于明确的需求，在主动收集信息、比较评估之后，形成购买行为并完成使用评价。网红经济下的购买决策流程突出体现为电商直播。

网红经济（电商直播）的购买决策流程具体表现在，通过网红的试用、推荐或选品一定程度上替代了消费者自身的评估过程，在消费者被动接受产品信息后，受好奇心驱使，直接购买尝试，大幅缩短了消费决策路径，如图3-8所示。

1. 产生好奇

根据 QuestMobile 等调查数据，约 68% 的用户在观看网红直播带货时有比较强烈的消费欲望，其中三四线城市的用户付费比例更高，也反映出电商直播对推动低线级城市渠道下沉与消费拉动效果更明显。目前，电商直播在保持小镇青年、女性群体等直播带货传统客群的同时，正进一步拓展至一二线城市、中产阶级、男性等新兴客群。

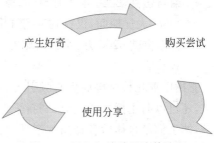

图 3-8　网红经济购买决策流程

直播商家通过微博热搜、淘宝首页、抖音首页、微信朋友圈等平台媒体吸引消费者眼球，以多渠道引流进入直播间；消费者浏览直播，遇到自己感兴趣的商品，看到颜值较高的主播或者风格独特的直播时都可能产生兴趣，为后续的交易奠定基础，如图3-9和图3-10所示。

图 3-9　淘宝直播展示

图 3-10　微博直播展示

这里可以借鉴一下淘宝 2020 年"双十一"当天的一组数据：

- "5 分钟卖出 15000 支口红"的李佳琦，通过淘宝直播卖掉了 32 万个单品，销售额达 6700 万。
- 淘宝某主播开播两小时，销售金额就达到 2.67 亿元，每场直播人均观看人数高达 230 万，而她单场直播最高观看人数更是超过 800 万。
- 张大奕的店铺在直播第 28 分钟销量过亿，她所在的公司如涵控股 2019 年登陆了纳斯达克，2020 年 4 月敲钟，成为在美国上市的"中国网红第一股"。
- "618"大促期间，仅仅在 6 月 1 日的预热环节中，淘宝某主播直播一个半小时，成交额突破 6200 万；李佳琦则在 3 分钟内卖出了 5000 单资生堂红腰子，销售额超 600 万。

直播电商比传统电商更有吸引力。对于消费者而言，消费者不仅可以直观了解产品特点，还可以与主播实时交流，刷新了消费者的电商认知，也丰富了电商内容。对于博主而言，博主们亲自体验各种品牌产品，与观看者分享产品，增加与粉丝的交互沟通。越来越多的消费者在直播平台上进行数字互动或消费在线内容，购买产品乃至服务，这已经取代了对传统电商的应用需求。部分直播商家通过为消费者提供更有趣的产品，或者以更有趣的方式说服消费者购买，或者提供更富竞争力的价格，赢得了消费者的认可。

2. 购买尝试

电商直播环境下，直播比传统的图文描述更加直观、全面地展示了商品的特点，并且主播可以对于商品进行试用、讲解，减少了消费者产生"图片与实物不符"的想法。消费者能看到产品更真实的面貌和主播更真实的情绪反应，直播变现的转化效果自然比传统的电商购物模式更为显著。同时，主播与消费者通过视频、连麦等方式直接进行双向互动沟通，探讨商品或服务的相关问题，充分拉近了店家与消费者之间的心理距离，为消费者带来了更为直观有效的体验购物。这种实时互动的购物形式比传统的电商购物方式更能打动用户。此外，消费者进入直播间后，主播通过营造紧张气氛（如实时播报多少货品已经售出，让消费者有一种"机不可失失不再来"的感觉），引导消费者使用优惠券，提供明显的价格优惠，利用消费者从众心理等方式促使直播消费者下单，如图 3-11 所示。

3. 使用分享

部分消费者的直播消费行为不仅关注商品的实用价值，而且也出于社交需要的动机驱动。他们热衷于观看网红直播电商从中获得相关商品信息，了解网红是如何介绍商品特点，乃至其他消费者如何议论商品，进而在电商直播过程中通过发送弹幕与主播和用户进行互动。最后，完成直播购物后在社会化媒体情境下与朋友分享商品信息与购物体验。这一过程中，通过直播获取的信息也能够参与相关话题的交流和互动。同时，越来越多的消费者在受到传统电商购物模式下商家"夸大其词"的广告负面体验后，逐渐信任其他同为消费者的"分享者"和"直播达人"。当有其他消费者分享了自己购买的直播好物，并且发送到网上与其他消费者共同分享其体验时，这部分"试验者"的分享更容易被受众认同与信任。例如，直播间的老顾客可能会在弹幕发表的已购好评，也会使得新顾客更放心地购买。直播博主都会定期更新自己的视频或者图文，分享近期发现的好产品或"踩雷"的

图 3-11　电商直播间交流互动

商品,懂产品、爱分享的博主们由此吸引了一大批的忠实粉丝。目前,这种"种草"或"拔草"的分享广泛存在于微博、B站和小红书等社会化媒体之中。而这些在上述社会化媒体空间上的交流分享,又会进而产生购买行为。

思考题

1. 在网络消费决策过程的各个阶段中,各种维度的因素如何具体影响消费决策行为?
2. 在网络购物过程中,网络消费决策过程按哪些阶段依次进行?

第 4 章　客户关系管理

学习目标

- 概括客户关系管理在电子商务世界的意义；
- 明确界定客户关系管理的基本内涵；
- 描述客户关系管理理论分析模型的内涵与逻辑框架；
- 掌握客户关系管理测评工具与关键指标；
- 解释客户关系管理与企业管理之间的联系；
- 描述信息技术在客户关系管理中的角色及 Web 2.0 之下 CRM 软件技术功能特点。

Web 2.0 所坚持的开放与沟通开启了电子商务的新模式，原本略显苍白的客户关系管理，在 Web 2.0 技术及商业模式之下，获得了充分展现的机会、空间，客户关系管理工具也不断涌现。客户关系管理的理论研究是超前的，在很大程度上体现了人们对基于利益共享与买卖互动的期望。但现实表明，企业层面的反应有些滞后或被动。一种原因是部分企业抱有投机取巧的幻想，不愿意在客户关系开发与维护领域投入更多；另一种原因是管理者不理解客户关系管理的真正内涵及践行的路径。问题的焦点在于对企业与客户之间"关系"的理解与管理能力。

4.1　客户关系管理的时代背景

随着互联网和信息技术的迅猛发展，你的客户离你的竞争者仅有点击一下鼠标之遥。"客户就是上帝"的时代真正开始了，"以客户为中心"的口号不仅仅是时尚，也日渐成为现实。客户逐渐成为交易规则的制定者，客户不仅仅靠脚投票，而且靠手投票[①]。客户资本是指企业与业务往来者之间的组织关系的价值，是客户与企业保持业务往来关系的可能性，其价值一般从客户类型、客户忠诚度、客户角色、客户支持和客户成功等方面进行衡量。投资者越来越习惯于将客户支持率作为衡量公司价值的重要指标，可以说，公司的价值将由公司的客户支持率来决定。客户焦点与商业价值之间的关系如图 4-1 所示。

---

① 由于缺少相关法律的支持，在以往，客户当感到不满时，大多数会选择愤懑地离开，而现在则有很大的不同，不仅法律更加支持客户维护权益，而且客户自身由于受教育水平的提高及沟通联合可能性的增强，也开始用更加积极的方式维护自身的权益。

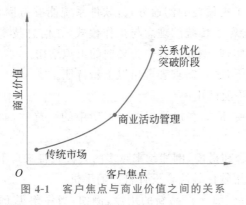

图 4-1　客户焦点与商业价值之间的关系

富裕程度和教育水平的提高、社会结构的转换、法律的日趋完善及技术的进步是推动客户关系管理成为时代主角的关键力量。

富裕程度指社会的财富水平、可支配收入及生活水准。虽然对中国是否已经步入中等发达国家水平的问题，各方面有不一样的声音，但社会整体富裕水平的提高是不容置疑的。消费结构与消费习惯因此有了根本性的变化，并带动了企业与消费者关系的深层次改变。

随着生活水平的提高，民众的正式普通教育得以普及。2010 年我国基本普及高中教育，毛入学率达到 80%，目前部分发达地区开始推进普及高等教育的工作。当公民的受教育水平得以不断提高时，他们对生活的期望也要跟着提高。富裕和教育二者结合起来，构成了社会对主要机构（诸如企业）进行批评这一风气出现的基础。

社会是由许多不同的不完全自治或自治的群体组成的。我们社会的多元性使得企业与社会的关系比其他社会更令人关注和新奇。多元性是指权力分散在社会的许多群体和组织那里。权力是分散的，而不是由任何一个机构（如企业、政府、工会或军队）或少数群体来掌握的，这被许多人认为是一类正义的体制。有人将这种社会称为特殊利益社会，即由许多特殊利益群体结合而成的社会。在多元的、特殊利益的社会中，企业与社会关系中一个最令人关注和最难对付的压力是由特殊利益群体所施加的。这些特殊利益群体对某些问题特别关注，经常向其希望影响的公司表明其需求与态度。这是促使企业转变其自以为是作风的重要力量。

2010 年年末腾讯和 360 发生市场争夺。两家企业都拥有上亿的用户，并且都宣称以用户的利益为重，但外界评论直指两家公司绑架用户。类似情况在国内多有发生，其重要原因是缺少保护消费者利益的法律。发达国家的经验表明，法律是消费者的后盾，健全的法律为消费者权利诉求提供了合法保障。2000 年 11 月，美国国会通过了《交通工具召回的强化责任和文件法案》，强化了企业在安全召回方面的责任。凡厂家隐瞒严重的质量缺陷以及相关事实真相，有关负责人最高刑罚高达 15 年，而厂家也将付出高达 1500 万美元的罚金。此后上路的车辆会更安全。国内最近几年陆续出台了类似的法律法规，并逐步健全执法体系，这有助于将"以客户为中心"的概念落到实处。

技术进步让消费者更容易发现自己喜欢的商品，更容易对提供者进行分析判断。计算机、通信技术、网络应用及相关管理技术的进步为企业更好地管理客户关系提供了手段。企业与客户之间有了更便捷的沟通方式,软件系统能够帮助企业分析庞杂的客户数据,甚至在很大程度上颠覆了传统的理念与操作模式,在信息技术的支持下,原本难以实现的管理方式能够得以实现,例如以客户为导向的组织结构。

在新的社会环境之下,客户需求表现出以下新特征。

(1)客户需要在购买前试用。

(2)客户将分块购买,例如客户只想购买专辑中的一首歌,而不是全部,这是一个机会,但也是难题。

(3)客户将自行混合和搭配,例如越来越多的人喜欢将来自不同提供者的响铃方式、卡通画面、信息服务、应用软件等混合设计自己的手机。

(4)客户将改变产品,赋予产品新的用途,例如,当你购买 PhotoDisc 公司的任何一个图片时,你有权利对它进行任何改动。

(5)客户要求与他人分享,这种分享不仅是产品方面的,还有购买经历方面的。

(6)客户希望参与产品的提供过程,成为企业的一员。

对于想持续发展的企业来说,这些新表现都是重要的启示。

客户永远是商业存在的理由。基于对客户资本重要意义的理解,越来越多的企业开始学习倾听客户变革的节拍、向客户革命妥协、坚持以客户价值为中心。在客户关系管理方面,如下三条原则得到了普遍认同。

原则 1:客户占主导地位,客户正在重塑商业模式并转变我们的产业结构。

原则 2:客户关系非常重要,现在或潜在的客户关系、客户支持率将决定公司的价值。

原则 3:客户体验非常重要,客户对品牌的感觉将决定他们的忠实程度。

4.2　客户关系管理概述

20 世纪 80 年代初期,美国就已存在所谓的"接触管理"(contact management),即专门收集客户与公司联系的所有信息;其后,1985 年巴巴拉·本德·杰克逊提出关系营销,乃至 1990 年演变而成的"客户关怀"(customer care)。1999 年,以 Gartner Group 公司提出的客户关系管理(Customer Relationship Management,CRM)概念为标志,客户关系管理领域呈现出快速增长的发展态势。特别是进入 21 世纪,互联网和信息技术的发展可以被视为客户关系管理的加速器,具体的应用表现在数据挖掘、数据仓库、呼叫中心、基于浏览器的个性化服务系统等。

客户是企业最重要的资产,因此,建立长期的客户关系对于业务持续增长的重要性不言而喻。美国学者 Reichheld 和 Schefter 于 2000 年在《哈佛商业评论》发表文章提出,获取网上客户的成本过高,初创企业可能在至少两三年内呈现非盈利状态。研究显示,企业若能增加 5% 的顾客保留率,就能增加 25%~95% 的利润。

客户关系管理是企业以客户为中心,以提高客户满意度和忠诚度为目标,提高企业核心竞争力的有效路径,包括在此基础上展开的识别、吸引、发展和保持客户所需的全部业务流程,及其使用的电子化、自动化的信息技术和软硬件系统。具体而言,客户关系管理包括三方面:第一,客户关系管理的理论和概念;第二,客户关系管理的运营流程;第三,客户关系管理的信息技术、软硬件系统。

4.2.1　客户关系管理的优势

成功应用客户关系管理能够给企业带来可衡量的显著效益。美国独立的 IT 市场研究机构 ISM(Information Systems Marketing)持续 13 年跟踪研究应用 CRM 给企业带来的影响,通过对大量实施 CRM 企业的跟踪调查,得出了详细的、可量化的利益一览表,从而证明在 CRM 系统上的资金、时间、人力的投入是划算的。

第一,在实施系统的前三年内,每个销售代表的年销售总额至少增长 10%。之所以能够获得这样的收益,是因为销售人员提高了工作效率(例如,有更多时间去拜访客户和实施策略),工作更富成效(例如,因销售人员更加关注有价值的客户、更了解客户需求从而提高了他们的销售访问质量)。

第二,在实施系统的前三年内,一般的市场销售费用和管理费用至少减少 5%。因为公司和市场人员可以更有针对性地对目标客户发放他们所需要的资料,选择沟通渠道,而不必像以往那样,去大量散发昂贵的印刷品和资料给所有现有和潜在的客户。传统方式针对性不强,必然广种薄收,成本居高不下。

第三,在实施系统的前三年内,预计销售成功率至少提升 5%。因为销售员辨别和选择机会时可以更仔细,及早放弃那些不好的机会,从而全神贯注于那些高成功率的机会。

第四,在应用系统的过程中,每笔生意价值至少增加 1% 的边际利润。由于销售员可以与那些经过仔细选择的客户群更紧密地合作,这些客户群像注重折扣一样注重价值销售,因此销售员趋向于更少打折。

第五,客户满意率至少提高 5%,这是因为客户能够更快得到所需信息,能获得更好服务,能更便捷地与商家建立关系营销。

概括而言,客户关系管理系统广受重视的原因在于其具有如下优势。

(1) 更为有效地选择目标市场。

互联网的好处在于联系人列表是自动选择或预先限定的。公司会通过登记他们的名字和地址谋求与那些访问站点并对产品展现出兴趣的客户建立关系。具有访问网站和浏览内容的行为表明其为目标客户。因此,获取新客户并和他们建立关系的方法完全不同于吸引客户到站点完成一次在线登记。

(2) 实现营销信息的大规模定制。

个性化技术还可以使得大部分客户选择和沟通的业务得以自动实现。营销信息的大规模定制一方面可以为较小的客户群提供定制的网页;另一方面,技术使得发送定制的电子邮件能够以低得多的成本实现。

(3) 提供对企业市场分析的数据。

客户关系管理系统接触企业客户,直接面对真实的市场需求。企业利用数据挖掘技术将这些市场数据加以统计分析,有助于针对业务运营状况及营销活动成效做出正确的评价,同样也有助于企业借助积累的历史数据,了解客户行为及其趋向,从而进一步有效地推进业务开展。

（4）提高客户服务水平与工作效率。

随着信息技术的飞速发展，由互联网应用与计算机系统集成而成的一体化客户服务中心来改善与客户接触的方式已成为客户服务的一种有效手段。客户服务中心能够提供全方位的客户服务并有效地处理客户关系，同时，先进的客户关系管理思想也正越来越多地融入客户服务中心的核心设计中，这极大地提高客户服务中心的生产效率，使得企业对于客户资源的管理更为有效，能够为客户提供更好的服务。

4.2.2 客户关系管理的应用领域

企业的客户关系管理主要包括企业利用互联网和信息技术支持其价值链中的营销（marketing）、销售（sales）和客户服务与支持（customer service and support）等三项环节。客户关系管理基于上述三项环节，通过各种媒介与工具针对客户展开全面充分的互动与信息获取，以提升客户满意度与忠诚度。具体而言，客户关系管理可以归纳为三方面：市场营销中的客户关系管理、销售过程中的客户关系管理、客户服务过程中的客户关系管理，以下简称为市场营销、销售、客户服务与支持。

1. 市场营销

客户关系管理系统中的营销环节帮助企业识别和定位潜在客户，并为销售团队提供线索。营销自动化，作为对销售力量自动化的补充，其不局限于提高销售人员活动的自动化程度，其目标是为营销及其相关活动（包括以网络为基础的营销活动或传统的营销活动）的设计、执行和评估提供详细的框架。此外，全渠道营销背景下，营销环节的能力更需要关注、跟踪、测量多渠道活动，包括电子邮件、搜索、社交媒体、电话和直接邮件等。

2. 销售

销售是客户关系管理系统中的主要组成部分，主要包括潜在客户、联系人、业务机会、订单、报表、统计等模块。业务员通过销售漏斗分析、经营指标统计、记录沟通内容、建立日程安排、快速浏览客户数据等有效地缩短了工作时间，提升了工作效率，从而实现充分的业务增长。销售力量自动化（Sales Force Automation，SFA）是客户关系管理在销售领域的重要表现，涉及使用软件来简化销售过程的所有阶段。其主要目的是提高销售过程的自动化程度，尽量减少销售代表在每个阶段花费的时间。其功能表现在日程安排、客户管理、渠道管理、销售预测、费用报告等。

3. 客户服务与支持

毫无疑问，客户的获取与保持依赖于优质服务的提供，因此，客户服务和支持对很多公司是极为重要的。客户服务主要用于快速及时地获得问题客户的信息及客户历史问题记录等，这样，就可以有针对性并且高效地为客户解决问题，提高客户满意度，提升企业形象。客户服务与支持的典型应用包括客户关怀、交易纠纷、退换货、订单跟踪等。同时，客户关系管理系统中的客户服务与支持环节能够基于强大的客户数据使得通过多种渠道（如互联网、呼叫中心）的纵横向销售成为可能；特别是企业将客户服务与支持功能同销售、营销功能较好地相互匹配，就能够把握更多实现客户交易的市场机会。在客户关系管理系统中,客户服务与支持主要通过呼叫中心和互联网加以实现。

在过去的十年或更长时间里,关系营销、直销和数据库营销结合起来创造了一个强大的新营销模式——客户关系管理。客户关系管理着眼于公司与客户的长期关系,致力于为每一位客户更好地了解客户的需求并提供满足个性化需求的服务。客户关系管理的相关方法被称为一对一营销,它立足于客户的个体层面,以客户个体为基础进行管理,通过自动化方式提供定制化服务。定制化服务可以通过电子邮件营销或网站上的推荐和促销等来实现。

4.2.3 客户关系管理的核心概念

客户关系管理理论有助于企业分别从战略和战术层面深入推进企业的客户关系管理系统的实施。这里我们需要理解客户关系管理的若干核心概念。

顾客终身价值(customer lifetime value)又称顾客生涯价值。客户终生价值是一个重要概念,它鼓励企业将业务重点从季度利润转移到客户关系的长期健康。"顾客终生价值"指的是每个购买者在未来可能为企业带来的收益总和。研究表明,如同某种产品一样,顾客对于企业利润的贡献也可以分为导入期、快速增长期、成熟期和衰退期。每个客户的价值都由三部分构成:历史价值(到目前为止已经实现的顾客价值)、当前价值(如果顾客当前行为模式不发生改变,将来会给公司带来的顾客价值)和潜在价值(如果公司通过有效的交叉销售可以调动顾客购买积极性,或促使顾客向别人推荐产品和服务等,从而可能增加的顾客价值)。

客户参与(customer engagement)是消费者与组织之间通过不同渠道进行的业务沟通连接。这一连接可以是发生于线上或线下的反应、互动、效果或者整体的客户体验。客户参与也可以用于界定客户与客户之间关于产品、服务或品牌的沟通。

关系营销(relationship marketing)。所谓关系营销,是把营销活动看成一个企业与消费者、供应商、分销商、竞争者、政府机构及其他公众发生互动作用的过程,其核心是建立和发展与这些公众的良好关系。德克萨斯州 A&M 大学的伦纳德·L.贝瑞(Leonard L. Berry)教授于 1983 年在美国市场营销学会的一份报告中最早对关系营销做出了定义:"关系营销是吸引、维持和增强客户关系。"在 1996 年他又给出更为全面的定义:"关系营销是为了满足企业和相关利益者的目标而进行的识别、建立、维持、促进同消费者的关系并在必要时终止关系的过程,这只有通过交换和承诺才能实现。"

客户忠诚度(customer loyalty),又可称为客户黏度,是指客户对某一特定产品或服务产生了好感,形成了"依附性"偏好,进而重复购买的一种趋向。客户忠诚度主要包括客户的情感忠诚和行为忠诚两种类型。情感忠诚承认感知和情绪驱动行为。一个情感忠诚的顾客对品牌和公司有同理心和依恋感,并且更容易把它推荐给潜在客户。情感忠诚表现为客户对企业的理念、行为和视觉形象的高度认同和满意。行为忠诚是指通过销售来证明对品牌忠诚的行为。这意味着顾客的行为符合品牌的要求,行为忠诚表现为客户再次消费时对企业的产品和服务的重复购买行为。

4.3 客户关系管理流程

"一对一"营销专家唐·佩珀斯与玛莎·罗杰斯提出了 IDIC 模型作为企业实施客户关系管理的基本参考架构。客户关系管理的 IDIC 模型依次划分为 4 个步骤:第一,识别你的客户(identify);第二,对客户进行差异化分析(differentiate);第三,与客户保持互动(interact);第四,调整产品或服务来满足每个客户的需要(customize)。

4.3.1 识别你的客户

客户,即企业为其提供产品和服务的对象,主要体现在来自企业外部的,并且和企业发生交互行为的组织或者个体。客户识别(identify)就是需要知道谁是最有价值的客户,谁是最具成长潜力的客户。客户识别通过一系列技术手段,根据大量客户特征等可得数据,找出企业的目标客户是谁、企业的潜在客户是谁、客户的需求是什么等问题的答案,并把上述问题作为企业客户关系管理的实施起点。企业要依托所有的客户触点和渠道,利用强大的 IT 系统作为支撑,设法寻找客户和了解客户。

企业可以完整地记录以下三种类型的客户数据。

① 人口统计数据:按照年龄、性别、收入等分类个人信息识别细分市场,包括消费者的基本属性,例如网络 ID、姓名、电话、E-mail、QQ、购买时间、所在地域、会员等级等。

② 沟通数据:一类是从推式营销的角度出发,目标客户被活动触及、反应的数据记录;另一类是从拉式营销的角度出发,企业利用自媒体站点或频道,与客户进行沟通时客服人员主观记录的属性数据,如购买力、风格、价格敏感、印象等。

③ 交易行为数据:消费者与企业的每次交易行为数据,包括采购商品、接洽时所接触的网络内容信息和产品信息,如消费者浏览信息或者购买信息,如商品类别、商品价格、消费金额、最近发生消费的天数、交易次数、浏览路径、购买渠道等。

在界定客户这一阶段,企业首先要搞清楚该阶段需要掌握哪些客户信息与资料,再通过根据自身需要界定所需信息范围和根据客户特点收集信息范围这两个原则进行有选择的调查,了解主要的客户信息。对于个人客户,企业需要关注的信息有基本信息、心理信息以及行为信息。对于组织客户,则要关注的信息是基本信息、业务状况、交易状况以及主要负责人信息。另外,还需要注意客户信息更新,客户信息更新包括信息更新的及时性,抓住关键信息,及时分析信息,删除无用信息。

4.3.2 差异化分析客户

差异化(differentiate)分析客户解决客户对于企业的价值问题。由于客户对于企业具有不同程度的价值,同时,他们也具有不同的需求,所以,企业要针对客户进行相应分类,并排列优先级。一方面为最有价值的客户争取最大的利益,另一方面避免投入过多的财力与物力在缺乏价值的客户上。概括而言,差异化分析客户就是针对每位客户特定的需求,以不同的方式对待不同的顾客。我们以 RFM(Recency Frequency Monetary)模型为例进行客户细分,通过这一模型制定客户等级标准,分析客户获利能力及价值模式。

RFM 模型能够作为分析消费者价值和消费者创收能力的良好手段。该模型强调以客户的行为来区分客户，通过一个客户的近期购买行为、购买的总体频率以及消费金额三项指标来描述该客户的价值状况。RFM 的三个重要指标（见图 4-2）如下。

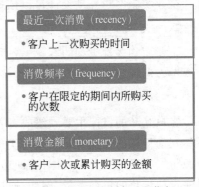

图 4-2　RFM 的三个重要指标

（1）最近一次消费（recency）。

最近一次消费指消费者距离前一次消费的时间。距离最近一次消费是越近越好，这样的消费者最容易对新产品做出反应，也最有可能再次购买产品。这个指标可以衡量消费者的忠诚度，以更好地吸引消费者，与消费者保持良好的距离。

（2）消费频率（frequency）。

消费频率是客户在限定的期间内所购买的次数。可以说，最经常购买的客户就是满意度最高的客户，也是忠诚度最高的客户。增加客户购买的次数意味着从竞争对手处争取市场占有率。

（3）消费金额（monetary）。

消费金额是客户在一定时间内购买产品所支付的总金额。在指定的时间内，如果客户的消费金额越多，可以表明客户创造的价值越大。

为了更加形象地展示 RFM 模型，可以采用三维坐标系，如图 4-3 所示，X 轴代表最近一次消费（R），Y 轴代表消费频率（F），Z 轴代表消费金额（M），坐标系不同象限代表了不同类别的消费者。

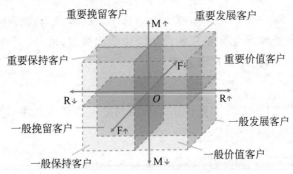

图 4-3　采用三维坐标系展示 RFM 模型

4.3.3　与客户保持互动

客户互动（interact）是指企业与客户之间进行的信息交流与互换。客户互动的作用体现在三方面：第一，企业通过与客户互动将产品与服务介绍给既有和潜在的客户；第二，企业通过客户互动了解和掌握客户的需要；第三，企业与客户之间的互动可以建立良好的客户关系，并有效提高客户满意度。企业实施客户互动，即根据客户需求，采取对应方法，和客户对话与交换信息。企业致力于让客户乐于和企业互动，从而可以有效地分析客户更为详细的需求。

企业实施客户互动设计可以依据以下几个步骤展开。

1. 确定互动对象

企业面临多种类型的客户。每种类型的客户都具有各自的特点、需求与偏好。企业需要考虑选择与哪些客户互动，这将进一步决定企业互动的内容与渠道等问题。

2. 确定互动目标

客户互动的目标主要围绕或者着力于实现潜在的交易目标，或者巩固既有的客户关系。互动目标的选择需要注意可实现性与具体性等。对于可实现性，即根据企业的现有资源与能力展开。对于具体性，即切忌空泛，不可衡量，如有效提升了客户关系等描述；而是注意从量化的角度考量，例如，通过针对某一细分市场的客户互动，使得这一细分市场的客户转化率达到 10%。

3. 设计互动信息

企业与客户之间的互动内容包括互动的主题、内容与形式。互动主题，即能够实现互动目标的核心与诉求；互动内容，即企业需要根据目标客户的需求与特征，设计相应的匹配内容；互动形式，即需要根据不同的客户群体、渠道特点等因素，通过文字、图片、音频、视频等形式展开。

4. 决定互动预算

决定互动预算则要解决预计花多少钱的问题，企业可以选择多种方法灵活运用。

5. 选择互动渠道

企业具有多样化的客户互动渠道，诸如面对面接触、移动电话、呼叫中心、电子邮件、社会化媒体等渠道。客户关系管理能够为上述多渠道的客户沟通提供一致的客户数据和信息。多渠道的互动能够保证企业从各渠道之中收集数据，这样，企业就能够更有效地设计与实施客户管理活动，提高客户满意度。

6. 评估效果

在实施互动活动之后，企业需要评估互动活动是否达到或实现预期的互动目的，并根据评估结果进行相应的调整或优化。

4.3.4 定制：调整产品或服务以满足每个客户的需求

定制（customize）可分为规模化定制和个性化定制，满足这种需求的挑战来自两方面：一是增加客户对现有产品需求的多样化；二是加强企业的灵活性生产能力，从而使企业与最有价值客户的每一次互动更加灵活有效。客户定制即调整产品或服务以满足每个客户的需要。客户定制是将每位客户视为一个潜在的细分市场，并根据每一位客户的特定要求，单独设计、生产产品或服务并迅速交付的营销方式。客户定制的核心目标是基于客户愿意支付的价格并以能够获得一定利润的成本高效率地进行产品或服务的定制。管理顾问专家琼·佩恩和詹姆斯·H.基尔默提出了 4 种定制方式，如表 4-1 所示。

表 4-1　不同定制类型间的比较

定制类型	实施成本	易被模仿性	客户关系紧密程度	创建竞争优势
适应性定制	低	高	低	低
化妆式定制	较低	较高	低	低
合作式定制	高	低	高	高
透明式定制	较高	较低	高	高

- 适应性定制：企业向客户提供标准产品，客户则可以根据自身的不同需要将其加以变化。例如客户购买了挑选的宜家家居家具后，可以根据自己不同的需要对所买家具进行不同的组合。
- 化妆式定制：企业在销售的过程中，针对不同客户的需要对产品进行一些装饰或者修饰，以满足客户的个性化需要。例如，汽车生产厂家根据客户的需求，在车体上喷涂公司名称、广告等；或在金银首饰店，根据客户需求，在戒指或首饰上刻上客户名字。
- 合作式定制：企业完全按照客户的需要生产产品或提供服务。例如，尚品宅配为客户提供卧室、厨房、书房、儿童房、客厅、餐厅等全屋家具定制服务，还提供上门测量、设计 3D 家具效果图、配送安装及终身维护等服务。
- 透明式定制：企业为不同的客户提供定制化产品或服务，但是没有告诉客户。例如，亚马逊、当当等会根据客户的浏览偏好以及购买偏好来确定向不同客户展示的网页。

4.4　客户关系管理评测工具与指标

针对不同价值的客户制定有差别的营销策略才是企业的生存之道。如何让企业用有限资源实施最有效的客户关系管理，从众多客户中把握住现有高价值的客户，并进一步发展具有潜在价值的客户是企业一直不断探索的问题。将有价值的潜在客户转化为现实客户，客户关系管理必须完成相应任务：

（1）在庞大的现有及潜在客户群中，识别出有价值的潜在客户；

（2）将有价值的潜在客户转化为现实客户；

（3）培育有价值客户的忠诚度。

管理大师彼得·德鲁克说："没有测量就没有管理。"因此，用什么工具与方法评价客户价值是企业必须解决的问题。

客户关系管理评测工具与指标包括客户价值区分、客户满意度测量、客户忠诚度测量与管理过程监控四个维度。

4.4.1　客户价值区分

客户价值是指企业从与其具有长期稳定关系的客户中获得的利润。目前有三种价值区分法：ABC 法(根据客户为企业创造的价值,将客户区分为高端客户、大客户、中等客户、小客户等不同类别),RFM 分析法(根据客户购买间隔、购买频率和购买金额来计算客户价值,进而区分客户),CLV 分析法(根据客户生命周期价值来区分客户价值)。

ABC 分析法基于二八法则,根据客户为企业创造的价值,将客户区分为高端客户、大客户、中等客户、小客户等不同的类别。

RFM 分析法是由美国数据库营销研究所的 Arthur Hughes 提出的,他指出在分析和细分客户时,必须要考虑三个非常重要的指标:最近一次消费(recency)、消费频率(frequency)、消费金额(monetary)。RFM 分析法在传统零售业中的运用非常广泛,尤其是像沃尔玛这样的拥有很多种消费品的企业。在网络零售商中,所谓的电子商务网站,因为有强大的 IT 系统作为支撑,能够记录大量详细、丰富的交易信息,运用 RFM 分析法有着得天独厚的优势。对于网络零售商的精细化运作而言,这种分析方法就显得更具有意义。

CLV 分析法考虑了客户生命周期,CLV 即客户生命周期价值(customer lifetime value),指客户在其整个生命周期内为企业创造的价值。CLV 可以分为两部分:一是历史价值,二是未来价值。

预测一个客户的价值从逻辑上来讲很简单,关键在于资料,所需过程如下。

(1) 决定你的目标客户;

(2) 确定赢得和保持客户的成本以及销售额外产品和服务的成本;

(3) 确定来自销售的利润贡献;

(4) 计算连续几年的净贡献趋势;

(5) 用现金流量贴现法计算出客户的净现值。

4.4.2　客户满意度测量

客户满意度是一个人通过对一种产品的感知效果与其期望相比形成的愉悦或失望的感觉状态[①]。基于该理解框架,客户满意度可以用如下公式表示:

$$C = b/a$$

式中:C 为客户满意度;

　　b 为客户对产品或服务的实际体验;

　　a 为客户对产品或服务的期望值。

关于客户从哪些方面去感知产品或服务,由此建立期望及形成实际体验,表 4-2 中列出了代表性的观点。

表 4-2　客户满意度影响因素

提　出　者	影响客户满意的因素
杰姆·G.巴诺斯	核心产品或服务,核心产品或服务的支持系统,技术表现,企业与客户的互动,情感因素

---

① 这是营销学家 Philip Kotler 的定义,其他人的理解虽然在表述上有所不同,但基本内涵及观察角度与 Kotler 的没有差异。

提　出　者	影响客户满意的因素
Parasuraman，Zeithaml 和 Berry	可靠性，有形性，响应性，安全性，关怀性
阿伦·杜卡	与产品有关的指标，与服务有关的指标，与购买有关的指标

要评价顾客满意的程度，必须建立一组与产品或服务有关的、能反映顾客对产品或服务满意程度的产品满意项目。顾客对产品或服务需求结构的强度要求不同，而产品或服务又由许多部分组成，每个组成部分又有许多属性，因此，如果产品或服务的某部分或属性不符合顾客要求，顾客都会做出否定的评价，产生不满意感。

企业应根据顾客需求结构及产品或服务的特点，选择那些既能全面反映顾客满意状况又有代表性的项目，作为顾客满意度的评价指标。全面就是指评价项目的设定应既包括产品的核心项目，又包括无形的和外延的产品项目；否则，就不能全面了解顾客的满意程度，也不利于提升顾客满意水平。另外，由于影响顾客满意或不满意的因素很多，企业不能都一一用作测量指标，所以应该选择那些具有代表性的主要因素作为评价项目。

4.4.3　客户忠诚度测量

客户忠诚度是指客户对某种产品品牌或公司的信赖、维护和希望重复购买的一种行为倾向。客户忠诚度包含重复购买与心理依赖两方面的特征。对客户忠诚的测量，一般从如下维度进行。

1. 客户重复购买率

客户对某产品或某品牌重复购买的次数。

2. 客户需求满足率

客户购买某产品的支出占其对该类产品全部需求的比例。

3. 客户对本品牌的关注程度

客户通过购买或非购买的形式对品牌予以关注的次数、渠道和信息越多，表明忠诚度越高。

4. 客户对竞争品牌的关注程度

客户对竞争品牌的关注程度越高，意味着客户流失的可能性越大。

5. 客户对产品价格的敏感度

对客户喜爱和信赖的产品，客户对其价格变动的承受力较强，其购买行为较少受到价格波动的影响，即客户对价格的敏感度低；相反，对客户不喜欢或缺少信赖的产品，客户对价格变动的承受力较弱，一旦价格上涨，客户立刻会减少购买行为，即客户对价格的敏感度高。

6. 客户选择产品所花的时间

客户购买产品都会经历挑选这一过程，如果客户对企业的忠诚度较低，往往会拿出较多的时间去比较与权衡;相反,如果客户信赖企业,用于选择的时间就会较少。

7. 客户对产品质量事故的承受力

关系是需要经受考验的。客户对产品质量事故的承受力代表着客户对企业所犯错误的包容性及对企业解决问题能力的信任。客户这方面的承受力越强,说明客户与企业之间的关系越稳固。

4.4.4 管理过程监控

管理过程[①]是对事务进行有序处理的方法,它要求对如何完成各项工作进行清晰的说明。以客户为中心的管理变革不仅发生在与客户接触的前台,而且发生在管理后台,或者说遍及管理体系的各个环节。为了保证客户关系管理的程序性工作能顺利开展,管理过程需要符合下列标准。

(1)员工对管理过程有充分了解,此过程已成为他们日常培训方案的一部分。

(2)分工明确,员工完全了解自己的工作并用技能、时间和资源来完成这些工作。

(3)客户关系过程给员工提供明确的好处,如帮助员工改善工作,减少压力或冲突,或给他们一个评价自己业绩的明确标准。

(4)员工对管理过程负有责任。

(5)管理人员应了解各个员工是否完成任务,以确保对有困难者提供援助。

(6)设计管理过程的目的是支持市场营销目标并使员工能更有效地实现这些目标。

一个以客户为导向的过程,其主要目标是满足客户的需求,次要目标是检查交易的"正确性",而以企业自身为导向的内向型的过程,其主要目标和次要目标的次序则刚好相反。

下面以客户飞行监控系统[②]为例说明管理过程监控。客户飞行监控系统的目的是测算与监控企业客户关系管理的状态,让企业员工随时了解新增客户、保持客户价值以及给客户满意体验方面的现状。以下是该模型提出者给出的英国 Egg 公司采用客户飞行监控系统的操作实例,如表 4-3 所示。Egg 公司是英国保诚旗下的子公司,通过网站提供银行、保险与投资产品服务。

表 4-3　Egg 公司的客户飞行监控系统

	飞 行 导 航	运 行 表 现	运 行	环 境
客户数量	互联网客户数量 推荐的客户数量 每个客户所购买的产品数量	活跃的网上客户数量 被推荐的客户数量的增减 使用两种以上产品的客户数量的增减	网站浏览者的客户转换率 不同意使用网络应用程序的数量 同意使用网络应用程序的数量	竞争者的客户数量、资产和产品的等级 银行 非银行

---

① 决策、计划、信息、人员、任务、标准、资源等是管理过程的基本构成要素,这些要素的不同组合方式影响着管理体系的导向与效率,客户关系管理需要将各个要素同客户需求建立联系。

② 客户飞行监控系统由帕翠珊、罗尼和杰夫瑞提出,其名字的灵感来自一个飞行员朋友。关于这个模型的详细介绍,可以参阅《客户关系管理理念与实例》(机械工业出版社出版)一书,该书给出了多个案例。

飞 行 导 航	运 行 表 现	运 行	环 境
客户保留 客户保留率	按产品计算的客户保留率 按客户群计算的客户保留率 按营销活动计算的客户保留率	使用新产品或新服务的客户比例 客户群的交易频率	比较指标：行业平均值
客户体验 客户满意程度的评估 Egg自由区的客户抱怨比率	各接触网点的客户满意程度评估： • 网站 • 电子邮件 • 电话 特定产品的客户满意程度的评估 客户对以下方面的满意程度： • 比率和费用 • 营业单据 • 在线和不在线信用卡的使用 • 提供产品	瞬时网站反应时间 完成普通的客户方案的时间 平均网上交易点击次数 客户服务中出现问题一次性解决的百分比	竞争者所提供的客户体验： • 瞬时网站反应时间 • 特定任务的客户方案完成比例 • 完成普通的客户方案的时间 • 平均网上交易点击次数
客户消费 客户资产 每个客户群的利润 客户终身价值	客户资产的增减 获得新客户和保持客户的成本 每个客户群钱包的份额	客户百分比： • 在线 • 不在线 没有执行的贷款百分比 网店的客户服务和支持成本	竞争者的费用和结构比率

决定客户关系深度的四大要素为客户数量、客户保留、客户体验和客户消费。对每个要素，客户飞行监控模型从飞行导航、运行表现、运行和环境四个层面进行分析。其中"飞行导航"是指观察的参照指标，相当于飞机的导航仪表；"运行表现"是指引起指标变化的影响因素，相当于运行情况的仪表；"运行"则反映是什么引起了运营状况的变化；"环境"是指企业外部情况，类似于飞行员要观察的天气变化。

4.5　客户关系管理软件系统

信息技术的发展对于企业实施客户关系管理具有重要的推动意义与独特的技术支撑，具体表现在以下几方面。

4.5.1　信息技术对改善客户关系管理的意义

企业内部和外部的行为在以客户为中心的活动中发生了变革。在这一过程中，企业需要把大量详细的历史交易信息直接联系起来，从而迅速发现隐藏在客户关系管理流程中的信息。通过一个强大的以客户为中心的数据仓库，公司就可以通过正确的渠道，在正确的时间，将正确的促销瞄准在正确的预期客户身上。将数据仓库运用于目标营销，反应率可以达到20%～25%，而以前最高的不过8%左右。信息技术提供了同客户沟通的更有效的渠道,能让客户更便捷、更安全、更有效地获得相关产品与服务。此外,信息技术在整合企业内部管理方面扮演着重要角色,能够将原本难以实现的理念转化为现实,例如组织结构的柔性化设计。

4.5.2　客户关系管理软件系统的一般模型

CRM 软件系统一般包括对三个模块的信息化处理:客户接触管理、业务操作管理和数据管理,如图 4-4 所示。除了业务处理外,CRM 软件系统需要具备技术上的一些基本功能,如参数管理、接口管理、界面工具等。

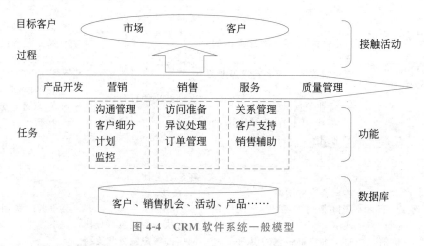

图 4-4　CRM 软件系统一般模型

Web 2.0 网站的核心功能均构建在以人为核心的理念上,着眼于建立网络上的社会关系系统,凝聚的是人的力量,是用人群来扩大人群的力量。自 2004 年 Web 2.0 的概念提出以来,Web 2.0 范畴内的许多技术已迅速融入传统互联网,它所代表的"去中心化、丰富的用户体验、自由开放、驾驭集体智慧"等理念也已经成为新一代 CRM 软件系统的研究热点。基于 Web 2.0 的 CRM 软件特点如表 4-4 所示。

表 4-4　基于 Web 2.0 的 CRM 软件特点

	Web 1.0	Web 2.0	CRM 的变化
客户的变化	单纯的内容消费者	内容消费者＋内容生产者和合作伙伴	客户与合作伙伴概念的融合;基于客户生命周期的关系管理;面向客户提供自主管理服务
产品的变化	网站单向提供产品	网站提供产品＋客户自创产品;产品的动态性;产品的多样化	支持多类型产品集成管理;客户参与的产品评价和排名功能;通过产品管理预测客户的特性;丰富的衍生产品与增值业务支持
服务的变化	标准的客户服务模式	网站与客户联合的服务模式;开放式客服	网站提供基础的客户服务框架;合作伙伴提供针对性的增值服务,面向增值业务开发支持服务
客户端的变化	浏览器、阅览器	客户端丰富化	更丰富的客户数据采集来源和渠道,更丰富的内容展现方式

	Web 1.0	Web 2.0	CRM 的变化
门户的变化	提供单一入口,整合后台的系统资源	应用本身完全 Web 化;门户功能多样化	用户接入门户手段多样化;用户定制化的管理
销售的变化	标准化的销售	针对性的销售;销售功能多元化	以客户为中心的个性化销售;复合销售功能;销售与市场功能的融合

4.5.3 基于 Web 2.0 的 CRM 软件技术

基于 Web 2.0 的 CRM 软件技术主要具有如下 5 个特点。

1. 精细化客户管理

1) 基于生命周期的客户管理

在 Web 2.0 模式下,客户的行为及其对网站的价值呈现明显的生命周期特性,相应地可将客户关系的发展划分为考察期、形成期、稳定期、退化期 4 个典型阶段。考虑到 Web 2.0 模式下客户的高度参与性,及时分析和掌握客户所处的生命周期阶段有助于运营者采取灵活的服务和营销模式,加速潜在客户的培育并延长客户的成熟期,并针对有价值的客户通过二次开发获得进一步增值。基于生命周期模式采取针对性的客户管理策略和资源投放策略,有助于帮助运营者实现运营成本的最优配置,从而增强企业竞争力。

2) 分级的客户管理模式

Web 2.0 的客户资源遵循 80/20 法则,因而采取分级化的客户管理,针对不同 ARPU(每用户平均收入)值的客户给予不同的营销策略和客户服务水平,实现运营资源的优化配置,是运营者的最佳选择。考虑到 Web 2.0 模式下客户的特性是动态变化的,而且要实现针对性的营销,也需要对客户进行持续跟踪分析,并根据分析结果动态确定客户的级别,才能实现真正意义上的分级客户管理。

3) 客户信息搜索

针对性的营销和客户管理离不开对客户信息的有效检索,这里包括客户的基本信息以及客户的行为记录信息。一般 Web 2.0 平台都提供多维度的信息搜索服务,在客户信息资源方面也可以结合运用搜索技术,面向运营者、合作伙伴和最终用户提供相应的客户信息搜索服务。

2. 融合的销售模块

Web 2.0 模式下用户不仅是网站内容的消费者,同时也是网站内容的提供者和合作运营参与者,他们为网站提供了绝大部分的内容产品。这样就带来了销售和市场模块功能的重叠,相应地,在 Web 2.0 的客户管理系统中,可通过公共的市场服务层面来实现销售和市场模块功能的有机整合,以适应管理模式的转型。

由于 Web 2.0 的交互性,能够得到更为精细化的用户行为信息,通过对这些信息的综合分析,可实现主动的营销模式(即针对性营销)。通过针对性营销,可将目标消费群体明确细分，以便锁定特定的目标客户群体，推出针对这一客户群体的细分产品及价格策略，并通过特定的渠道和传播、促销方式进行差异化的精细营销。通过针对性营销管理，可满足客户需求，积极开发全生命周期内的客户价值，提高客户忠诚度。

3. 统一的服务界面

随着互联网应用向移动互联网的推进，Web 2.0 系统的服务界面趋于多样化，为未来不同客户接入方式提供统一的客服界面将是一个重要的问题。这里既要考虑到不同接入平台自身的技术特点进行必要的服务定制，又必须确保通过不同接入渠道进来的客户得到同等质量的服务。

统一的客服界面将面向最终用户提供客服自助系统，这有助于通过自助服务方式降低网站的客服成本。该项功能也将与客户自助的业务运营管理功能有机结合，为客户参与增值业务运营管理提供支持。

统一客服界面还需要面向增值业务的合作伙伴提供相应业务的客服接口，以便全面整合合作伙伴的服务资源，打造 Web 2.0 平台的服务品牌，提高最终用户的服务体验，并有效降低合作伙伴的客服成本。

4. 客户价值分析

Web 2.0 平台可采集的客户数据十分丰富，包含了客户基础数据、销售活动数据及客户交易数据三大类。Web 2.0 平台所采用的客户端技术有助于通过定制客户端来实现对精细客户行为数据的采集，更进一步丰富了 Web 2.0 系统后台客户分析的数据来源。

客户价值分析将是整个 Web 2.0 CRM 系统功能的核心，通过对各种渠道采集到的客户行为数据进行清洗和多维度的综合分析，对客户的行为特性进行分类，并根据分类和 Web 2.0 后台的内容产品数据库、业务数据库的相关信息来综合评估客户的价值，形成客户价值分析、客户细分、客户忠诚度分析、客户满意度分析和客户的行为特征提取等方面的评估报告。这些评估结果将成为后续针对性营销和分级客户管理的依据。

5. 增值业务的关联接口

Web 2.0 的进一步发展趋势是构建虚拟社区，通过特定主题的吸引，以自身的 Web 2.0 系统为社区中的用户提供沟通的平台，并以在线的方式来创造社会和商业价值。增值业务作为客户数据采集的一个新来源，也需要和 CRM 系统有机整合在一起。通过增值业务的客户管理接口，Web 2.0 的 CRM 功能将进一步延伸到增值业务领域。

4.5.4　Web 3.0 下的客户关系管理软件系统

什么是 Web 3.0？下面的例子有助于理解 Web 2.0 与 Web 3.0 的异同。

假设你正考虑去休假，想去热带地区，为这趟旅行你准备了 3000 美元的预算。你想住在好的酒店，又不想太花钱，还想要一张便宜的机票。借助目前可以使用的互联网技术，你不得不多次搜索以便找到最佳的休假选择：你需要研究潜在的目的地，然后确定哪个适合自己；你还可能要访问若干折扣旅游网站，然后比较机票和酒店客房的价格；最后，你还要把很多时间花在查阅各个搜索引擎的结果网页上，整个过程可能要花几个小时。

而在一些互联网专家看来，在 Web 3.0 时代你只要发出一个很简单的指令，剩下的事情则交给互联网。互联网完全可以替你做所有工作：它会根据你的偏好确定搜索参数，以缩小搜索服务的范围；浏览器程序会收集并分析数据，然后提供给你，便于你进行比较。浏览器之所以有这个本领，是因为 Web 3.0 能够理解网上的信息。

互联网专家认为，对于普通用户而言，Web 3.0 带来的最大好处就是让你拥有了一个贴身的私人助理。通俗的解释是，Web 3.0 时代网络对你无所不知，能够自主地查询互联网上的所有信息来回答任何问题。Web 2.0 使用互联网是为了把人与人联系起来，而 Web 3.0 使用互联网是为了把信息与信息联系起来。

Web 3.0 能为用户提供具体的情景或解决方案，而不只提供信息片段。在上述例子中，如果你输入"热带休假目的地，预算不到 3000 美元"这个搜索请求，Web 3.0 浏览器可能会提供一份与搜索结果有关的趣味活动或美味餐馆列表。它会把整个互联网视为一个庞大的信息数据库，可以满足任何查询要求。

关于 Web 3.0 的技术，大多数互联网专家对于它的特点比较一致的看法是，Web 3.0 会为用户带来更丰富、相关度更高的体验。许多专家还认为，借助 Web 3.0，每个用户会有一个独有的互联网配置文件，该配置文件基于用户的浏览历史记录。Web 3.0 会使用该配置文件为每个用户提供独特的浏览体验。这意味着，如果两个不同的人使用相同的服务，用相同的关键字在网上搜索，他们会得到由各自配置文件决定的不同结果。

Web 3.0 是基于大数据的技术的。在大数据时代，数据分析能力要渗透到业务和管理的各个环节，围绕核心大客户的价值分析、商机挖掘、差异化服务、一对一营销、定制化服务，在各方面、各环节都发出数据的声音、体现数据的价值。Web 3.0 时代的客户关系管理软件系统有如下两个特征。

（1）多元化集成数据。

人们会使用电话咨询、邮件反馈、媒体报道和论坛吐槽等方式。因此，在"互联网＋"时代，要想更好地了解客户的兴趣点，还需要关注客户的互联网行为，例如点击了哪些内容，浏览了哪些网站，访问网站时间的长短等，这些信息都有助于销售团队深入了解客户的兴趣点。网络上蕴含了海量的数据，客户的部分信息也会出现在互联网上。企业需要广泛收集各种信息，例如客户对品牌的反应、产品功能和市场预测等，目前的软件系统能实现将收集到的信息和企业内部数据结合起来，加深了解客户对自己产品和竞争者产品的印象。

（2）注重借助数据挖掘把握客户需求。

琐碎的事情很容易消耗大量的时间精力，而销售人员需要与客户保持密切的联系，需要了解客户最近的活动，CRM 软件可以帮助销售人员简单快速地收录这些客户信息，并生成有意义的报表供其参考客户现阶段需求动态，避免错过重要内容，为下一阶段客户攻坚降低难度。新一代软件系统通过综合数据分析，从诸如社交互动数据、购买历史与费用开销等外部数据中分析得出客户需求要点，并与现有产品与服务的内部数据信息进行对比，以提升对客户需求的洞察力。也许客户自己还没有意识到需求趋势，而厂商却已经预测到了。

思考与练习

1. 回顾你的一次购物经历,想一想店家是否赢得了你的信任,还是招致你的抵触,为什么? 这对我们思考客户关系问题有何启示?

2. 在下面的实例中,应如何应对客户的反应?

一家以加工鸡肉为主的肉类加工企业的经理最近收到许多客户的来信,有的对企业提供的产品表示基本满意,并希望厂家以后多倾听他们的意见;也有的把厂家的产品贬得一文不值,指责其产品太糟糕。他深感众口难调,在准备召开各部门会议前,他归纳出 4 种类型的客户,如表4-5所示。现在请你浏览表格,给这位经理一些建议。

表4-5 4种类型的客户

客 户 类 型	购 买 情 况	反 映 情 况
以一家鸡肉罐头厂为代表的购买大户	每年要从公司订购大量鸡肉,是公司的大客户,订购的产品占公司销售额的50%	产品基本符合他们的要求,希望在加工鸡肉时再精细一点,以减少他们的劳动投入。另外,在价格上能否给予一定的优惠
以一家饭店为代表的餐饮业	每年从公司订购的产品占公司销售额的30%	要求产品要进一步加强保鲜,对肉味提出了许多具体的要求
一些散户	购买不固定,厂家打折时购买的多,每年从公司订购的产品占公司销售额的15%	要求价格低,对鸡的来源地提出了非常明确的要求
少数挑剔的客户	偶尔购买,每年从公司订购的产品占公司销售额的5%	对产品极不满意,指责鸡肉不合他们的口味,要求鸡肉加工出来以后,肥瘦分布均匀,花费烹调的时间要短

3. 以下是关于时代华纳对哈利·波特影片成功运作的资料,谈一谈如何通过客户关系管理进行深度营销。

2001 年 11 月 16 日,要在英国上映的《哈利·波特与魔法石》还未正式售票时,一家连锁影院就已经接到了 2 万名热情观众的订票请求。该公司负责人喜不自禁:"我们的 599 个影院中有 255 个都安排放映《哈利·波特与魔法石》,这个比例比《泰坦尼克号》还高。"和所有人预想的一样,这部耗资达 1.25 亿美元的童话电影一面世就引起了收视狂潮,在北美地区 10 天狂收 1.88 亿美元,创下了一系列票房纪录。

哈利·波特这个气质沉稳的小男孩横扫电影市场的背后,是 AOL 时代华纳这个全球第一媒体集团那几乎无所不包的传播力量。

除了《哈利·波特》原著小说的版权和作者罗琳不是 AOL 时代华纳的"资产",它拥有几乎所有和《哈利·波特》有关的东西——7 部电影的版权以及所有特许权和制造附属商品的权利。时代华纳的魔法就是利用这些资源进行交叉推广。《哈利·波特与魔法石》电影出自 AOL 时代华纳旗下华纳兄弟电影公司,电影原声唱片也由其子公司录制。该片在美国放映前两周就出现在 AOL 时代华纳属下的《时代》杂志上,并成为另一份华纳刊物《娱乐周刊》的封面。而只要你打开 AOL 网站,那熟悉的小男孩的模样和网上订票服务、预告、网上游戏等就会铺天盖地而来,关于他的一切,你都可以随时看到。

那些等着数钞票的影院并不是最大的赢家,真正乐得合不拢嘴的是《哈利·波特》的制片商。1.25亿美元的拍摄投资可谓不小,但就在电影开映前,这些成本就已经收回了。其中最大的一份合同来自可口可乐,它花了1亿美元买下哈利·波特的形象使用权在其包装上使用,影片中小魔法师酷爱喝可乐的动作也许将会为广大影迷模仿。而《哈利·波特》的出版商也表示,影片的热映可能会使书籍的销量至少增加100万册。电影在美国上映前,包括福斯、NBC、ABC和CBS等美国四大电视网都有意争取《哈利·波特》的电视首映权,而华纳电影公司开出的权利金则高达7000万美元。

4. 以下是两个企业应对客户抱怨的不同反应,请你就客户抱怨与建立客户忠诚谈一谈自己的看法。

资料一:通用汽车有一个品牌叫 Pontiac,曾经收到过一个投诉。顾客说他们家每天晚饭后要吃冰激凌,惯例是全家决定了吃什么口味然后他开车去商店购买。问题出在他新买的汽车身上。他每次开车去买冰激凌,如果买的是香草味的,车就无法启动;如果是其他口味,就没有问题。汽车公司的经理虽然很怀疑事情的真实性,还是派了一个工程师去解决这个投诉。

工程师在晚上到了顾客家里,一起去买冰激凌。那天是香草味的,买完之后,车的确无法启动;接连三个晚上,工程师都去了,第二天和第三天是买别的口味的冰激凌,车正常启动;第四天又是香草味的,还是无法启动。不知道顾客遇到过多少次同样的事情,工程师和顾客一起重复了顾客的描述。

在这几次和顾客一起买冰激凌的过程中,他详细地记录下了过程中的每一个细节,尽管他不知道这些细节有没有用。然后他比较这些细节,希望找出买香草冰激凌和其他口味冰激凌过程中的所有不同的地方。这种不同可能是导致汽车表现不同的原因。最后,他发现,买香草冰激凌所用的时间远比其他口味的要短。因为香草冰激凌最好卖,商店把它放在离门口很近的地方,也不用找,直接拿起来就去付账。而其他口味的冰激凌放在商店后面,多种口味放在一起,要走过去还要先找,所花的时间明显比买香草味的要长。所以,停车时间的长短,而不是冰激凌的口味,是产生这一"神迹"最可能的原因。

他怎么去找出车无法启动的原因我们就不去关心了,那是一个工程问题。总之,他找到了原因:停车时间短,发动机冷却不足,发生了汽车故障里的"蒸汽锁死"现象。只要等发动机充分冷却,故障自动排除。找到了这个根本原因,设计工程师可以改善发动机的设计,例如用高压避免气化,或者要求使用适当沸点的汽油等。这种"蒸汽锁死"的故障,或者说"对香草冰激凌敏感的汽车",在新一代的汽车中基本就不会出现了。

资料二:有一家计算机制造商的客户,给厂家打电话反映他们生产的计算机在使用的时候噪声太大,尤其是在晚上,简直就像一台电风扇在工作。厂家未知可否。后来别的客户也向经销商反映同样的问题。最后经销商把情况汇总到厂家,厂家认为客户吹毛求疵,计算机又没有安装消声器,怎会没有噪声?没有噪声的计算机永远无法生产出来。

5. 阅读以下资料,总结 CRM 系统对客户关系管理的帮助。

一家银行的顾客数为300万~500万,所营业的金融商品包括一般存放款、投资(如基金、股票、债券)、保险等。随着竞争的激烈,银行面临着如何提高现有顾客所带来的利润的挑战。以往划分 VIP 客户是根据客户的存款金额,于是信息部门从现有客户资料中找出平均存款余额超过 80 万元的客户资料,约有 50 万笔。如果按照传统的电话行销方式,光是联络名单上的顾客就需要两年的时间,势必无法按时达到目标。

造成这样的结果是因为银行缺乏整合性的营销与分析系统。这位信息主管意识到他们面临着如何有效地找到有潜力顾客,了解他们的特质、投资偏好以及如何挖掘其贡献潜力的问题。

将顾客信息导入 CRM 系统的步骤如下。

(1) 归户。

客户信息和行为交易记录暗示着客户的习惯、偏好等。传统银行以账户为导向,客户数据存在于不同的信息系统中,对于同一客户的所有交易无法有全貌的了解。建议那位信息主管从数据清洗开始,将数据中的不准确、无效及重复的部分剔除掉,并将同一位客户的所有金融产品汇总在一起,做综合分析。

(2) 客户分层。

要发展 VIP 客户,首先要弄清谁是 VIP 客户和有潜力客户。笔者建议应摒弃以单纯的存款多少对客户做分级的做法,而应以所有的商品综合贡献做衡量。当社会经济不景气时,更多客户选择了存款放弃投资,因此,银行就背负了重大的利息包袱。而那些通过银行购买其他金融产品(如股票、贷款)的客户,使银行不但增加了手续费收入,还分担了投资风险。

(3) 轮廓分析。

在找到了 VIP 客户后,CRM 系统能够分析出目前 VIP 客户群的组成结构特性。

(4) 对比筛选。

将与 VIP 客户组成结构特性相符、但目前贡献不高的客户挑选出来,明确销售对象。

(5) 需求分析。

当锁定具有开发潜力的顾客后,下一个问题就是如何增加这些客户的贡献度。CRM 系统可以科学地分析出不同类型客户的投资偏好,以及客户的投资风险承担能力。因此,银行管理人员可以针对不同类型的客户制定不同的销售策略,向他们销售不同的产品。

(6) 销售执行。

基于 CRM 系统中的销售管理平台,利用网络、邮件、电话传真、短信息等渠道将销售信息传达给目标客户,这些信息基于科学分析的结果,会使客户感到关怀,并提高销售准确率。例如,当某位客户在银行办理购房贷款时,CRM 系统就会提示业务员,推荐新推出的购房、装修统一贷款模式给此位客户。

绩效:销售准确率从原来的 1% 上升至 12%～16%。过去因为无法"找对"客户,所以只好一个一个试,成功率自然偏低,而经由 CRM 的手段从庞大的客户群中挑选后,成功率才能大幅提高,过去一年才能达成的绩效,现在只需要一个多月就可以完成,同时还降低了电话费、车费、招待费等销售成本。此外,由于服务针对性、准确性的提高,客户投资收益率也逐渐上升,使得客户对这家银行的信任度、忠诚度提升。

6. 阅读以下资料并简述你经常光顾哪些网站,这些网站为了吸引和留住你的注意力采用了哪些方法。

访问量始终是网站经营的头等大事。增加网站的访问量基本上有两种途径：一是吸引新的访问者，关键是如何在众多的站点中，使你的站点抓住用户的注意力，这被CPU巨无霸英特尔公司的董事长安迪·葛鲁夫形象地称为"争夺眼球的战争"；二是吸引回头客，重点是如何留住用户，增加用户对站点的忠诚度。

Cisco[①]的模式最典型。这家公司在利用 Internet 使企业更加富有效率方面已经成为领先者，从雇员、培训、工作小组、外部伙伴到产品订购以及售后服务等，公司都在不断为适合网上交易的商业活动开发新的应用，它的站点已经成为当前世界上最大的互联网络商业站点之一。这一成功的基础在于其通过 Internet 将业务与购买商、供应商紧紧联系在一起。它的代表性做法有：

- 管理好公司销售的交易处理，为顾客采购和自行配置产品提供研究和评价工具；
- 把公司的后台支持系统变成顾客自行管理的前台系统，理顺公司的业务流程并巩固好客户关系；
- 向顾客提供个性化的服务；
- 提供交互性研讨和专家即时支持；
- 为顾客创造一种网上社区的氛围；
- 增加品种，扩大公司提供的产品的选择范围；
- 营造一个品牌化的集散中心。

7. 案例研究练习：请整理关于"以客户为中心组织变革"方面的案例。

- 描述你所收集的案例资料，你的描述应该涵盖如下要点：
  ① 这个企业的名称、主营业务、业绩情况、人员素质与规模、市场地位；
  ② 管理问题，即企业面临的矛盾是什么；
  ③ 问题情境，即问题发生时的特定情况，以便对管理问题有更确切的认识；
  ④ 当事人，与问题相关的决策人及相关者；
  ⑤ 解决方案，当事人是如何解决问题的；
  ⑥ 结果及绩效。
- 阅读理论上对以客户为中心组织变革的解释。
- 小组间交流案例。
- 总结以客户为中心组织变革的要点。

---

① Cisco 是全球领先的互联网解决方案提供商。

第5章 客户体验管理

学习目标

- 理解客户体验的含义及其重要性；
- 概括客户体验管理的基本架构；
- 能够描述什么样的客户体验是优秀的，什么样的客户体验是糟糕的；
- 概括网站客户体验的要素；
- 掌握网站客户体验管理的基本过程、工作内容及基本方法。

购物的过程从来就不是单纯的买卖，它带给客户的体验对于企业和客户之间的关系有非常重要的影响，甚至有人提出了体验经济的概念。网络环境下的购买过程是由很多个触点，如颜色、图标、操作流程等构成的。客户在网络上的消费行为同在实体店没有根本上的区别，他或她依然希望能够享受消费过程。而一旦体验过程并不能带来愉悦，客户只需要简单地点击一下，就会换到另外一个商家。

5.1 客户体验的内涵

体验是个体对一些刺激做出的反应[①]。客户体验是一个或一系列的客户与产品、公司、公司相关代表之间的互动，这些互动会造成一些反应，如果反应是正面的，就会使客户认可产品或服务的价值。

5.1.1 客户体验层次

客户体验是分层次的，如图 5-1 所示。属性是影响客户体验形成的各种因素，是体验设计的操作性基础。主题是对客户需求的深层次分析与理论总结，是各种体验要素能够满足客户需求的共性特征。效果是客户与企业交往中形成的美好感觉。

5.1.2 客户触点

与客户体验相关的一个概念是客户触点。客户触点是客户体验品牌形象或某种信息的情景。体验存在于企业与客户之间的每一个触点，各个触点不同的体验形成客户对企业整体的印象，所以每个触点都是至关重要的。正如北欧航空总裁 Jan Carlzon 所言：

---

① 客户体验管理的基本观点多来自于哲学、神经生物学、心理学和社会学。

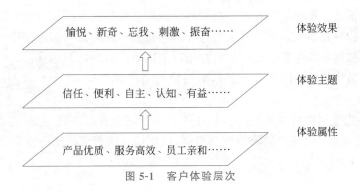

图 5-1 客户体验层次

"客户在任何时候接触企业的任何一个层面,不管多么遥远,都是企业在客户心中建立印象的一个机会。"

5.1.3 体验式营销

1. 体验式营销的特点

体验式营销的特点在于以下 4 点。

(1) 以消费者的体验为关注点。注重企业与客户之间的沟通,挖掘客户内心的愿望,从客户体验的角度,提供感官、情感、认知、行为以及相关价值,取代了功能性价值。

(2) 检验消费场景。营销工作不再独立地思考一个产品(质量、包装、作用等),而是更加关注消费场景。与专注于狭义定义的产品类别和竞争相比较,体验营销不仅仅关注洗发水、剃须膏、吹风机和香水,而且考虑浴室里的氛围。因为大多数营销品牌的重要机会都产生于客户购买后消费产品的阶段,而所有的消费行为都是在特定情境中存在的。

(3) 重视理性,更重视感性。传统的营销将消费者视为理性的决策者,但忽视了感性因素在客户购买与消费过程中的意义。体验营销者则不仅仅把客户看成理性决策者,而且认为客户希望得到乐趣、刺激,感受感情上的触动,接受有创意的挑战。

(4) 方法与工具的多样性。体验是五花八门的,体验营销的方法和工具也是多样性的,其和传统的营销又有很大的差别,企业要善于寻找和开发适合自己的营销方法和工具,并推陈出新。

2. 体验是可以测量的

多年来,心理学者和营销调研者为了探究客户体验制定出很多方法。其中最著名和最广泛用于测试的技术是萨尔特曼隐喻诱引(Zaltman Metaphor Elicitation,ZME)技术。这项技术的基本前提是思想在根本上是以形象而不是语言为基础的,所以人们传播时大部分信息是非语言的,形象的说法是传播知识的关键。这项技术要求参与者就某一特定主题拍照片或从报纸杂志上收集相关图像,并采用一系列方法让参与者描述或阐述他们所收集的图像。这些方法包括:

(1) 图像分类:参与者根据相似性对图像加以分类,然后研究者根据这些相似图像的潜在意义分析这些信息。

（2）视觉描述：要求参与者制作出另外一张能够强化现有图片意义的图片。

（3）对图像进行感觉测试：要求参与者利用视觉以外的感觉表达图像的核心意义。

（4）短片描述：参与者描述一个短片用以表达他们的想法和感觉。

（5）制作数字图像：把参与者制作的图像扫描进计算机，让参与者利用计算机处理图像。

萨尔特曼隐喻诱引技术的核心价值在于了解在消费者行为背后的"为什么"，据此围绕驱动消费行为的关键元素制定出营销策略，从而构建消费者的情感意识，实现企业体验设计与客户体验的对接。

5.2　客户体验管理的意义

麦当劳餐厅提供的食品花样并不繁多，为什么在中国会受到如此欢迎呢？《东方的金色双弓：麦当劳在东亚》的作者詹姆斯·沃森的解释可谓一语中的："中国的麦当劳餐厅虽然菜单内容有限，但不会有任何问题，因为在中国，消费者去麦当劳所寻求的只是一种体验而不是产品。"

类似这样的情况在很多领域有越来越突出的表现。按照马斯洛需要层次论的逻辑，在人们解决了基本需求之后，更加关注情感与心理层面的需求，体验的意义便会日益上升。中国消费的大趋势之一就是"全面体验消费模式"。传统的营销更加关注特色和益处，显然已经不能符合消费主流的需要。传统营销与现代营销的不同关注点如图 5-2 所示。

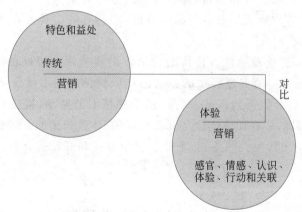

图 5-2　传统营销与现代营销的不同关注点

企业的营销方式因此正在发生深刻的变化，集中体现在企业与客户之间的沟通方式上。我们正在从将传播内容灌输给大众的泛传播转变为针对群体或者个体的需求设计传播的窄传播。我们正在从单向的传播媒介转变为互动的传播媒介，至少在三方面传播思路发生了变化：自变量由说服变量（如消息来源的可信性）向表述概念（即所用语言的本质）和结构概念（在媒介中事件是怎样包装和表现的）转变，因变量由态度（对一个对象反对或支持的评价）向认知（关于一个对象的知识或信念）转变，对传播效果的强调重点由改变(如态度改变和行为改变)转向重构(包括关于事件图解或模型的建构,或者对真实的社会建构)。

研究和企业营销事件表明,体验式的营销方式能给企业带来更好的绩效。ADK 公司 2011 年的一次调查显示体验式广告相比于常规广告能带来更高的 GRP[①]。浏览电子商务网站的人数远远多于从它那里购买产品的人数,是否具有良好的体验是将这些偶然浏览者转化为实际购买人的关键。

对于网站来说,良好的客户体验是第一位的,因为客户能够非常容易地在不同网站之间进行转换,只有那些能够带来愉悦体验的网站才能留住客户的关注。网站体验的设计体现在很细微的环节,以下选择了来自电子商务经营者的观点,能够让我们更确切地理解在网络购物中具体的体验需求有多么重要[②]。

1. 让客户更容易看到产品描述

如果页面布局或其他条件不允许我们将描述放到首屏或不能完全放到首屏,我们如何让用户方便地看到商品描述呢? 很多电商网站自己给出了答案,不过在使用这些方法时需要注意一些问题。例如,有一些网站使用了一种称为锚链接的方法,在首屏我们的主要信息包括商品图片、商品名称、商品价格、优惠价格、邮费、简要描述、添加购物车按钮、直接购买按钮等,这些信息基本占据了商品页面首屏的绝大部分空间。这时我们没有更多的空间放置详细的商品描述,有些商家就在"添加到购物车"按钮上方或简要描述文字的下方放置了一个锚链接,链接文字类似"详细信息"这样的字样,是有色且带下画线的。当用户点击后,页面滚动到下一屏,详细信息就显示出来了。这种情况下需要注意的是锚链接文字的状态和位置,因为需要用户去点击它,所以这个锚链接要突出一些,例如使用蓝色下画线的形式(总之是为了突出视觉效果)。在点击后,用户进入下一屏时,不要将详细信息的文字放在靠近页面顶端的位置,这样会给用户造成一种压迫感。如果这样做,绝大部分用户会再一次向上滚动屏幕调整到能够看到上一个页面的部分内容时才开始阅读。同时要注意的是在这个页面中购买按钮的位置尽量不要放在首屏的下方接近页面低端,因为这个样式会给用户一种错觉,使得用户认为这个页面就是这些内容,而不进行点击或滚动操作了。

另一种方法与上面说的比较类似,但放置的不是锚链接,而是一个页面链接。用户点击后会打开一个新的页面或窗口,显示更多商品信息。两种方法中笔者更倾向于前一种,不过这两种方法都有一个共同的缺点,就是链接给人的感觉好像是要跑到别的页面,所以不是很愿意去点击。

这里还有一种方法,它使用的是标签的形式,这种形式使用得很多,而且在国内的电商网站中越来越多地成为一种趋势,从用户体验的角度上看这种形式较前两种更有优势,因为可以把更多的信息条理化、清晰化,同时因为这种形式原本就是借鉴了计算机软件界面的设计风格,用户在使用经验上更有优势。

---

① ADK 是世界著名广告集团,GRP 是一种衡量收视率的指标,1 个人看过 10 次和 10 个人看过 1 次都是 10 个收视点。

② UE 小王国的博客,博主在其中分享了其关于网站体验设计的观点。

2. 关于字体的选择

汉字不像英文只有 26 个字母,一套完整的汉字字体包含大约 9 万个汉字。中文字库分三种,最常见的是 TBK,有 2 万多个汉字,中华大字典有 7 万~8 万个汉字,最少的基本字库 TB2312 有 6763 个汉字。生活中我们能见到的商家,如家具品牌"宜家",在介绍产品及价格的标签上使用的是方正毡笔黑体字,目的是给顾客刚刚写上去的感觉,暗示这是最新的价格。我们在网站中使用的字体也应该区别对待,根据字体本身的属性在适当的位置使用适当的字体。同样是宋体,"博雅宋"适合用在正文中,而"粗雅宋"适合标题。

3. 结账流程中的问题

一旦用户进入结算流程(付款流程),网站的页面应该变得简洁、清晰,页面中尽量减少无关的信息以免对用户造成干扰,同时用户在整个流程中应该清楚地知道自己当前的位置,例如这个付款流程一共需要几步,现在在第几步。并且让用户知道自己需要进行哪些操作、填写哪些信息。通常情况下,付款流程中包含了几个主要内容,如物流信息和账单信息等,需要用户提供的是物流地址、账单地址以及个人的银行卡或信用卡(或第三方支付平台账户)。这些信息作为一个电子商务网站都是必需的,一般有购物经验的用户都可以进行正常的操作。除此之外,如果要增加额外的信息(限制性条款等)应该考虑提供一些帮助信息,协助用户完成操作。

5.3 网络客户体验

对于电子商务领域,体验是客户对网络产品的综合印象和感觉。在网络经济环境下,客户体验具有如下特征。

(1)利用互联网交互性特点,客户能实现高度参与;

(2)客户体验具有较高的动态性,表现为客户在不同时间、不同状态下,对同一产品的感觉是不一样的;

(3)客户体验具有个性化、人性化的特点;

(4)客户体验具有技术集成性的特点;

(5)买卖双方通过网络交互界面发生联系。

网络客户体验包括感官体验、情感体验、思考体验、行为体验四方面,体现在客户与购物过程有关节点上的内容、功能、性能和可得性,如图 5-3 所示。

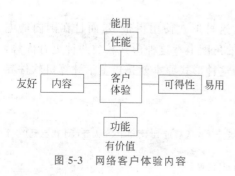

图 5-3 网络客户体验内容

感官体验,主要指网站给用户留下的第一印象,漂亮,古朴和简洁等用来形容风景、图画的词语都可以用来概括用户的感官体验。作为网站交互体验设计的第一层,感官体验主要通过网站的整体形象来创造,核心是网站的主题风格和用户界面设计。

情感体验关系到人们访问网站时的好恶情绪和态度心情。情感体验设计的核心是激发用户的共鸣心理。这需要深刻理解用户的访问期待,找到那些能够刺激用户的设计要素,才能吸引用户进一步的关注和参与。

思考是用户参与的前提。之前的感官和情感体验更多的是一种条件反射式的流露,而用户的思考体验则是一个相对理性的过程。如何出乎意料地激发用户的兴趣,引起用户的好奇心,并激励用户去思考,去了解和使用你的网站,是这一层次主要考虑的问题。考虑这个问题之前,首先要扪心自问,网站中有什么值得用户思考。

行为体验就是网民使用网站过程中的感受。这种感受来源于很多方面,包括功能、视觉和可用性等。但如果分析网民在网站上的所有操作行为,无非只有两类:一类是需要点击鼠标的,另一类是需要键盘输入的。行为体验是 Web 2.0 网站交互体验设计的最后一个层次,其实施效果与之前三个层次密切相关,是一个统筹协作的阶段,这个层次的行为体验设计核心在于用户行为优化。用户行为优化,也就是网站操作的便捷程度,主要体现在减少无效点击、简化注册流程、厘清访问路径三方面。

优秀的体验一般具有如下特征。

(1) 为用户提供清晰的目标,告诉用户能够完成什么任务;

(2) 为用户的选择提供及时反馈,让用户感觉目标容易达到;

(3) 更有效率的设计,让用户能够更高效地完成操作;

(4) 让用户总有新的发现,避免枯燥的感觉;

(5) 情感的一致性,不同部分之间、线上和线下之间的承诺、情感、规则等是一致的,避免产生受骗的感觉。

糟糕的体验一般具有如下特征,但不限于这几条。

(1) 访问经常中断,载入速度慢;

(2) 破坏了用户原有的习惯操作;

(3) 学习难度大;

(4) 产品架构不清晰;

(5) 功能贫乏;

(6) 明显的引诱或欺骗;

(7) 不友好的表达。

5.4　客户体验管理架构

要在客户经济中取得成功,就要为客户创造完美的消费体验。这种体验要与所有销售渠道和接触网点所体现的品牌个性和品牌形象一致。图 5-4 中列出了所需要的要素:建立客户喜欢的品牌、建立牢固的客户关系、建立信任、支持客户喜欢的交往方式。

客户体验是一个从品牌内涵到具体触点策略的完整体系,关于该体系建设的框架,最具代表性的解释来自贝恩特·施密特的客户体验管理(Customer Experience Management,

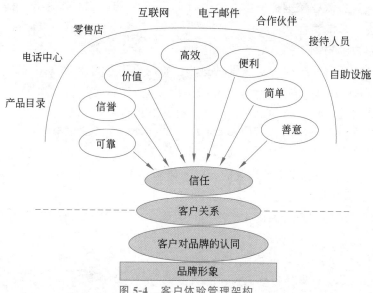

图 5-4　客户体验管理架构

CEM)框架[①]。

第 1 步：分析客户体验世界。

探索客户内心最深处的想法。在消费品市场上，要分析消费者生存环境，包括社会文化因素、消费者的体验需求和想法及生活方式。对于工业品市场，要分析商业环境，包括可以影响客户体验的经营方式。

第 2 步：建立客户体验平台。

体验平台是战略和实施之间最主要的连接点，体验平台包括对理想体验的描述，表明客户能从中获得的价值。

第 3 步：设计品牌体验。

决定了品牌体验以后，必须在品牌体验中实施，赋予产品必要的属性，并设计同客户沟通的方式与策略。

第 4 步：建立与客户的接触。

体验平台要在与客户接触中实施，在这一步需要在触点给客户真实的体验，实现体验平台强调的效果。

第 5 步：致力于不断创新。

保持客户的注意力及对企业的新鲜感是维持客户与企业关系的基本前提，创新向客户显示公司是能够连续创造新的相关体验的动态企业。

5.4.1　分析客户体验世界

外界事物作用于人的感官而在人脑中产生的对这些事物整体的反应过程被称为知

---

①　贝恩特·施密特. 顾客体验管理——实施体验经济的工具. 冯玲，邱礼新，译. 北京：机械工业出版社，2004.

觉。知觉具有归类和推理的性质,选择、组织、解释是构成知觉的整个过程。布鲁纳[①](1947 年)以出身不同贫富家庭的儿童(10 岁)为测试对象,要他们在同样的条件下估计各种硬币,以比较儿童的金钱价值与知觉的关系。结果发现两组儿童对硬币面积的估计都有夸大的倾向,但贫困儿童组的夸大倾向远超过富裕儿童组。布鲁纳推论:一件事物的意义在于把它置于假设性推理的网络中,然后对它的特征和效应做出推理。人的认知规律提醒我们,完美的客户体验来自对客户本身心理与行为的倾向,而不是企业的自以为是。

【案例 5-1】 安飞士公司的客户体验

安飞士(AVIS)是由 Warren Avis 先生于 1946 年在底特律的一家机场创建的品牌,是第一家设置在机场的汽车租赁公司。公司成立之初只有 85 000 美元资本和 3 辆汽车,时至今日 AVIS 已经发展成为一家全球性的汽车租赁公司,在世界 170 个国家和地区设立了超过 1700 家分支机构,4700 多个营业网点,拥有 19 000 名员工,车队规模超过 50 万辆。

为了提高客户对租车经历的愉悦感,安飞士在咨询公司的帮助下,分离客户关心的因素,并将整个租车过程分成 100 个步骤,一个一个地去改善。因为客户关心租车速度,所以安飞士公司发起了安飞士完美服务项目,会员下飞机后可以直接在机场租车,不必到安飞士的市内营业网点办手续。为了帮助客户对付旅行带来的压力,安飞士在全国各地的机场创建了特殊的沟通中心,在那里可以打电话,接上笔记本计算机,复印,查询开车路线。

安飞士重视员工体验在其中的作用。训练有素的前台员工对客户的特殊需求非常敏感。员工告诉带小孩的父母车内可提供小孩座椅;告诉到高尔夫球场的会员当地天气预报和地图。安飞士努力从各方面寻找客户体验并致力于不断提高。为了让客户放心,安飞士的经理都戴着耳机。其副总裁说:"客户看到有人负责时,紧张程度就会降低,那些耳机是个信号。"

分析客户体验世界可以采用如下 4 个步骤。

1. 确定准确的目标客户

确定目标客户是分析客户体验世界的第一步,不同客户需要不同的体验。

2. 分离客户体验世界

客户体验是可以划分为众多层次的,客户对某些功能属性的体验往往嵌入在特定的情景之中。这就是说要考虑客户有可能采取的每一个行动的每一种可能性,并且去理解在这个过程的每一个步骤中客户的期望值。Jesse James Garrett 在其《用户体验要素》中给出了网站设计中需要考虑的客户体验要素模型。网站客户体验设计的层次如图 5-5 所示。

成功的客户体验,其基础是一个明确表达的战略,因此战略是客户体验设计的起点。知道企业与客户双方对产品的期许和目标,有助于促进客户体验各方面战略的确立和制

---

① 布鲁纳是美国著名的心理学家和教育学家,是当代认知心理学派和结构主义教育思想的代表人物。

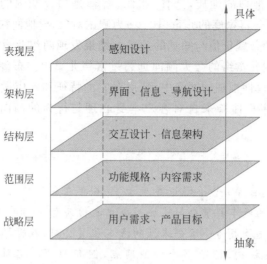

图 5-5　网站客户体验设计的层次

定。成功的客户体验需要客户与企业之间在价值观层面的彼此认同,客户会从表面的符号去透视企业内在的价值选择,企业需要回答下面两个基本问题。

第一,我们要通过这个产品得到什么?

第二,我们的客户要通过这个产品得到什么?

带着"我们想要什么""我们的客户想要什么"的明确认识,我们才能弄清楚如何去满足这些战略目标。当你把客户需求和产品目标转变成产品应该提供给客户什么样的内容和功能时,战略就变成了范围。这是客户利益最直接的层次。在范围层,客户关注的不仅是最终要获得的内容,还有形成结果的过程,就像我们去菜市场买鸡蛋,鸡的生活环境及饲养方式是影响我们选择的重要方面。因此,有价值的过程及产生有价值的产品是范围层需要解决的两个重要问题。此外,我们还需要注意到客户对不同过程及产品的不同层面看重的程度是有差异的,因此需要对以产品价值为核心的过程进行优先级排序,真正将对客户体验具有重要影响的环节放在关键的位置,并且让客户感知到商家确实是这样操作的。

在定义好用户需求并排列好优先级别之后,我们对于最终产品将会包括什么特性已经有清楚的图像。下一步就是要将这些分散的片段组成一个整体,这就是范围层上面的结构层,即为产品创建一个概念结构。这是从抽象到具体的衔接层次,我们需要描述客户可能的行为,也就是客户会按照什么轨迹来理解和接受我们的产品提供过程,并据此选择我们需要传递的信息及有意义的传递方式。结构层次的设计将直接影响客户对真实产品的感知。

架构层确定了很详细的界面外观、导航和信息设计,让晦涩的结构变得更加实在。模型的顶层是感知设计,这是客户首先注意到的地方,内容、功能和美学汇集到一起产生一个最终设计,实现其他四个层面的所有目标。

3. 从客户和公司的触点追踪全部体验

在触点上追踪客户体验的主要目的是去理解如何丰富客户体验。我们需要关注重要触点上的关键人物、时间、地点、所处购买阶段及具体的行为。

4. 了解竞争对手

关注竞争对手不仅要塑造独特的客户体验，而且是重要的学习方式，直接竞争对手、新入行的企业及行业外的对手所提供的体验是需要我们重点观察的。

5.4.2 建立客户体验平台

客户体验平台包括三个策略内容：体验定位、体验价值（EVP）和全面实施主题，如图 5-6 所示。体验定位描述了品牌代表什么；体验价值描述了客户能得到什么；全面实施主题总结了中心信息的内容和形式。红牛（一种功能饮料）是成功实施体验平台的例子。在欧洲和美国，红牛在喜欢夜总会的年轻人中很流行。这种饮料含有咖啡因和牛磺酸及普糖醛酸基转

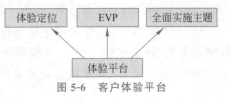

图 5-6　客户体验平台

移酶。牛磺酸是新陈代谢的载体，因为它有解毒作用，能加强心肌收缩；普糖醛酸基转移酶帮助清除有害物质，加速新陈代谢。红牛的体验定位是"瓶里的能量"，EVP 是"巩固心脏，加速新陈代谢，战胜疲劳"，实施主题是适应社会上各种有趣的活动：对全世界迷上夜总会的人来说，喝红牛就像注射了一针能量剂，能帮助他们跟上越来越快的音乐。

对于一个营销网站而言，客户与网站的触点构成了一个让客户感知企业产品与服务的情景平台。网络用户体验的关键触点可分为 5 方面，76 个体验点。

1. 感官体验

感官体验呈现给用户视听上的体验，强调舒适性。

（1）设计风格：符合目标客户的审美习惯，并具有一定的引导性。

网站在设计之前，必须明确目标客户群体，并针对目标客户的审美喜好进行分析，从而确定网站的总体设计风格。

（2）网站 Logo：确保 Logo 的保护空间，确保品牌的清晰展示而又不占据过多空间。

（3）页面速度：正常情况下，尽量确保页面在 5 秒内打开。如果是大型门户网站，必须考虑南北互通问题，进行必要的压力测试。

（4）页面布局：重点突出，主次分明，图文并茂。与企业的营销目标相结合，将目标客户最感兴趣的、最具有销售力的信息放置在最重要的位置。

（5）页面色彩：与品牌整体形象相统一，主色调＋辅助色不超过三种颜色。以恰当的色彩明度和亮度，确保浏览者的浏览舒适度。

（6）动画效果：与主画面相协调，打开速度快，动画效果节奏适中，不干扰主画面浏览。

（7）页面导航：导航条清晰明了、突出，层级分明。

（8）页面大小：适合多数浏览器浏览（以 15 英寸及 17 英寸显示器为主）。

（9）图片展示：比例协调、不变形，图片清晰。图片排列既不过于密集，也不会过于疏散。

（10）图标使用：简洁、明了、易懂、准确，与页面整体风格统一。

（11）广告位：避免干扰视线，广告图片符合整体风格，避免喧宾夺主。

（12）背景音乐：与整体网站主题统一，文件要小，不能干扰阅读。要设置开关按钮及音量控制按钮。

2. 交互体验

交互体验呈现给用户操作上的体验，强调易用性/可用性。

（13）会员申请：介绍清晰的会员权责，并提示用户确认已阅读条款。

（14）会员注册：流程清晰、简洁。待会员注册成功后，再详细完善资料。

（15）表单填写：尽量采用下拉选择，需填写部分需注明要填写的内容，并对必填字段做出限制，如手机号码位数、邮政编码位数等，避免无效信息。

（16）表单提交：表单填写后需要输入验证码，防止注水。提交成功后，应显示感谢提示。

（17）按钮设置：对于交互性的按钮必须清晰突出，以确保用户可以清楚地点击。

（18）点击提示：点击浏览过的信息需要显示为不同的颜色，以与未阅读内容区分，避免重复阅读。

（19）错误提示：若表单填写错误，应指明填写错误之处，并保存原有填写内容，减少重复工作。

（20）在线问答：用户提问后后台要及时反馈，后台显示有新提问以确保回复及时。

（21）意见反馈：在使用中发生任何问题时，用户可随时提供反馈意见。

（22）在线调查：为用户关注的问题设置调查，并显示调查结果，提高用户的参与度。

（23）在线搜索：用户提交搜索后，网站显示清晰列表，并对该搜索结果中的相关字符以不同颜色加以区分。

（24）页面刷新：尽量采用无刷新（Ajax）技术，以减少页面的刷新率。

Ajax 是新兴的网络开发技术的象征。它将 Java 和 XML 技术结合在一起，用户每次调用新数据时，无须反复向服务器发出请求，而是在浏览器的缓存区预先获取下次可能用到的数据，界面的响应速度因此得到了显著提升。

（25）新开窗口：尽量减少新开的窗口，以避免开过多的无效窗口，设置弹出窗口的关闭功能。

（26）资料安全：确保资料的安全保密，对于客户密码和资料进行加密保存。

（27）显示路径：无论浏览到哪一个层级哪一个页面，用户都可以清楚看到该页面的路径。

3. 浏览体验

浏览体验呈现给用户浏览上的体验，强调吸引性。

（28）栏目的命名：与栏目内容准确相关，简洁清晰，不宜过于深奥。

（29）栏目的层级：最多不超过三层，导航清晰，运用 JavaScript 等技术使得层级之间伸缩便利。

（30）内容的分类：同一栏目下，不同分类区隔清晰，不要互相包含或混淆。

（31）内容的丰富性：每一个栏目应确保足够的信息量，避免栏目无内容的情况出现。

（32）内容的原创性：尽量多采用原创性内容，以确保内容的可读性。

（33）信息的更新频率：确保稳定的更新频率，以吸引浏览者经常浏览。

（34）信息的编写方式：段落标题加粗，以区别于内容。采用倒金字塔结构。

（35）新文章的标记：为新文章提供不同标识（如 new），吸引浏览者查看。

（36）文章导读：为重要内容在首页设立导读，使得浏览者可以了解到所需信息。文字截取字数准确，避免断章取义。

（37）精彩内容的推荐：在频道首页或文章左右侧，提供精彩内容推荐，吸引浏览者浏览。

（38）相关内容的推荐：在用户浏览文章的左右侧或下部，提供相关内容推荐，吸引浏览者浏览。

（39）收藏夹的设置：为会员设置收藏夹，对于喜爱的产品或信息，可进行收藏。

（40）栏目的订阅：提供 RSS 或邮件订阅功能。

（41）信息的搜索：在页面的醒目位置，提供信息搜索框，便于查找到所需内容。

（42）页面打印：允许用户打印页面资料，以便于保存。

（43）文字排列：标题与正文明显区隔，段落清晰。

（44）文字字体：采用易于阅读的字体，避免文字过小或过密造成的阅读障碍。可对字体进行大中小设置，以满足不同的浏览习惯。

（45）页面底色：不能干扰主体页面的阅读。

（46）页面的长度：设置一定的页面长度，避免页面过长而影响阅读。

（47）分页浏览：对于长篇文章，要进行分页浏览。

（48）语言版本：为面向不同国家的客户提供不同的浏览版本。

（49）快速通道：为有明确目的的用户提供快速入口。

4. 情感体验

情感体验呈现给用户心理上的体验，强调友好性。

（50）客户分类：将不同的浏览者进行划分（如消费者、经销商、内部员工），为客户提供不同的服务。

（51）友好提示：对于每一个操作进行友好提示，以增加浏览者的亲和度。

（52）会员交流：提供便利的会员交流功能（如论坛），增进会员感情。

（53）售后反馈：定期进行售后的反馈跟踪，提高客户满意度。

（54）会员优惠：定期举办会员优惠活动，让会员感觉到实实在在的利益。

（55）会员推荐：根据会员资料及购买习惯，为其推荐适合的产品或服务。

（56）鼓励用户参与：提供用户评论、投票等功能，让会员更多地参与进来。

（57）会员活动：定期举办网上会员活动，提供会员网下交流机会。

（58）专家答疑：为用户提出的疑问进行专业解答。

（59）邮件/短信问候：针对不同客户，为客户定期提供邮件/短信问候，增进与客户之间的感情。

（60）好友推荐：提供邮件推荐功能。

（61）网站地图：为用户提供清晰的网站指引。

5. 信任体验

呈现给用户的信任体验强调可靠性。

（62）搜索引擎：查找相关内容可以显示在搜索引擎前列。

（63）公司介绍：真实可靠的信息发布，包括公司规模、发展状况、公司资质等。

（64）投资者关系：上市公司需要为股民提供真实准确的年报、财务信息等。

（65）服务保障：将公司的服务保障清晰列出，增强客户信任。

（66）页面标题：准确地描述公司名称及相关内容。

（67）文章来源：为摘引的文章标注摘引来源，避免版权纠纷。

（68）文章编辑、作者：为原创性文章注明编辑或作者，以提高文章的可信度。

（69）联系方式：准确有效的地址、电话等联系方式，便于查找。

（70）服务热线：将公司的服务热线列在醒目的地方，便于客户查找。

（71）有效的投诉途径：为客户提供投诉或建议邮箱或在线反馈。

（72）安全及隐私条款：对于交互式网站，注明安全及隐私条款可以减少客户顾虑、避免纠纷。

（73）法律声明：网站法律条款的声明可以避免企业陷入不必要的纠纷中。

（74）网站备案：让浏览者确认网站的合法性。

（75）相关链接：对于集团企业及相关企业的链接，应该具有相关性。

（76）帮助中心：对于流程较复杂的服务，必须具备帮助中心进行服务介绍。

这些体验触点及每个触点所传递的价值，需要以企业将要提供的 EVP 及体验定位为依据，并以此将各个点串联起来。而目前很多网站对于个别触点在技术层面往往倾注更多，但整体的定位与 EVP 却相对薄弱。正如前面所提到的，体验是双方沟通的结果，在缺少整体设计的情景中，客户难以获得整体的、一致性的体验效果。

5.4.3 设计品牌体验

创建良好的客户体验最重要的工作内容是大量收集亟待解决的非常细微的问题。"成功的方法"和"注定会失败的方法"的差异归根结底就是以下两点。

1. 了解你正在试着去解决的问题

面对需要解决的许多纠缠不清的问题，有时是非常令人气馁和厌烦的，所以很多企业难以给客户提供完美的体验，很多企业会由于客户的流失而不得不退出商业领域。不要以"节省项目时间或经费"的理由对客户提出的问题敷衍了事。正确的问题定义是一切事业的开始。在对问题持之以恒的关注中，客户体验才能更加精致与深刻。

2. 了解这些解决办法所造成的后果

要记住你做出的每一个决定对其上层面、下层面都可能产生"连锁反应"。在产品某个部分运作得非常好的某个导航设计，可能完全不符合结构层的另一个部分。

建立工作的指导原则对设计品牌体验有重要意义，这些原则可以让企业的各个层面有可以遵循的依据,并保有处理问题的灵活性。星巴克的完美体验在很大程度上依赖于其对基本原则的思考与设计。

【案例 5-2】 星巴克公司的六项指导原则

在快速成长过程中,星巴克坚持要成为世界上最好的高品质咖啡提供者,为了衡量各项决策的适用性,星巴克建立了六项指导原则。

- 提供完美的工作环境,尊重每个人,维护每个人的尊严;
- 在事业中将多样性作为一项重要内容;
- 在咖啡的采购、烘焙和运输中坚持最高标准;
- 每时每刻开发客户的热情与忠诚;
- 为社区和周围的环境做出积极的贡献;
- 利润对公司的未来是非常关键的。

5.4.4 建立与客户的接触

在体验平台中,客户接触面是第二个重要的实施领域。这些接触面指发生在公司和客户之间动态的信息和服务的交换——服务人员与客户的接触中、在电话问答中、在网上或其他方面。例如,接触发生在存款人使用银行的自动提款机时,商务人士入住酒店时,客户到商店退商品时,人们在网上聊天时,这些都产生了互动,即相互接触。

客户接触面可以提高或降低通过品牌体验建立起来的客户体验。因此,要认真对待与客户的接触。触点必须要建立在客户的需求上。例如,星巴克品牌的核心价值是人情味、享受、休闲并富有情调。星巴克的独特体验源于它把这些要素有效地注入消费者的整个消费流程中。例如,冲咖啡时要打出绝佳的奶泡,直到蒸汽与牛奶结合发出"嘶嘶"的声音(此触点注入"富有情调");将咖啡交到客人手上时,一定要眼神交会、微笑和答谢(此触点注入"人情味")。

1. 客户触点管理的注意事项

为了有效地进行客户触点管理,企业需要经常反思如下问题。

(1) 内部人员何时何地以何种方式与客户接触;

(2) 在每个触点上,实际的客户体验是什么样的;

(3) 每个触点究竟传达了什么内容;

(4) 有没有达到客户的期望,有没有带给他们超乎预期的不同体验;

(5) 企业分配了哪些资源到每个触点上,是否花了太多钱在没有什么影响力的服务上,但在客户觉得对本身的体验很重要的点上却投入太少;

(6) 同时分配的资源是否关照到了客户认为重要的触点;

(7) 有没有昂贵的服务接触反而造成了负面的影响。

2. 客户触点管理的主要内容

客户触点管理的主要工作内容包括:

(1) 发现触点;

（2）明确接触目标；

（3）理解接触受众；

（4）设计接触模式，即接触的点、渠道和体系；

（5）落实接触规范；

（6）接触激励；

（7）接触分析；

（8）接触监控；

（9）接触档案管理。

5.4.5　致力于不断创新

员工提供的服务水平必须坚持用不断变化的客户需求和竞争环境来衡量。我们必须坚持不懈地调查消费者以确保了解什么样的服务是消费者需要的，并做相应的调整。为了描述消费者，需要做大量的研究。这是任何伟大品牌能够经历整个产品生命周期而存活下来的主要原因[①]。

实施 CEM 框架的最后一个元素是创新。它包括提高客户体验的所有方面，不管是突破性的创新还是小创新或营销创新。致力于不断创新需要超前的意识和管理方法。以体验为导向的创新不是以产品或生产为中心，和 CEM 哲学一样，它是以客户为导向的过程，是要将客户体验融入研发和营销中，它也是在所有客户触点上提高体验的方法。亚马逊在不断完善客户体验方面是一个典型。

【案例 5-3】　亚马逊的网络体验个性化

亚马逊是第一个使网上体验个性化的公司。如果你是回头客，网站会以你的名字来称呼你。根据你上次上网和搜索的习惯，网站给你建议：书籍、音乐、DVD、厨房小物品，如此等等，都是和你上次买的相似的东西。假如你知道自己要找的东西，在搜索框里输入书名，就链接到了这本书的网页，不仅容易买到这本书，也容易搜索到相似的书，而且能找到其他人是如何评价这本书的。网页上提供本书的主要信息，包括库存情况，你可以知道这本书的订单安排情况。所有这些设计目前已经被众多的网上书城效仿。

为了增加网上书籍搜索的美好体验，亚马逊增加了独特的"打开封面看看"的特色服务——用户可以浏览书中真实的一页。这个特色使得客户充分得到像在书店拿起一本书并翻动书页的感觉。客户可以阅读封底的文字，查看目录，并读几页以大概了解书的主旨。

亚马逊随着互联网的发展而发展，不断增加小创新并使之变成网上的客户体验。亚马逊作为现代的网上零售商，以持续创新来满足客户期望。

---

① 这是 Fairmont 酒店总裁比尔·卡特的一句话。创新的方法和路径有很多，但这句话提醒我们，创新最重要的是指保持对事业的关注和敏感，因此研究具有至为重要的意义。品牌的客户体验是一个系统的、复杂的项目，更类似于长跑，需要参加者不断地调整和坚持，研究为这些工作提供了最关键的支持。

📚 思考与练习

1. 测试你的体验。运用萨尔特曼隐喻诱引技术测试你或同学的体验。

2. 查阅资料,分析一个品牌,看一看这个品牌给客户的体验是什么样的,品牌与客户的关键触点有哪些,给这些触点的表现打分,分析客户对该品牌体验的效果。分析时可以尝试使用如图 5-7 所示的图形工具,沿着客户购买的时间线路,确定线路上的关键点,对各个点进行评价,然后将各个点连起来,就形成了一个品牌体验的评价曲线。

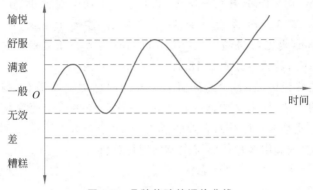

图 5-7 品牌体验的评价曲线

3. 自我检测。创造产品体验时需要问的问题:

   - *哪些价值观是支撑我们品牌的理念? 客户能将这些理念与我们的产品充分联系起来吗?*
   - *我们产品的哪些特性可以被突出以强调我们产品的优越前景?*
   - *我们有哪些服务项目可以与我们的产品捆绑,并始终与我们的价值理念一致并提升客户使用我们产品的愉悦体验?*
   - *我们怎样加强产品特性以全面调动客户的感官体验,使我们的产品在客户心目中独具特色?*
   - *如何将我们的目标客户集合起来,使得使用我们的产品成为他们生活方式必需的一部分?*
   - *如何提供能引发客户对我们的产品及使用经历记忆的线索?*
   - *如何发现对我们的产品很有热情并对我们的产品充分了解的人?*

   请以你熟悉的一个品牌为例,用上述问题为导引,为其提升品牌体验提出改善建议。

4. 下面的资料中提到 10 个转换率非常高的网站,请登录这些网站,看看它们的与众不同之处。

   曾经看到一篇有趣的电子商务研究,来自一家市场研究商 SeeWhy,他们做了一个有趣的调查,他们根据 AC Nielsen 的数据加上访谈,列出了 10 个他们找到的"转换率最高"的网络商店。所谓"转换率最高",就是这些商店的流量不见得比别人大(不过至少要有一个月 500 万不重复拜访才有资格被列入),但是他们可以让每个网友进来后好像着了魔似的，成交率特别高。他们说，一般的在线商店的转换率是 2%~3%，也就是说每 100 人进来只有两三个人买单；之前比较过美国两大购物网站 Target 和 Wal-Mart 的版型，也提过两大购物网站的转换率也只有 7%~8%，符合 SeeWhy 的观察。而 SeeWhy 列出来的十大名店，平均转换率却在 23%左右，是平常购物网站的 10 倍！叫我们怎么能不好好研究一下，到底这些购物名店是怎么达到这么高的转换率的。

先来看看这些购物名店是谁。排行第一的是 Schwan's，是卖食物的，高达 41.7%的转换率，令人咋舌！第二名则是常常被用在 NET-MBA（现称 fb-MBA）课程里的案例，在线花店 ProFlowers，它的转换率高达 26.5%。另外还包括卖维生素的 Vitacost，转换率高达 24%，还有 Woman Within，转换率高达 22.4%，还有卖衣服的 Blair.com，转换率高达 20.5%。以上是前五名。而第六名到第十名则分别是 Lands' End（卖衣服的）、DrsFosterSmith.com（卖宠物用品的）、Office Depot（卖办公用具的）、Roaman's（卖衣服的）、QVC（卖首饰的），转换率分别在 18.3%到 20.5%之间。

5. 回想你曾经的消费经历，有多少给你留下美好的回忆呢？如果有，相信这个商家会是你下一次购物的首选；如果是糟糕的经历，相信你已经将这个商家糟糕的服务告诉了不止一个人。这就是客户体验对企业的意义，它决定着客户下一步的行动。在回顾你的消费经历时，尝试应用客户体验层次模型进行分析。

第三篇

网络营销组合

第6章 网络产品与网络品牌

学习目标

- 理解网络产品的特点、层次和类型；
- 掌握网络新产品策略；
- 了解网络品牌的含义。

6.1 网络产品

产品是向市场提供的，引起注意、获取、使用或者消费，以满足欲望或需要的任何东西。网络产品是从传统意义上的"产品"衍生而来，其基于互联网及信息技术的发展而出现，用于满足互联网用户需求和欲望的有形或无形载体。简而言之，网络产品是满足网络用户需求而产生和发展的互联网应用与服务的集成形式。例如，新浪的产品是"新闻"，腾讯的产品是"QQ"，百度的产品是"搜索"，网易的产品是"邮件"。网络产品是指从传统意义上的"产品"延伸而来的，是在网络经济条件下满足互联网用户需求的物质产品、信息产品和网络服务等的总称。

6.1.1 网络产品的特点

网络产品的特点如图 6-1 所示。

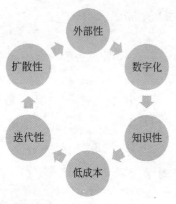

图 6-1 网络产品的特点

1. 外部性

商品的外部性是指在经济交易中，成本和收益落在了与交易无关的第三者身上。一个消费者消费某种商品，不仅给自己带来效用，也给他人带来某种效用，这就是外部性。外部性作为网络产品的重要特性，是网络产品区别于非网络产品的重要指标。例如，一名使用微信的消费者，不仅方便自己和别人沟通，也方便别人能够随时随地地找到他。并且，参与微信平台的消费者越多，微信平台的价值也就越大。

2. 数字化

与纯粹的物质产品不同，网络产品具有鲜明的数字化特征，其知识、信息含量高。电子图书、在线音乐、软件程序等都是典型的数字化网络产品,以 Windows 软件程序为例,软件程序的开发、设计是复杂的创造性劳动,知识、信息等构成了软件程序这一数字商品生产中的重要成本支出。

3. 知识性

任何供给都需要生产要素的投入。一般来说,生产要素包括土地、劳动、资本。网络经济背景下,科学技术开始作为一个独立的生产要素,在生产过程中处于头等重要的地位。相对说来,工业经济背景下的实体产品需要大量资金、设备等,有形资产起到了决定性作用,而网络经济背景下的网络产品则是知识、技术,甚至数据等无形资产的投入起到决定性作用。

4. 低成本

有别于工业经济的产品,网络经济背景下的网络产品能够最大限度地保证制造商、零售商与消费者直接在网上实现双向沟通,达成协议,减少了中间交易环节,降低了交易成本。

5. 迭代性

网络产品的迭代性突出表现在迭代新产品开发的速度上。互联网可以用来加速新产品的开发,因为作为市场研究的一部分,不同的产品选择可以更快地在网上进行测试。与传统的市场调查相比,企业可以利用自己的消费者小组来更快地检验市场对产品的反响,而且往往成本更低。例如,科沃斯品牌在扫地机器人业务上稳步深耕,在擦窗机器人和空气净化机器人业务上快速突破。

6. 扩散性

互联网和全球化的含义是为了保持竞争力,组织必须更快地向国际市场推出新产品。马尔科姆·格拉德威尔在他的著作《引爆点》(*The Tipping Point*,2000)中展示了口碑传播如何对新产品的接受率产生巨大影响,这种影响经常通过互联网得到增强或促进。例如,根据市场分析机构 Sensor Tower 的数据,2023 年 3 月的前三周,上线 7 个月的拼多多跨境电商平台 Temu 成为美国应用商店中下载量最大的应用。紧随其后的是海外版剪映 CapCut 和正在风口浪尖的 TikTok,两者同样来自字节跳动公司。跨境快时尚零售商希音(Shein)排在第四位,最后才是前五名中唯一的非中国应用 Facebook。Sensor Tower 的数据还显示,直到不久前,希音还一直是美国排名第一的购物应用。然而,赶在去年假日购物季前登录美国的 Temu 第四季度获得了 1300 万次的下载量,是希音的两倍多。Temu 不仅稳坐购物品类第一把交椅,也一度长期霸占着 App Store 北美区免费应用排行榜首位。

6.1.2 网络产品的层次

美国营销学者菲利浦·科特勒倾向于使用五个层次来表述提供顾客价值的产品整体概念,他认为五个层次的表述方式能够更为深刻、准确地规划市场供应物。产品整体概念的五个层次依次为:第一,核心产品,核心产品是指提供给顾客核心需求的产品基本效用或利益;第二,基本产品,基本产品是指核心产品借以实现的形式(由品质、式样、商标、包装等特征构成);第三,期望产品,期望产品是指购买者在购买产品时期望得到的与产品密切相关的一整套属性和条件;第四,附加产品,附加产品是指产品包含的附加服务和利益(如产品保证、安装、维修、技术培训等构成);第五,潜在产品,潜在产品是指该产品最终可能的所有增加和改变。

这里,如果要更为简洁清晰地解释网络产品的层次,可以围绕核心产品、基本产品和附加产品三个层次展开。核心产品即产品中给购买者带来的基本利益和效用,即产品使用价值,是顾客真正要买的东西,在产品整体概念中处于最基本、最主要的部分。基本产品即核心产品得以实现的形式,即向市场提供的实体或劳务的外观。附加产品即顾客购买产品时所能得到的附加服务和利益。例如,国外的一家热门减肥网站"eDiets.com",其市场定位为减肥专家,通过提供众多产品以及饮食计划,致力于减肥、改善健康和保持体型。eDiets.com 的核心产品是节食信息;基本产品是准确的信息、建议和对想减肥的个人的动力支持;附加产品可能包括一个单独或个性化的节食计划,定制的测验安排,以及在线支持小组和会议等。

6.1.3 网络产品的类型

基于互联网的商业活动,部分商业活动开展纯粹的在线交易,部分商业活动将在线和离线交易整合起来进行。依照产品的生产、使用和存在方式等与互联网关系的强度,我们把网络产品划分为广义的网络产品和狭义的网络产品。从广义的角度讲,网络产品可以划分为网络生产产品、网络信息产品和网络信息服务三大类;从狭义的角度讲,网络产品可以划分为网络信息产品和网络信息服务。以下网络产品的具体划分按广义的角度展开。

1. 网络生产产品

网络生产产品,是由离线交付的产品销售和分销及连带提供的网络服务所构成的网络产品。网络生产产品基本围绕有形产品,如家电、时装等展开,其产品生产直接或间接利用计算机技术和网络信息技术;但是,这些技术只是生产的必要条件,自然资源仍然是生产的主要资源和基本要素。网络可作为通用的营销手段传播产品信息,并通过在线零售、批发或拍卖等形式的分销促进产品的交易。事实上,网络上的大多数商务活动由零售商和分销商构成,它们在线销售的产品与离线销售的产品完全相同。这种形式特别是对于"海尔""李宁"这样的传统品牌,以天猫旗舰店为代表,致力于网络零售的转型或过渡,可以理解为扩展传统的离线商务模式,只不过将在线运作包括进来。

2. 网络信息产品

网络信息产品,作为由信息构成的一种无形产品,以在线产品的形式在网络上交付核心利益。有别于网络生产产品,网络信息产品则完全依赖于网络。网络成为其生产的必要和充分条件,而对于自然资源的依赖程度,则下降到次要地位。网络信息产品的典型代表就是数字化产品,数字化的信息产品通过互联网交付给消费者。新浪的"新闻"、腾讯的"QQ"、网易的"邮件"、百度的"搜索引擎"等都是互联网背景下的网络信息产品。以新浪的新浪新闻为例,新浪网新闻由新浪官方出品,是新浪网最重要的频道之一,每天 24 小时滚动报道国内、国际及社会新闻。

3. 网络信息服务

网络信息服务以在线服务的形式在网络上交付核心利益。网络信息服务介于网络生产产品与网络信息产品之间,其生产既不是完全依赖于网络,也不是基本围绕有形产品展开。网络信息服务具体表现在其高度依赖存储的信息,同时能够分解成例行或良好的在线服务,并最终依靠离线系统来实现交付。网络信息服务通常是无形的,服务的提供广泛分布于物流、旅游、教育等领域。例如,为顾客提供的无形服务(如汽车冲洗)上所完成的活动,为顾客提供的无形服务(如宾馆住宿)上所完成的活动。

6.1.4 网络新产品策略

在以创新著称的互联网领域,谷歌公司极富创新精神。谷歌公司开发推出的网络产品,无论是搜索引擎、Gmail 邮箱、网络文档编辑器,还是 Google 地球、Android 手机操作系统等都获得了巨大回报。实践证明,新产品是企业进一步成长发展的重要支撑。下面探讨网络新产品的若干策略。

1. 新问世的产品

新问世的产品指该产品在市场中从未出现过。新问世的产品具有高风险、高回报的特征。互联网领域的创新基因使得新问世的产品层出不穷。我们习以为常的搜索引擎、微信就是曾经的典型新问世产品。以微信为例,微信通过导入 QQ 好友、手机联系人、熟人间互相推荐等,用人际传播的方式使得很多原本并不了解微信的人成为用户。这种“病毒营销”手段快速扩大了微信用户群,建立了一个更加稳定、更加活跃、更适用于移动应用的社交网络。

2. 新产品线

新产品线指企业基于现有品牌,相对于现有的产品线增加完全不同的新产品线。例如,微软公司,相对于网景公司已经开发的浏览器,开发并推出 IE 浏览器。

3. 现有产品线的补充

现有产品线的补充指企业依托于现有产品线,添加最新偏好、规格或其他变化。例如,阿里巴巴在发展既有的天猫商城零售业务的同时,基于天猫商城又推出天猫超市这一业务;杭州本地报刊《都市快报》的网络电子版不同于其硬拷贝版,网络电子版适用于以在线形式交付在线读者;“酒仙”网持续增加白酒、啤酒、葡萄酒等产品线的品牌、规格等。

4. 现有产品的改良或更新

现有产品的改良或更新指通过不断的更新替代原有产品。例如,微信自问世以来,经过持续不断的版本更新,截至 2022 年已更新至微信 8.0 版。

5. 降低成本的产品

降低成本的产品采用低价,甚至免费的方式与现存的品牌进行竞争,以赢得市场优势。在互联网领域的发展过程中,不乏低价与免费产品,例如,2003 年的 eBay 中国和淘宝网。2002 年 eBay 进入中国,2003 年全面收购易趣,当时占有中国线上 C2C 市场超过2/3 的市场份额;eBay 的盈利模式是向卖家收取商品展示费、交易佣金、支付佣金等与交易相关的费用;此外,还拥有少量广告及分成收入等。2003年淘宝网成立,淘宝网主要收取广告费,卖家在淘宝网开店是不收费的。淘宝网利用免费政策吸引了大量的中小型卖家入驻,并且凭着强大的市场推广能力,扩大了网络电商市场规模,争取了很多新用户。

6. 重新定位产品

重新定位产品是将现有的产品定位,针对不同的市场或提供新的用途,进行相应的调整与修正。例如,曾经的雅虎作为资历最长的"分类目录"搜索数据库,也是最重要的搜索服务网站,在2009年将自身重新定位为门户网站。

【案例6-1】 在线医疗

截至2022年6月,我国在线医疗用户规模达3.00亿,较2021年12月增长196万,占网民整体的28.5%,如图6-2所示。

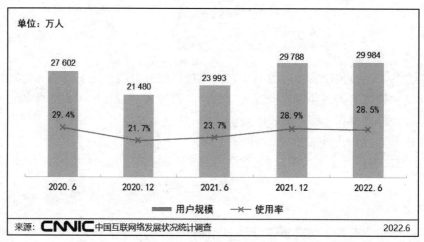

图6-2　2020.6—2022.6我国在线医疗用户规模及使用率

政策法规利好在线医疗高质量发展

2022年1月,工业和信息化部联合八部门发布《"十四五"医药工业发展规划》,提出积极发展新模式新生态,适应智慧医疗、互联网医院快速发展趋势,形成医疗机构、药品生产经营企业、保险公司、信息技术服务商等共同参与的"互联网＋医药"新生态。2月,国家卫生健康委员会和国家中医药局联合发布《互联网诊疗监管细则(试行)》,对从事互联网诊疗的医疗机构、医务人员、业务活动等提出了明确的监管要求,以进一步规范互联网诊疗活动,加强互联网诊疗监管体系建设,防范化解互联网诊疗安全风险,保障医疗服务安全和质量。

互联网医疗平台探索多元化服务

大型互联网医疗平台在提供医疗、药品服务的基础上,进一步拓展数字化健康管理,推动保险、医保支付、医生服务等相关领域创新。例如,百度推出了"有医笔记",能够帮助医疗行业人员快速纪录、整理文档,并能够将图片形式的医疗材料转化成文字;平安健康在消费端和企业端同时发力,打造健康管理、保险等多元化产品,寻求新的增长引擎。

6.2　网络品牌

网络营销的成功秘诀在于创造一个响当当的网络品牌。品牌在作为极具效率的推广手段的同时,也具有较高的经济价值。品牌是无形价值的保证形式,在互联网领域更为重要。网络商务的兴起,传统企业将不可避免地进入网络世界;对于传统知名企业而言,其品牌知名度与美誉度高,服务和商品的差异化特点较为明显,线下客户基础较为雄厚,营销网络较为发达。因此,可以直接依托原有的品牌名称或标识开发互联网市场。而对于新兴企业,则需要构建自己的网络品牌。传统企业与新兴企业都需要发展自己的网络品牌,并确保为消费者传递良好而深刻的网络品牌印象,以利于品牌基于互联网的口碑传播。

6.2.1　品牌

按照美国市场营销协会的定义,品牌是一种名称、属性、标记、符号或设计,或是它们的组合,其目的是借以辨认某个销售者或某群销售者的产品或服务,并使其与竞争对手的产品和服务区别开。品牌能够建立清晰强大的品牌识别(品牌理念),从而帮助公司建立竞争优势。例如,当人们提及麦当劳时,就会迅速将其与快餐、标准化的服务、干净的地面等印象联系起来。品牌可以理解为对客户的一种承诺,这种承诺可以在客户心目中建立信任,从而使得客户愿意为商品和服务支付更高的价格。

迈克尔·波特在其《品牌竞争优势》中曾提到:品牌的资产主要体现在品牌的核心价值上,或者说品牌核心价值是品牌精髓所在。品牌价值是品牌在某一个时点、用类似有形资产的评估方法计算出来的货币单位。根据美国公认的会计原则的阐述,品牌作为无形资产具有无限的生命力。具有较高品牌价值的企业通常拥有明显的竞争优势。因为品牌企业享有更高的品牌知名度与美誉度,所以,企业可以更为容易地基于品牌推陈出新,积极主动地扩充产品线。

2022 年 8 月 25 日,2022 年凯度 BrandZ 最具价值中国品牌 100 强发布盛典在北京举行。10 强如图 6-3 所示。腾讯继续位列百强榜首,品牌价值为 2043.78 亿美元;阿里巴巴、茅台分别排名第二和第三;海尔则凭借持续且稳定的价值增长,攀升到中国百强的第九名。强大的品牌不仅推动了企业的高质量发展,也是中国经济稳定健康发展的外在表现。正如 BrandZ 和 BAV 集团主席罗大卫(David Roth)所言:

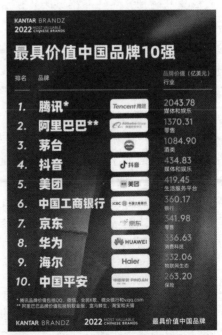

图 6-3　2022 中国品牌价值 10 强排行榜

"自我们十年前首次评估中国品牌价值以来,中国经济的发展动力从生产平衡到了消费,品牌格局发生了根本性转变,中国消费者已成为世界上最有经验的消费者。尽管一切都变了,但有一点始终未变——随着中国跻身世界经济强国行列,对中国企业来说,全力打造和发展品牌从来没有像今天这样重要。经历了所有这些变化之后,成功的品牌就是能够与消费者的偏好以及他们的生活方式保持同步的品牌。"

6.2.2 网络品牌概述

自 21 世纪初以来,基于百度、阿里、腾讯的"BAT 平台模式",中国网络品牌的发展态势呈现以下三个特点。第一,传统品牌向线上转移,以华为、李宁、海尔等为代表;第二,新兴的电子商务品牌,以京东、小米、淘宝等为代表;第三,由于互联网所具有的网络经济属性而发展兴起的平台模式,使得相当数量的中小企业的品牌基于平台的规模流量均享,有效提升了其品牌知名度与美誉度,以御泥坊、三只松鼠、韩都衣舍等淘品牌为代表(淘品牌是在淘宝网上形成的品牌,是淘宝商城推出的基于互联网电子商务的全新品牌概念)。

网络品牌(也称为在线品牌)作为品牌管理技术或工具,依托互联网作为媒介用于品牌的市场定位。越来越多的企业正在探索如何利用各种在线渠道和工具(其中包括搜索引擎、社交媒体、在线新闻发布、网络贸易平台或站点等)与消费者建立牢固的关系,并建立自己的品牌知名度。相对于传统意义上的企业品牌,网络品牌具有以下特征。

1. 网络品牌的社会化

网络品牌涉及与社会化媒体的互动和融合。一方面,网络品牌通过微信、微博、脸书等平台开展媒体营销,分享关于品牌产品、服务等的信息、知识,主动深入地与客户进行互动交流;这种社会化媒体营销形式已经被越来越多的主流在线品牌所认可。另一方面,利用微博、微信、视频等平台,在特定的内容站点或频道,针对特定的目标客户进行展示与推送,这也是网络品牌与社会化媒体相互结合的常见形式。

2. 网络品牌的口口相传

与线下消费者相比,网络消费者更为关注商品或服务的综合评价。越来越多的网络消费者将互联网视作可靠的信息来源,通过消费者的口碑对不同品牌的产品或服务进行全面分析,并通过微信、微博等自媒体平台,充分自由地表达自己对产品或服务的评价,以高度透明的方式选择产品或服务。互联网显著加快了口碑传播的速度,极大地扩展了口碑的影响范围。消费者已经或多或少参与到营销环节,他们成为信息的传播者,甚至创造者,如图 6-4 所示。

3. 网络品牌的客户导向

正如科特勒在《营销管理》一书中所言,"每一个强有力的品牌实际上代表了一组忠诚的顾客"。网络商务背景下的网络品牌价值意味着企业与网络用户之间建立起来的更为紧密的客户关系。作为互联网的特性之一,互动性有助于企业持续地宣传品牌信息和直接与客户对话。基于互联网,通过与消费者进行的独特与个性化的互动,可以有效传递企

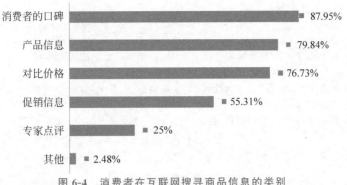

图 6-4　消费者在互联网搜寻商品信息的类别

来源：阿里巴巴集团研究中心

业的品牌意识和品牌形象；同时，企业的客户也可以获得品牌知识和提供反馈。由于消费者的潜在购买行为可以受品牌知识和熟悉度的影响，优秀的网络品牌致力于与客户建立更为紧密的品牌联系，并且强化客户忠诚度和客户关系。

6.2.3　网络品牌建构

这里从品牌组成入手，将网络品牌的建构要素划分为显性品牌要素与隐性品牌要素。

1. 显性品牌要素

所谓显性品牌要素，即企业区别于其他竞争者所使用的具有显著特征的感观识别要素，包括品牌名称、标记或设计等。

（1）域名。

从技术上讲，域名只是一个 Internet 中用于解决地址对应问题的方法，是与网络上的数字型 IP 地址相对应的字符型地址。域名是 Internet 上的一个服务器或一个网络系统的名字，域名具有唯一性。域名被誉为"企业的网上商标"，是企业商标保护必要的组成部分。域名的选择需要简单、易于记忆、逻辑性强。域名或者根据公司品牌，或者与产品的中英文全称或缩写吻合，或者根据网站的性质、用途选择，如表 6-1 所示。

表 6-1　网络域名规则

域名组成	一个完整的域名由域名主体和域名后缀两部分组成，主体是用户为网站所起的名字，后缀是根据网站类型而选择的。以清华大学域名 tsinghua 为例，tsinghua 是域名主体，edu.cn 则是域名的后缀
域名类型	按语种划分，域名主要分英文域名和中文域名。按域名所在的域划分，分为顶级域名、二级域名。按管理机构划分，分国际域名和国内域名。国际域名是以 com、net、org 等根域为后缀的域名；国内域名则在它的后面再加上国家代码，如以 cn 为后缀的中国代码。按照后缀的形式划分，有代表企业的 co，代表政府的 gov，代表个人的 me 等

域名命名规则	域名中只能包含的字符：26 个英文字母，10 个数字(0、1、2、3、4、5、6、7、8、9)，英文中的连词号(-)； 域名中字符的组合规则：在域名中，不区分英文字母的大小写，对于一个域名的长度是有一定限制的； 域名要简单、易记，逻辑性强；与企业商标、产品名称吻合； 根据网站的性质、用途选择； 同一个域名注不同的后缀

（2）名称。

Amazon.com 曾经的叫法非常接近于"Cadabra"，来自"abracadabra"，中文意思为"胡言乱语"。鉴于创始人贝索斯(Bezos)的律师常常将该词误听为"cadaver"(尸体的意思)，故他将其进行了重新概念化。在亚马逊(Amazon)这条河流被多次报道后，贝索斯把其刚刚诞生的企业重新命名为 Amazon。

（3）标识。

标识可以迅速识别一家企业，并理解其产品、承诺及个性。美国"亚马逊"的标志开始于一条抽象的河流而设计。在做了很多次设计改进后，亚马逊的标志于 2000 年由 Turner Duckworth 重新设计，也就是我们今天看到的样式。笑容和箭头代表了"我们非常高兴、非常乐意为您送达，无论何物，无论何地"。一份始于 a 并止于带有一个小酒窝的 z 的微笑时刻送达亚马逊的客户，这里 a 到 z 强调了亚马逊可以提供任何东西，从英文字母 A 到 Z 的所有客户可以在亚马逊购买到任何物品，如图 6-5 所示。中国"三只松鼠"的标志设计采用漫画式的卡通松鼠。首先，坚果是松鼠的食物，松鼠设计可以直接让人联想到品牌的产品类别；其次，萌动有趣的松鼠可以塑造活泼亲和的品牌形象。

图 6-5　亚马逊标识

（4）颜色。

颜色能够体现站点的自身特点，又能够给用户留下深刻的第一印象，可以起到良好的传播效果，例如，可口可乐的红色，百事可乐的蓝色。色调统一的品牌通过互联网页面能够给客户带来直观、强烈的视觉冲击，持续地维护与提升自己的网络品牌。在天猫商城、京东商城开展网络零售的"紫魅"，是一个经营紫色女包、服饰等时尚产品的网络品牌。其经营的紫魅花、郁金香、紫荆花、薰衣草等产品系列全部以赏心悦目的紫色产品体现，通过颜色来塑造网络品牌可谓独树一帜。

（5）故事。

御泥坊原材料的采集地——湘西隆回县的滩头流传着一些古老的传说。不管是"祭泥仪式""白蛇传说"还是"神秘御泥"都在诠释着御泥坊独特的产品功效。互联网背景下，人们对情感回归的渴望与日俱增，因此，商家在品牌营销与服务的过程中关注与消费者的情感沟通,能够较大限度地与消费者产生共鸣,有利于塑造品牌的亲和力。品牌的故事可以起到与消费者沟通情感的桥梁作用,让品牌披上"故事"的"袈裟",赋予文化营销的品位与灵魂。

（6）广告语。

广告语是品牌用来快速向品牌受众传达其品牌承诺或核心竞争信息的简短声明,例如手机品牌"荣耀"的广告语"勇敢做自己"。

2. 隐性品牌要素

所谓隐性品牌要素,可以理解为品牌的内涵,包括企业提供的商品属性、客户利益以及文化和价值观等。

（1）属性。

品牌能够带来产品的相关属性。以网络品牌"裂帛"为例,裂帛强调神秘、流浪、民族原创等,坚持将年轻人的流浪异域情结、民族神秘特征与时尚都市的个性融合起来。裂帛的服装产品更多地把少数民族的手工、形式及色彩进行了延伸,另外,还广泛吸收尼泊尔、印度等国的民族元素,融入自己的设计之中。

（2）利益。

品牌属性能够转化为功能和情感利益。例如,汽车的"耐用"可以转化为功能利益:"我未来几年内不会再去买一辆车。"汽车的"昂贵"可以转化为情感利益,"我会受到别人的认可与赞赏。""绩效"表现为品牌能为顾客创造利益与价值。

（3）文化。

品牌可以代表某种文化。例如,上述谈及的网络品牌"紫魅",品牌愿景是成为国际一流的时尚品牌;品牌使命是引领紫色文化,成就魅力女性,为美好人生而努力奋斗;品牌的价值观是正直、拼搏、进取和创新。

（4）用户。

用户意味着购买或使用产品的消费者类型。正如,我们能够理解坐在奔驰车上的是一位年长的企业高管,而不是一位年轻的女秘书。网络品牌的用户是品牌针对的特定消费群体,这往往与品牌的价值主张、产品和服务密切相关。例如,"伊米妮"的品牌定位是"做百年精致手袋",重点为自信、有品位、热爱生活的女性设计手袋,而不对消费者的年龄、收入、职业设定明确的界限。其针对的客户群既有 18 岁的姑娘,也有 80 岁的老奶奶;既有职业白领,也有在校学生。而她们在自信、生活品位等方面都具有明显的共同点。

（5）个性。

品牌可以映射某种个性。"苹果"的品牌个性涉及自由、创新、激情与希望等。网络品牌持续地塑造自己的品牌个性,可以更为有效地吸引目标客户。例如,部分消费者选择唯品会,就是出自他们倾向于网络购买品牌服装,而唯品会恰恰具备高端正品的个性特征。

6.2.4 网络品牌决策

网络品牌决策是塑造品牌的重要工作,主要包括品牌定位、品牌名称选择、品牌持有决策和品牌开发决策。

1. 品牌定位

网络品牌需要在目标客户心目中完成清晰准确的品牌定位,这一定位可以依据性能、利益和情感三个层面进行展开。第一,性能层面。网络品牌可以通过产品属性来进行品牌定位。例如,2009年5月,淘品牌Mr.ing推出了爆款产品"091号懒汉呼吸鞋",这双用网眼布作为主要材料的鞋子,透气性非常好。第二,利益层面。品牌定位可以通过消费者追求的利益来进行。例如,微信提供给客户的品牌利益是沟通和分享;顺丰提供给客户的品牌利益是快递的及时与保证。第三,情感层面。网络品牌可以基于性能与利益层面,通过传递文化与价值实现品牌定位。例如,"帮宝适"的品牌定位在超越"防水"与"干爽"之上,通过帮宝适村(http://www.jtandexler.com/pampers)和帮宝适网站(https://www.pampers.com/en-us)将帮宝适的品牌定位塑造成为一个"我们共同成长"的品牌,关注孩子的幸福、亲子关系和全面婴儿护理。

2. 品牌名称选择

好的品牌名称应该是简单、独特、有意义和与产品兼容的。理想的品牌应该具有如下6个属性。第一,应该表明产品的质量和利益,例如,传统化妆品品牌"宝洁"、新兴化妆品品牌"御泥坊"。第二,品牌名称尽量简短、易记,例如,传统家电品牌"海尔",新兴网络品牌"七格格"。第三,鲜明、独特,例如,传统食品品牌"Nest",新兴网络品牌"三只松鼠"。第四,品牌名称便于扩展。例如,亚马逊从最初的图书类目,逐渐扩展到家电、服装、家居等类目。第五,品牌名容易被译成外文。这对于计划进军海外市场的品牌尤其关键。"阿里巴巴(alibaba)"在汉语、英语、阿拉伯语等多种语言中的发音和拼写几乎完全一致。当下,阿里巴巴在全球的声名鹊起,与其品牌名称不无关系。第六,能够注册并得到法律保护。注册商标对于品牌的长远发展和保护至关重要。《中华人民共和国商标法》规定了五种侵犯注册商标专用权的情况,其中之一是未经商标注册人的许可,在同一种商品或者类似商品上使用与其注册商标相同或者近似的商标。网络品牌"我的百分之一"由于在商标注册时已经被其他企业抢注,最后不得不改名为"百分之一"。

3. 品牌持有决策

根据发起人不同,品牌可以分为三种类型:制造商品牌、零售商品牌和特许品牌。

制造商品牌是由制造商推出,并且用自己的品牌标定产品。制造商品牌如海尔、联想和可口可乐等。制造商品牌能够将本企业的产品与竞争对手的产品相区别,便于企业方便快捷地向市场导入新产品,是企业获取竞争优势、培养核心竞争力的有效路径。中国的部分网络品牌,兼具"中国制造"和"互联网"双重基因。它们在企业的发展过程中,在生产制造环节已经积累了扎实的基础,基于互联网进行发展转型,着手布局网络零售市场,例如,歌瑞尔、御泥坊等。

零售商品牌是零售企业创建并拥有的品牌,既可以是自己店铺的名字,也可以是自己独立拥有的品牌名。例如,国外的沃尔玛、家乐福,中国的苏宁、国美都是著名的零售商品牌。零售商品牌不仅需要负责品牌的设计管理、市场调查、产品选择、商品定价与营销推广等,而且还需要自行组织生产或委托厂家贴牌生产。但是,零售商品牌存在的优势依然明显。第一,价格优势。由于零售商品牌已经具有一定的品牌知名度或稳定客户群,因此,其具有一定的品牌效应,企业在宣传、推广等方面的投入较具效率。同时,零售商又能从工厂直接进货,省去部分中间环节和相关费用,从而能够以较低价格供货。第二,质量保证。零售商对其自有品牌的商品在其店铺销售具有强烈的质量敏感度,通常会给予足够的关注,在质量方面能够对顾客提供保证。第三,准确把握市场需求。由于零售商直接面对市场消费者,能够及时把握消费者的需求变化,从而能够在市场调研、产品开发等方面更加贴近市场,能够生产出更符合市场需求的产品。知名的快时尚服装品牌"韩都衣舍"就是典型的零售商品牌。

与大多数制造商或零售商投入巨资创建自己的品牌名称不同,特许品牌是指部分企业通过许可的方式,并支付一定的费用,使用其他制造商已经建立的名称或符号、知名人士的名字或者流行电影及图书中的角色名等。上述被使用的品牌、名称或符号等通常具有较高的声望和知名度,并且往往与购买品牌使用权的企业不属于同一个行业。例如,2011年8月,网络品牌"绿盒子"与迪士尼合作,正式推出全新的女童装品牌,旗下包括迪士尼三大经典系列:米奇、公主系列、维尼小熊等。

4. 品牌开发决策

企业实施品牌开发决策时,具有如下选择。

第一,新品牌。如果企业进入一个新的产品类别,而现有的品牌名称又不适合,或者希望与已有品牌实现一定的区分,那么企业就可以在新的产品类别中推出新品牌。例如,阿里巴巴集团为开发跨境网络零售市场,建立了新品牌 AliExpress。北京裂帛服饰在女装领域取得成功后,创建旗下快时尚男装品牌"非池中",进军男装市场。

第二,品牌延伸。品牌延伸就是使用一个已有的品牌在新产品类别中推出新产品或者改进的产品。例如,网络品牌"三只松鼠"将其品牌冠名从最初的产品线坚果逐步扩展到果干、肉类、饼干、糕点等。品牌扩展能够快速地让新品类得到消费者的认同和接受,节省新品类的营销费用。

第三,产品线延伸。产品线延伸是将已有品牌名称扩展到已有产品类别的新形式、新尺寸和新风格中。这是一种低成本、低风险的方法,能够在已有品牌影响力的基础上,推出新产品以满足消费者多样的需求。例如,在线教育品牌"学而思网校"为3~18岁孩子提供小学、初中、高中全学科一站式课外教学。通过"直播＋辅导"双师教学,开展直播上课、实时互动、随堂测试、语音测评、及时答疑、作业作文批改等多样化在线教学服务,产品线已经较为全面地覆盖了受众的多方位教育需求。

第四,在线移植离线品牌。线下拥有良好品牌形象的企业可以通过在线复制来建设它的品牌。例如,中国的传统线下品牌"王府井""全聚德""娃哈哈"等通过实施线上转型,在线复制其离线品牌。无论是建立官方站点,还是基于第三方网络零售平台建立旗舰店等,都可以实现其品牌价值。品牌站点 www.pg.com 和 www.crest 也属于离线品牌的在线移植。

第五,多品牌。多品牌是指在同一类产品中推出新的品牌名称。这有助于企业通过不同文化、不同特色的商品满足不同的消费需求。例如,网络品牌"韩都衣舍"拥有HSTYLE、Soneed、AMH、MiniZaru、Nanaday 等数十个品牌。其中,HSTYLE 目标客户群为20~35岁的都市时尚女性,是韩风快时尚女装第一品牌,以"款式多、更新快、性价比高"的特色获得消费者的青睐；Soneed 为韩风优雅时尚女装品牌，目标客户群为 25～35 岁中高收入的都市白领。

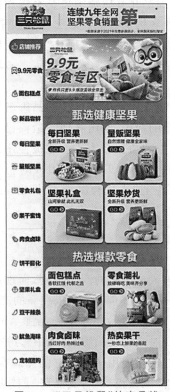

图 6-6 "三只松鼠"的产品线

思考题

1. 简述网络产品的若干类型。
2. 简述网络品牌的显性要素与隐性要素。

第**7**章 网络营销渠道

7.1 网络营销渠道概述

7.1.1 网络营销渠道概念

终端制胜，渠道为王。菲利普·科特勒认为，营销渠道是指某种货物或劳务从生产者向消费者移动时，取得这种货物或劳务所有权或帮助转移其所有权的所有企业或个人。简单地说，营销渠道就是商品和服务从生产者向消费者转移过程的具体通道或路径。网络营销渠道就是商品和服务基于网络平台从生产者向消费者转移过程的具体通道或路径。

与传统营销渠道相比，网络营销渠道在作用、结构和费用等方面有所不同。网络营销渠道的作用是多方面的。在传统营销渠道中，渠道中间商占据举足轻重的地位，这是因为中间商凭借其地理位置、陈列空间和规模经营等优势，在制造商进入目标市场方面能够充分发挥渠道效率。基于这一原因，中间商与制造商的商业博弈中占据相对优势。例如，通常情况下，超市或商场会向制造类企业收取一定的进场费、促销费、上架费等。但是，互联网的发展，使得传统营销渠道中间商的上述优势被互联网的虚拟性、直接性与无限性取代。网络营销可以不受地域和时间的限制，从而使企业可以不必借助批发商和零售商的营销努力即可实现产品销售，只要网上的客户有需求，企业就可依其需求供货。不仅如此，对网络营销来说，还可以实现"少环节"销售，甚至可以不必设置大规模的产品展示空间和中转仓库，这样可以降低渠道运行费用和交易费用。网络营销使得传统营销渠道发生深刻变革，并呈现出较强的替代效应。

7.1.2 网络营销渠道优势

网络营销渠道通过渠道的创新性变革，可以充分发挥渠道的快速反应能力，促进客户关系管理，提高渠道运行效率，具体包括以下4方面。

1. 网络营销渠道的经济性

网络营销渠道能够大幅减少流通渠道环节，从而有效降低成本。同时，网络营销渠道一定程度上可以通过顾客的按需定制订单进行生产,有效降低了企业库存。通过最大限度地控制库存,实现物流的高效运转,提升存货周转率。

2. 网络营销渠道的信息化

通过互联网及信息技术,网络营销渠道将制造商、批发商、零售商、物流商等作为渠道主体,以信息技术为纽带,重新组织与优化价值链,实现资源的充分整合,通过信息的即时传递有效降低商品流转时间,从而减少库存,提高商业效率。

3. 网络营销渠道的交互性

互联网的一个重要特性就是互动性。网络营销渠道发挥互动性,买卖双方从过去的单向信息沟通或者间接信息沟通向双向直接信息沟通转变,增强了生产者与消费者的直接联系,生产者和消费者可以围绕产品与服务实现充分的互动沟通。

4. 网络营销渠道的便捷性

网络营销渠道可以提供方便快捷的服务。企业建立网络平台,顾客可以通过互联网直接实现在线订货和付款,然后就可以坐等送货上门,方便了自己的生活需要。此外,通过为客户提供售后服务和技术支持,既方便顾客,又能以最小的成本为顾客服务。

7.1.3 网络营销渠道的去中介化、再中介化与反中介化

互联网的出现使传统的分销渠道发生了颠覆性的变化,这一变化主要表现在市场的去中介化上。在去中介化的销售方式中,制造商不仅能够与消费者直接联系,直接掌握客户需求,也能够与消费者之间建立起密切的供求关系乃至伙伴关系。网络环境下的去中介化主要是指在一个给定的价值链中删除负责或承担特定中介环节的组织或业务流程。在众多的去中介化的类型中,消除批发商和零售商的去中介化,无疑是最为彻底的去中介化。在这种销售方式中,借助互联网这一平台,制造商(生产商)不仅能够与消费者直接联系,从而直接掌握客户需求和获取订单,同时制造商和消费者之间也能够建立起密切的供求关系乃至伙伴关系。在这种情形下,传统中介的地位和功能已不复存在。朱迪·施特劳斯(Judy Strauss)等所著的《网络营销》曾提出,消除中介可以潜在性地减少成本,因为每一个中介为了获取利润必须将相应的成本附加到产品价格中。极端情况下,去中介化允许供应商直接向处于直销渠道中的消费者转移商品与服务。Dell 就是实现去中介化的成功范例。Dell 正是由于利用计算机直销的模式取消了中间环节,从而以最低的价格向消费者供应计算机。特别是 Dell 网上商店的开业,使 Dell 能够利用互联网直接推广其直销模式,直接体现其更低的成本和更高的客户忠诚度,从而使其市场份额进一步增加,盈利能力进一步增强,也使 Dell 再次处于业内领先地位。Dell 迅速成长的关键因素应归结于其消除了中间商,从而能够为用户提供性价比更加出色的产品,也能够更有效地影响客户的决策。通过以上的论述,可以看出去中介化的优势非常显著。因此,20 世纪 90 年代中期,在电子商务理论与实践领域出现的大量宣传与推测都形成相对一致的观点,即去中介化将导致中间商的销声匿迹、产品的价格大幅下降及市场份额的快速提升。

但是,事实并非如此,部分公司在分销渠道中实施去中介化的效果并不明显。这是因为企业实施去中介化的同时,往往忽略这样一个事实,即企业消除中介会降低公司的成

本,但也有可能将中介所承担的相应职能消除或替代。而其中的部分职能是无法予以消除的,或其中的部分职能由于企业的非专业化会限制其职能的有效发挥。以 Dell 为例,Dell 直接将产品销售给最终用户,避开第三方的干预,但是实际上 Dell 负担包括市场信息收集、促销努力、交易、储运、安装和服务等传统中介功能,将很多后勤以及提交系统的工作交给了零售商和分销商来运作。与采用分销模式的厂商相比,Dell 有三类合作伙伴:第一类是物流合作伙伴,例如在国外,英迈是 Dell 最大的物流提供商,英迈不但为 Dell 提供物流服务,也为 Dell 提供用户所需的其他厂商产品的整合服务;第二类是第三方服务合作伙伴,主要负责 Dell 产品的维修服务;第三类是 Dell 的增值代理,主要为 Dell 做一部分服务和增值工作。从传统的分销渠道来理解,这种做法只是表面上的直销。显而易见,虽然消除中介是可能的,但是在产品由制造商向消费者转移的过程中,中介所承担的相应职能(例如降低分销成本、分担市场风险、降低买卖双方的寻找成本、促成买卖双方的交易等)并没有被取消;相反,由于中介所具有的专业化的竞争优势,在运用和发挥中介职能方面中介往往比制造商更有效率。如图 7-1 所示,假定客户要购买数码相机,为了选择最好的品牌并支付最合理的价格,他不得不在线访问三星、佳能、柯达、索尼等不同品牌的数码相机网站,显然,这一决策过程是比较复杂又缺乏效率的;相反,如图 7-2 所示,如果放置一个中介环节,即数码相机中介网站,消费者通过这一平台就可以直接货比三家,从而选择出具有较好性价比的品牌。在这样的背景之下,一些新的在线辅助手段开始出现,即再中介化(reintermediation)。再中介化是指在一个给定的价值链中添加负责或承担特定中介环节的组织或业务流程。对于再中介化而出现的新中介而言,无论来源于网络经济中新组织的诞生,或是来源于传统经济中旧组织的替代,它们的共性都在于利用互联网这一平台,将买卖双方聚集到虚拟的市场和空间中,并通过新的途径和方式为顾客和企业创造全新价值,最终实现交易目的。

图 7-1　客户直接面对多家数码品牌　　　　图 7-2　客户面对一家数码中介商

网络环境下的反中介化是指组织不与其他独立中介人合作,自行设立独立中介人。例如,部分欧洲航空公司联合成立了 Opodo(www.opodo.com),旨在对抗诸如 eBookers(www.ebookers.com)这样的提供折扣机票的独立公司,如图 7-3 和图 7-4 所示。

7.1.4　网络营销渠道功能

在传统营销渠道成员执行的主要核心功能,例如信息、促销、联络、匹配、谈判、物流、仓储、融资与风险承担等,在网络营销渠道领域上述功能依然存在并体现,其或者由传统经济的制造商、经销商、代理商得以继承,或者由网络经济背景下,随着专业化分工的不断深入,部分新兴的网络中间商开始承担物流、支付、软件,甚至咨询、培训、美工等功能。例

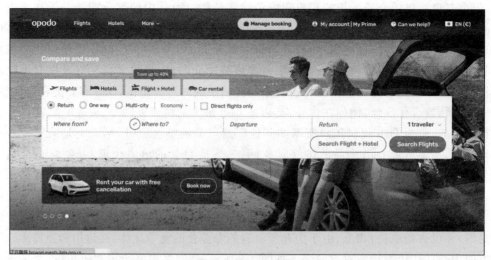

图 7-3　Opodo 官网

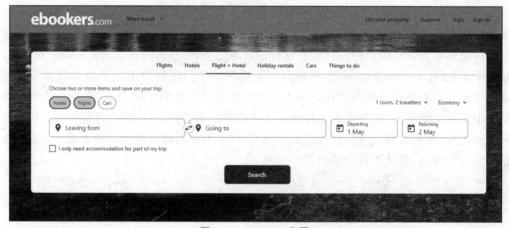

图 7-4　eBookers 官网

如,淘宝商城提供的信息与促销功能、卓越亚马逊提供的匹配及其物流功能、阿里金融提供的融资功能等。主要的网络渠道功能包括物流、支付、信息、融资、促销等功能,如图 7-5所示。

图 7-5　网络营销渠道功能

1. 物流功能

物流功能的关键是建立完善的配送系统。对于开展网络零售的企业而言,主要通过两种途径实施物流功能。一种是依靠自身力量建设物流系统,引入物流运作方法与观念,依托完整的物流信息系统,实现从货物的管理、分发到货物的跟踪。例如,卓越亚马逊自建物流体系,以卓越亚马逊在中国的最大运营中心——昆山运营中心为例,昆山物流中心面积为 12 万平方米。中心拥有世界一流的自动化包装流水线,以及先进订单处理系统和库存管理系统,是目前中国最先进的仓储物流中心之一。另一种是通过第三方物流公司为企业提供物流服务。例如,美国的 Dell计算机公司就与美国的联邦快递公司合作,利用联邦快递的物流系统为 Dell 公司配送计算机给客户,Dell 公司只需要将要配送的计算机的客户地址和计算机的装配厂址通过互联网传输给联邦快递,联邦快递直接根据送货单将货物从生产地送到客户家里。将物流外包给第三方,这是大多数企业,特别是中小企业的物流选择,也是专业化分工的必然趋势。近些年来,以申通、顺丰、圆通、中通等为代表的中国第三方物流企业如雨后春笋般地涌现出来,使得网络营销渠道的物流功能得以充分实现。

基于互联网技术的现代物流系统一般具有以下特点。

(1) 顾客直接驱动。对于专业性公司,物流系统中的物流启动和运转都是围绕服务顾客而进行的。物流的启动是顾客的送货订单,顾客的需求是货物的及时送货上门。所以,现在的物流系统都采用现代化的信息系统技术来保证物流中信息畅通,提高物流效率。

(2) 即时跟踪。许多顾客关注商品物流进度,了解货物现处何地,以及何时到达。因此,现在的物流系统通过互联网技术,允许顾客直接通过互联网输入货物编号查询货物流转进程。

(3) 全面服务性。随着产品的复杂和使用的专业性,需要在物流服务内涵上进行扩展。以前货物送递只送到门口,现在要延展到桌面。特别是对于电子产品,很多客户需要安装。此外,还有代收款服务。

2. 支付功能

网络支付是指电子交易的当事人,包括消费者、厂商和金融机构,使用安全电子支付手段通过网络进行的货币支付或资金流转。网上支付系统包括 4 个主要部分。

(1) 电子钱包(e-WALLET),负责客户端数据处理,包括客户开户信息、货币信息以及购买交易的历史记录。

(2) 电子通道(e-POS),这里主要指从客户端电子钱包到收款银行网关之间的交易部分,包括商家业务操作处理(负责商家与客户的交流及订购信息的发出)、银行业务操作处理(负责把交易信息直接发给银行)、来往信息的保密。

(3) 电子银行(e-BANK),这里电子银行不是完整意义上的电子银行,而是在网上交易过程中完成银行业务的银行网关,包括接受转账卡、信用卡、电子现金、微电子支付等支付方式,保护银行内部主机系统,实现银行内部统计管理功能。

(4) 认证机构(Certificate Authority,CA),负责对网上商家、客户、收款银行和发卡银行进行身份的证明,以保证交易的合法性。在网上商店进行网上购物时,消费者面对的是虚拟商店,对产品的了解只能通过网上介绍完成,交易时消费者需要将个人重要信息,如信用卡号、密码和个人身份信息通过网络传送。由于互联网的开放性,网上信息存在被非法截取和非法利用的可能,存在一定的安全隐患。同时,在购买时消费者将个人身份信息传送给商家,个人隐私被商家掌握,有时这些隐私信息被商家非法利用,因此网上交易还存在个人隐私被侵犯的危险。

随着电子商务的发展,各大电子商务网站所支持的支付方式也有所不同,大致可以划分为两大类:网上支付、线上联系线下支付。网上支付又可以分为银行卡在线支付和通过第三方支付平台支付,线上联系线下支付模式又可以分为邮局汇款、银行转账、货到付款、礼品卡等。具体包括以下6类。

（1）第三方平台支付。第三方支付平台包括支付宝、快钱、财付通、微信等。以支付宝为例,买家需要注册一个支付宝账户,利用开通的网上银行给支付宝账户充值,然后用支付宝账户在网站上购物并使用网上支付,买家货款会先付款给支付宝,支付宝公司在收到支付的信息后会通知卖方发货,支付宝公司收到买方确认收货后,最终给卖家付款。

（2）银行卡在线支付。

（3）货到付款。大型电子商务网站有实力支持这一支付模式。货到付款主要涉及网民的诚信问题,而且它的发展受到物流发展体系的制约,目前为止只在较发达的城市实现。货到付款又分为两类,一类是货到时使用现金支付,另一类是货到时使用支付宝、微信或移动 POS 机支付。

（4）银行转账,属于一种电子商务与传统支付相结合的方式。

（5）邮局汇款,这是一种比较传统的支付模式,在电子商务诞生之前是最常用的交易支付模式。

（6）各大电子商务网站自己所提供的礼品卡支付,例如,卓越亚马逊礼品卡、当当礼品卡。

3. 信息功能

网络营销渠道为买卖双方搭建了一个信息平台,平台信息的透明度与丰富性大大降低了买卖双方的交易风险与交易成本。基于网络营销渠道,买卖双方较大程度上可以直接有效地沟通,以促成企业提供的商品和服务向消费者转移。

对于消费者而言,网络营销渠道所提供的服务主要有:第一,网络营销渠道可以发挥"信息海洋"的作用,为消费者提供海量的产品与服务场所。第二,可以通过网络平台提供的检索筛选服务实现信息的推荐,在相对较小、较准确的信息范围内实现较高的交易效率;帮助客户在众多大同小异的产品中完成高性价比的采购。

对于企业而言,首先,网络营销渠道能够为其提供数量稳定的现实与潜在客户。其次,网络营销渠道提供的平台技术与工具可以帮助经销商进行高效、个性化的网络营销服务。例如,针对客户数据开展客户关系管理,有针对性地开展准确而高效的营销活动。最后,网络营销渠道还可以帮助企业提高其市场调查水平。因为网络营销渠道掌握完整丰富的消费数据,能够提供真实海量的市场情况。这些正是经销商进行市场调研需要得到的信息。

4. 融资功能

网销渠道提供在线信用支付产品。例如,美团月付(如图 7-6 所示)为消费者提供网络消费信贷,提供消费融资,增加消费能力。美团月付是美团金融旗下信用支付产品。开通美团月付的用户在美团系 App 消费时,不管是团美食、点外卖、住酒店、去旅行还是骑车、打车、买菜,都可以先用美团月付授予的信用额度完成支付,到下个月 8 号再统一还款,最长免息期 38 天。

5. 促销功能

促销功能是网络营销渠道的主要功能,常见于大型网络营销平台,如淘宝、京东等。例如,海南省三亚市于 2023 年 4 月 13 日启动"轻松到三亚"旅游消费券发放活动,发放总金额达 3500 万元,分别于 4 月、9 月分两期进行发放,如图 7-7 所示。第一期消费券发放活动于 4 月 13 日上午 10 点正式启动,在 4 月 13 日至 26 日期间,每日 10 时线上发放,全国游客可通过携程、去哪儿、飞猪、美团平台领取相关消费券并使用。

图 7-6　网络营销渠道融资功能

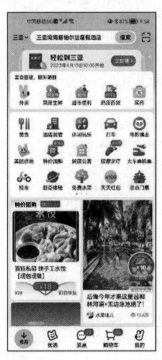 

图 7-7　网络营销渠道促销功能

7.2　网络营销渠道主体及决策

7.2.1　网络营销渠道主体

伴随着再中介化的崛起,以网络中介为代表的各种类型的网络营销渠道主体不断发展演化,各自具有自己的特点并发挥不同的作用,主要的网络营销渠道类型有以下 6 种。

1. 网络代理商

任何企业,包括生产者、商人、代理商、经纪商、信托商等在内,只要能采用恰当的经营方式,努力改善经营管理,都能节省时间和劳动,节省流通费用,只不过在提高劳动效率方面,专业化的商业代理会与自销相比更节省销售费用。当然,这种代理身份的取得,在网络流通条件下是很苛刻的,必须具备一定运营水平与能力才能代理客户进行交易,按照委托人发出的指令(例如买方对品种、规格、数量、交割时间、交割方式和价格方面的要求)对外独立进行经纪(买卖)活动。这种能以代理身份出现的经纪商,当其长期、多次为某一客户提供服务,客户对其非常信任时,客户委托他作为长期、稳定的经营活动代表,经纪关系就可变为代理关系。

代理商和经纪商是有区别的,关键在于他所接受的是特定的而不是面向社会众多的,长期稳定的而不是临时多变的委托者或其他服务对象。他只是委托者的代表,而不是中间介绍者,或者独立地与对应者发生关系的当事者。作为代理商,比起经纪商、信托商的条件,从委托者的角度看要严格得多,不是任何组织要想当代理商就可以轻易办到的。经纪商的佣金较低,在受委托中是廉价佣金获得者,而代理商的佣金要高得多。

网络代理商不拥有商品或服务的所有权,不承担货物转移风险,其主要是基于网络平台为商品流通过程服务,并从服务中获得服务费与佣金作为商业收益。根据定义,网络代理商可划分为卖方代理模式的代理商与买方代理模式的代理商。其中,卖方代理模式是最为常见的网络代理商。卖方代理模式的代理商作为卖方公司代表,受限于销售公司的专有产品或服务。随着网络零售的兴起,提供"一站式"服务的电子商务服务商也得以快速发展。以中国网络零售领域为例,越来越多的"淘拍档"——淘宝服务商开始以电子商务外包的模式为传统企业的网络店铺进行"代托管"。买方代理模式的代理商作为买方公司的代表,主要是帮助买方以较高的性价比采购产品,特别是多个买方联合起来实施共同采购,这种优势就体现得更加明显。例如,由福特、通用汽车和戴姆斯勒共同建立的采购网站,通过在线采购使得定价更为透明,引发的价格竞争也更为激烈,从而为买方赢得的性价比也更为理想。

2. 网络经纪商

近几年,由于供需双方对在线交易方式和业务模式的逐步认可,网络经纪业的发展较为迅速,并已成为网络中介中最为成功的形式之一。网络经纪商主要是指介于买卖双方的中介,它并不代表任何一方的利益,而只是创造一个买卖双方从事交易的网络平台,而对供求双方的活动不做商业介入,不负经济后果。相对于网络代理商,网络经纪商具有三个特点:首先,网络经纪商的佣金较低,属于廉价佣金获得者,但由于其所具有的平台属性而带来的客户规模优势,可以充分地弥补廉价佣金的劣势;其次,网络经纪商不是为单一或少数的委托者代理,而是为众多的委托者服务;最后,网络经纪商的服务对象缺乏一定的稳定性与长期性,服务对象与服务时间的变化率较高。

根据网络商业模式,网络经纪商主要划分为三种。第一,从事企业间(B2B)电子商务的网络经纪商。B2B网络经纪商的典型代表是阿里巴巴中国站与国际站,阿里巴巴一般采用网络经纪模式,即通过虚拟的网络平台将买卖双方的供求信息聚集在一起,并协调其供求关系。阿里巴巴的目标市场主要集中在面向国际市场的中国出口商品供应商会员和面向国内市场的诚信通会员构成的广大中小型企业。目前,阿里巴巴已成为全球贸易领域内异常活跃的B2B网络经纪平台。第二,从事企业与消费者(B2C)之间电子商务的网络经纪商。中国的在线旅行服务公司携程和亿龙等属于这一范畴,作为众多宾馆、航空公司的卖方经纪商,利用在线平台为旅游者提供宾馆、机票的在线订购,一方面作为网上旅游代理商,凭借其全天候的服务能力、整合的信息、较高的性价比等在线优势吸引旅游者订购,另一方面从在线交易中也得到来自宾馆、航空公司的佣金。第三,从事消费者间(C2C)电子商务的网络经纪商。C2C 网络经纪商的典型代表是"易趣"与"淘宝集市"。作为网络中介商,易趣定位于消费者的网络经纪模式,将消费者作为买卖双方集中起来,并将交易服务费作为其主要收入来源。易趣网已经成为众多消费者经常光顾的低成本、高成效的电子商务市场,包括 IT 产品、服饰等众多商品都可以在网上销售。

在中国,介于企业与消费者之间存在着相当数量的 B2C 与 C2C 电子商务的网络经纪商。其中的典型代表为淘宝、京东、当当与卓越亚马逊四大品牌。

3. 网络零售商

网络零售商的常见形式是企业与最终消费者实现交易的 B2C 业务模式,这种模式的每次交易量小、交易次数多,而且购买者非常分散,网络零售商所塑造的网上购物可以让人们在最适合的时间找到自己最想要的商品。其典型代表是亚马逊公司。作为互联网上的第一个虚拟书店,亚马逊公司不仅用虚拟的空间取代传统的实景店面,而且用软件程序承担烦琐的进货、出货工作,从而使其销售业绩不断上升。经过二十多年的发展,亚马逊公司销售的产品已从最初的书籍扩展到 CD、软件、玩具、电子产品、硬件等,并已成为世界上最大的网上零售商。

4. 网络批发商

网络批发商的常见形式是企业与企业实现交易的 B2B 业务模式。相对于网络零售商每次交易量小、交易次数多的交易模式,B2B 业务模式每次交易量很大、交易次数较少,并且购买方比较集中,方便购买企业进行选择。一方面,由于企业一般信用较好,通过网上结算实现付款比较简单;另一方面,由于量大次数少,因此配送时可以进行专门运送,既可以保证速度,也可以保证质量,减少中间环节造成的损失。1688.com 作为一个 B2B 背景下的批发交易市场,以批发和采购业务为核心,通过专业化运营,完善客户体验,全面优化企业电子商务业务模式。目前,1688.com 已覆盖原材料、工业品、服装服饰、家居百货、小商品等 16 个行业大类,提供从原料采购、生产加工、现货批发等一系列的供应服务。1688 阿里批发网的主要产品有诚信通、产业带、伙拼、淘工厂、商友圈、生意经、代理加盟、采购商城等业务。大量网络批发商基于 1688 平台进行在线交易。例如,基于 1688 平台的义乌市楠涛服饰有限公司,如图 7-8 所示。作为平台实力商家的义乌楠涛服饰始创于2006 年,是集研发、生产、营销、运营为一体的服饰企业。其批发对象通常面向中小型网商、离线实体店铺等客户。公司的网络批发起始点最低 10 件,满 300 元混批,单款 5 件起批,购买方比较集中,通过网上结算实现付款。

5. 网络营销辅助商

互联网背景下,网络营销辅助商或者由过去的辅助商转型升级构成,或者基于互联网由新兴的辅助商构成,突出表现在网络营销辅助商的职能发生了改变,如提供货物运输配送服务的专业配送公司,提供货款网络金融服务的网络银行,以及提供网络营销技术与产品的网络营销服务商,例如,专业配送公司"顺丰速运",是一家主要经营国际、国内快递业务的港资快递企业,具有快速揽收发货、服务标准统一、服务质量稳定、安全性能保证等显著优点。再如,支付宝(中国)网络技术有限公司是国内领先的独立第三方支付平台,充当

图 7-8　义乌市楠涛服饰有限公司 1688 平台站点

了电子商务平台与站点的主流支付工具,致力于为中国电子商务提供"简单、安全、快速"的在线支付解决方案,并不断根据用户需求推出创新产品,成为金融机构在电子支付领域最为信任的合作伙伴。现在无论是线上还是线下,支付宝用户已基本覆盖 C2C、B2C 和 B2B 各个领域。国内工商银行、农业银行、建设银行、招商银行、上海浦发银行等各大商业银行以及中国邮政储蓄银行、VISA 国际组织等各大机构均和支付宝建立了深入的战略合作。

6. 网络营销平台

网络营销平台作为开展网络营销活动的载体,是指由人、技术、程序和规则等相互作用而形成的能够完成在线交易、沟通或社交等功能的平台系统。例如,作为典型的网络营销平台"新浪微博",其营销方式注重价值的传递、内容的互动、系统的布局、准确的定位,无论是组织还是个人可以通过微博平台发现并满足用户的各类需求,能够为商家与消费者创造在线价值。从企业的视角出发,微博营销以微博作为营销平台,每一个听众(粉丝)都是潜在的营销对象,企业利用微博传播品牌、商品与服务的信息,以树立良好的企业形象,实现有效的销售业绩。

7.2.2　网络营销渠道决策

一个企业要引入或者发展网络营销渠道,一方面需要评判是否将网络营销渠道取代传统渠道。例如,网络品牌"麦包包"所属企业,基于网络与信息技术的发展,将创建发展网络品牌作为企业的战略决策,完全放弃企业原有的线下渠道,转变为线上渠道。另一方面,企业如果不能将网络营销渠道取代传统营销渠道,那么接下来需要考虑线上与线下能否相互结合。如果能够相互结合,那么需要考虑是以线上为主、线下为辅还是以线上为辅、线下为主。

1. 网络营销渠道分销原则

企业实施网络分销渠道决策时,一般需要遵循以下三个原则。

(1)畅通高效的原则。

畅通高效是网络分销渠道决策的首要原则。任何正确的渠道决策都应符合物畅其流、经济高效的要求。商品的流通时间、流通速度、流通费用是衡量分销效率的重要标志。畅通的网络分销渠道应以消费者需求为导向，将产品尽快、尽好、尽早地通过最短的路线，以尽可能优惠的价格送达消费者方便购买的地点。畅通高效的分销渠道模式，不仅要让消费者在适当的地点、时间以合理的价格买到满意的商品，而且应努力提高企业的分销效率，争取降低分销费用，以尽可能低的分销成本，获得最大的经济效益，赢得竞争的时间和价格优势。

（2）适度覆盖的原则。

企业在选择网络分销渠道时，还应考虑是否有较高的市场占有率足以覆盖目标市场。因此，不能一味强调降低分销成本，这样可能导致销售量下降、市场覆盖率不足的后果。成本的降低应是规模效应和速度效应的结果。在分销渠道模式的选择中，也应避免扩张过度、分布范围过宽过广，以免造成沟通和服务的困难，导致无法控制和管理目标市场。

（3）稳定可控的原则。

企业的分销渠道模式一经确定，便需要花费相当大的人力、物力、财力去建立和巩固，整个过程往往是复杂而缓慢的。所以，企业一般轻易不会更换渠道成员，更不会随意转换渠道模式。只有保持渠道的相对稳定，才能进一步提高渠道的效益。由于影响分销渠道的各个因素总是在不断变化，一些原来固有的分销渠道难免会出现某些不合理的问题，这时，就需要分销渠道具有一定的调整功能，以适应市场的新情况、新变化，保持渠道的适应力和生命力。调整时应综合考虑各个因素的协调，使渠道始终都在可控制的范围内保持基本的稳定状态。

2. 网络营销渠道分销策略

企业实施网络营销渠道建设时，需要考虑网络营销渠道分销策略，可供选择的分销策略主要有以下三种。

（1）密集型分销。

密集型分销策略的出发点是企业将其产品投入尽可能多的货架，使得消费者无论何时何地都可以发现并实现产品的购买。在密集分销中，凡是符合生产商的最低信用标准的渠道成员都可以参与其产品或服务的分销。密集分销意味着渠道成员之间的激烈竞争和很高的产品市场覆盖率。密集式分销最适用于便利品。例如，网络销售中的品牌"有友"凤爪、"好想你"红枣、"姚生记"炒货在众多的网络零售平台与店铺上随处可见。密集型分销可以最大限度地便利消费者而推动销售的提升。企业采用这种策略有利于广泛占领市场，便利购买，及时销售产品。而其不足之处在于，在密集分销中生产商对于经销商的培训、服务支持、交易沟通等的成本有所增加。同时，密集分销加剧了经销商之间的竞争，他们对生产商的忠诚度降低，相互之间的价格竞争非常激烈。

（2）排他性或奢侈性分销。

排他性分销极其有限地选择分销商分销生产企业的产品，极端情况下，企业自己销售，常见于奢侈汽车与女性服装。生产企业在一定地区、一定时间只选择一家中间商销售自己的产品。独家分销的特点是竞争程度低。一般情况下，只有当公司想要与中间商建立长久而密切的关系时才会使用独家分销。因为它比其他任何形式的分销更需要企业与经销商之间的联合与合作，其成功是相互依存的。它比较适用于服务要求较高的专业产品。

独家分销的优势在于避免了与其他竞争对手作战的风险,独家分销还可以使经销商无所顾忌地增加销售开支和人员以扩大自己的业务,不必担心生产企业会"另谋高就"。而且,采用这种策略,生产商能在中间商的销售价格、促销活动、信用和各种服务方面有较强的控制力,从事独家分销的生产商还期望通过这种形式取得经销商强有力的销售支持。

独家分销的不足之处主要是由于缺乏竞争会导致经销商力量减弱,而且对顾客来说也不方便。独家分销会使经销商认为他们可以支配顾客,因为在市场中他们占据了垄断性位置,对于顾客来说,独家分销可能使他们在购买地点的选择上感到不方便。采用独家分销,通常双方要签订协议,在一定的地区、时间内,规定经销商不得再经销其他竞争者的产品,生产商也不得再找其他中间商经销该产品。

（3）选择性分销。

选择性分销介于密集型分销和排他性分销之间。企业通过选择性分销,可以与所选择的渠道成员发展良好的工作关系。选择性分销常见于电器、家居、服装等。生产企业在特定的市场选择一部分中间商来推销本企业的产品。采用这种策略,生产企业不必花太多的精力联系为数众多的中间商,便于与中间商建立良好的合作关系,使自己获得适当的市场覆盖面。与密集分销策略相比,采用这种策略具有较强的控制力,成本也较低。

思考题

1. 根据网络营销渠道的主体类型选择一个具体的企业实例进行分析。
2. 根据网络营销渠道的三种分销策略选择若干企业实例进行具体分析。

第 **8** 章　网络价格

8.1　影响定价的因素和定价策略

定价策略始终是企业决策者的头等大事，也是营销策略中最活跃的因素。价格高低直接影响企业的利润，关系着产品和服务的销售业绩。顾客日益个性化的需求和信息获得的便利性迫使决策者站在战略的高度来制定价格，使价格合理又富有竞争力。定价决策在实现企业整体目标的过程中具有战略性地位，价格政策必须要能够配合市场营销组合的其他要求，以更好地实现企业战略目标。

8.1.1　影响定价的因素

影响产品定价的因素很多。有企业内部因素，也有企业外部因素；有主观因素，也有客观因素。概括起来，大体上可以分为产品成本、市场需求、竞争因素、定价目标和其他因素等 5 方面。

1. 产品成本

对企业的定价来说，成本是一个关键因素。企业产品定价以成本为最低价格界限，产品价格只有高于成本，企业才能补偿生产上的耗费，从而获得一定盈利。但这并不排除在一段时期在个别产品上，价格会低于成本。

在实际工作中，产品的价格是按成本、利润和税金三部分来制定的。成本又可分解为固定成本和变动成本。企业定价时，不应将成本孤立地对待，而应和产量、销量、资金周转等因素综合起来考虑。

2. 市场需求

如果说成本是企业制定价格的底线，那么市场需求就是价格的天花板。市场需求并不是固定的，价格的变动会直接导致需求量的变动。另外，收入变动、消费者偏好的改变、相关商品价格的变动都会导致需求的改变。对单个企业来说，能够确切地获得市场对其产品的需求信息至关重要，尤其是需求量的变动对价格变动的反应程度，反映这种影响程度的一个指标就是商品的价格需求弹性。如果商品的需求是富有弹性的，销售者会考虑降价，因为降低价格能获得更高的销售收入。

3. 竞争因素

市场竞争也是影响价格制定的重要因素。企业的价格策略要受到竞争状况的影响。根据竞争的程度不同，企业定价策略会有所不同。市场竞争程度可以分为完全竞争、不完全竞争与完全垄断三种情况。完全竞争与完全垄断是竞争的两个极端，中间状况是不完全竞争。在不完全竞争条件下，竞争的强度对企业的价格策略有重要影响。所以，企业首先要了解竞争的强度。竞争的强度主要取决于产品制作技术的难易，是否有专利保护，供求形势以及具体的竞争格局。其次，要了解竞争对手的价格策略，以及竞争对手的实力，企业必须假定竞争对手会对价格的变化做出反应。再次，还要了解、分析本企业在竞争中的地位。

4. 定价目标

公司常见的目标有生存、当期利润最大化、市场占有率最大化或稳定价格体系等。在不同的目标下，公司会制定不同的价格策略。如果饱受产能过剩、竞争过度或消费者需求变化的困扰，那么生存就有可能是公司的目标。为了维持生存，公司就可能制定低价以刺激需求。生存目标只可能是公司短期的目标。为了阻止竞争对手进入，公司有可能制定低价策略；为了稳定市场，公司有可能保持与竞争对手相同的价格水平。

5. 其他因素

企业的定价策略除受成本、需求以及竞争状况的影响外，还受到其他多种因素的影响。这些因素包括宏观经济环境变化、政府或行业组织干预、消费者习惯和心理、企业或产品的形象等。例如，经济周期的变动、利率和通货膨胀等宏观经济环境的变动都会影响生产成本和消费者对产品价值和价格的看法，从而影响定价决策。政府政策，如税收政策的变化或者对价格的直接干预也会影响公司的价格决策。消费者心理和习惯上的反应是很复杂、很微妙的，某些情况下会出现完全相反的反应。例如，在一般情况下，涨价会减少购买，但有时涨价会引起抢购，反而会增加购买。因此，在研究消费者心理对定价的影响时，要持谨慎态度，要仔细了解消费者心理及其变化规律。

8.1.2　基本定价方法

企业对产品基本价格的确定方法主要有成本导向定价、需求导向定价和竞争导向定价三种。根据这三种基本的定价导向，又产生了许多具体的定价方法，如成本加成定价、目标贡献定价、理解价值定价、需求差异定价等。此外，企业还可运用灵活的定价技巧对其基本价格进行修改，这些定价技巧包括心理定价、组合定价、折扣定价等。其中成本加成定价是最常用的定价方法，这种定价是按照单位产品的成本加上一定比例的利润所制定的市场销售价格。

1. 成本导向定价

成本导向定价是基本的定价策略，是在产品成本上增加一个固定的加价（markup）。这个加价增加到公司的总平均成本或可变成本上；对于大多数消费品，这个加价增加到商品的平均成本上。平均成本包括可变成本(额外生产一件商品的增量成本)和适当的固定成本分摊。可变成本通常包括生产额外商品必需的原材料和劳动力成本。

在具体定价的过程中,常用的成本导向定价法又可以细分为综合成本定价法、成本加成定价法、目标利润定价法和边际成本定价法4种。成本导向定价法的关键优势在于其易于计算,操作简便,但这种方法忽视了需求和竞争对手的反应,因而很难制定最合理的价格。只有在所制定的价格确实能达到预期的销售水平时才可以采用成本加成定价法。

2. 需求导向定价法

需求导向定价法是指根据市场需求强度和消费者对产品价值的理解来制定产品销售价格。这种定价方法主要是考虑顾客可以接受的价格以及在这一价格水平上的需求数量而不是产品成本。需求导向的定价法主要有差别定价法、倒推定价法和感受价值定价法。其中差别定价法是指根据地域、消费者群、产品和消费时间的差别等引起的需求不同而制定不同的价格。倒推定价法是指企业根据市场上同类产品的价格估算本企业的销售价格,然后扣除中间商的利润和运费等,倒推出产品的出厂价格,然后和成本比较,最后制定价格。感受价值定价法主要是通过测定市场上顾客对产品价值的感受和需求强度,根据产品在买方心目中的价值来确定市场价格。

3. 竞争导向定价法

竞争导向定价法是指企业对竞争对手的价格保持密切关注,以对手的价格作为自己产品定价的主要依据,此时需求和成本对价格的影响反而比较小。企业制定的价格可能高于、等于或低于竞争者的价格。竞争导向定价法可以细分为随行就市定价法、密封投标定价法和正面竞争定价法三种。当需求弹性很难确定时,随行就市定价法由于能避免两败俱伤的价格战因而更常见。而在工程项目投标中,企业会根据对竞争者报价的推测来定价以赢得标的合同。

8.1.3 传统营销中的具体定价策略

公司在定价时可采用的策略较多,这里着重介绍心理定价策略、折扣定价策略和阶段定价策略三大类。

1. 心理定价策略

心理定价策略是以迎合消费者的不同层次的消费需求和不同购买欲望而制定的定价策略。使用这种定价策略,能使消费者感到购买这种产品有合算、实惠、名贵等满足,从而激发消费者的购买欲望,达到扩大产品销售的目的。常用的心理定价策略主要有如下两种。

(1) 尾数定价。

尾数定价策略是在对产品定价时,针对消费者的求廉心理,取尾数价格而不取整数价格的一种定价策略。例如,将产品价格定为0.98元,而不定为1元;定为98元,而不定为100元等。采用这种定价策略,虽在核算产品价格和出售价格时比较麻烦,但能给消费者带来信任感和廉价感,增强产品的价格竞争力,起到薄利多销的作用。

（2）声誉定价。

声誉定价策略是将产品的价格定得比产品的实际成本、一般利润高得多，以吸引少数经济条件较优裕的消费者购买的定价方法。定价策略专家认为，消费者购买某种高价位产品时，他们往往会产生有身份的感觉。企业使用声誉法定价，可以向潜在的消费者传达高品质的信号。

2. 折扣定价策略

折扣，就是让利。在产品经销活动中，通过折扣，可以降低一部分产品价格，以达到争取快销和多销的目的。公司经常采用的折扣策略大致有如下几种。

（1）现金折扣。

现金折扣是企业对按约定日期付款的用户给予不同优待的折扣。例如，付款期限为一个月，立即付款可打 5％的折扣，10 天内付款可打 3％的折扣，20 天内付款可打 2％的折扣，最后 10 天内付款则无折扣优惠。公司使用现金折扣策略的目的在于鼓励用户早日付款，减少赊销，加快公司的资金周转速度。

（2）数量折扣。

数量折扣是公司对购买一定数量和金额的用户给予大小不同优惠的折扣。即购买数量越多、金额较大，给予的折扣越多。具体又分为两种：累计数量折扣，即在一定的时期内，企业按照用户累计购货数量和金额的大小给予不同的折扣；非累计数量折扣，即用户每次购买一种或多种产品，达到一定数量或一定金额时，给予一定的折扣。

（3）交易折扣。

交易折扣是企业根据批发商或零售商在市场经销活动中的不同地位和功能，给予不同优惠的折扣。这种折扣又称功能折扣。例如，某种产品的出厂价为 100 元，对零售商打 20％的折扣，即付款 80 元；给批发商时，在零售商的基础上再打 10％的折扣，即付款 72 元；给经销商时，在零售商的付款数上打 5％的折扣，即付款 76 元。给批发商的折扣较大，给中间商的折扣次之，给零售商的折扣较小。

（4）季节折扣。

季节折扣是生产季节性产品的企业，对在淡季购买产品的用户所给予的优惠折扣。它包括季节生产、全年销售和全年生产、季节销售两种情况。

季节折扣主要用于全年生产、季节销售的产品。例如，某产品在正常销售时每件 100元，在销售淡季可打 10％或 15％的折扣。企业使用季节折扣，一方面可鼓励批发商和零售商早购产品，减少企业库存积压，加速资金周转，提高经济效益；另一方面还使企业的生产淡季不淡，实现均衡生产，提高劳动生产率。

3. 阶段定价策略

阶段定价策略是根据产品生命周期的不同阶段，即导入期、成长期、饱和期和衰退期，考虑每个阶段产品的不同产量、成本、质量和供求关系等对价格的影响和要求，所制定的最有利于自己的价格策略。这种定价策略若运用得当，可扩大产品销售，增强产品竞争力，为企业求得最大的经济利益。

（1）导入期及其价格策略。

新产品试制成功，投入少量生产和销售，便进入产品生命周期的第一阶段——导入期。在产品导入期，价格策略主要有高价和低价。适宜采取高价策略的新产品一般有不易被仿制或者不能被仿制的产品，需求弹性小的产品，更新速度快的产品，短期内较难满足购买者需要的产品等。对这些产品使用高价策略的好处是：在上市之初，高价可以树立优质形象；可迅速收回投资，及时取得利润；在经营上处于主动地位，一旦发现定价过高，可随时采取降价措施等。企业采取高价策略也存在一些弊病：价高利大，竞争者将迅速进入；价格较高，难以进入市场。

适宜采取低价策略的产品一般有结构简单、易被仿制的产品，需求弹性较大的产品，市场广阔、销路较大的产品等。对这些产品采取低价策略的好处是：价廉产品易打开销路；价格低，利润薄，竞争者不愿进入。但这种价格策略会造成投资回收期长，调整价格余地较小的不利局面。

（2）成长期及其价格策略。

新产品投入市场，经过一段时间后，销售量上升快，产品就进入了成长期。在产品的成长期，原来的高价和低价逐步转为正常价格。所谓正常价格，是指正常纳税后的销售收入能补偿合理成本，并提供不低于行业平均利润的价格水平。供应偏紧和质量较优的产品，在低于导入期价格的前提下，允许保持高于行业平均利润，以体现优质优价政策。

（3）成熟期及其价格策略。

产品由成长期进入发展缓慢时期，销售量增长停滞，产品就进入了成熟期。

在产品的成熟期，如果产品的利润水平过高，会使企业安于现状，不思产品的更新。利润水平过高，也可能诱使其他企业重复布点生产，参加竞争，从而导致产品供过于求。因此，如果企业的产品利润率明显高于同行业平均水平，应适当降低产品价格，以保护产品竞争力。这样做，既可扩大产品销售，增强竞争能力，又可推动企业开展新产品的开发。但企业采用低价时，要掌握降价的依据和幅度，若价格降得过低，企业可能不堪重负；价格降得太少，对保护销售不起实质性作用。

（4）衰退期及其价格策略。

由于技术的发展，市场上出现了新的产品，逐步替代老产品，老产品销量不断下降，产品就进入了衰退期。

产品进入衰退期的价格策略应着眼于最大限度地挖掘产品在生命周期最后阶段的经济效益。因此，总的还是采用低价策略。根据具体情况，可分别采取维持价格和驱逐价格两种策略。维持价格策略就是继续保持产品在成熟期间的价格，但在经营上企业必须采取一些促销的手法，如加强广告宣传、改进包装、附赠礼品、加大回扣等，否则此价格策略难以持久。驱逐价格策略就是大幅度降价，使价格降到能将竞争者驱逐出市场的地步，以此增加本企业市场份额，阻止销售下降，延长产品寿命。企业采取驱逐价格策略可有两种方法：一是直接以产品的完全成本作为价格，这种价格虽不含利润，但可保本。二是以平均变动成本作为价格最低限度，这种价格虽不能保持产品的完全成本，但只要价格能大于平均变动成本，其余额对企业就是贡献，企业在短时期内仍可取得一定的边际效益。

8.2　网络对定价的影响

互联网的普及和网络营销的发展,使得进入消费者视野的同类商品或者替代品大幅增加,消费者获取信息的成本大为降低,减轻或消除了供求双方的价格信息不对称,产品的海量性使得消费者在做消费决策时更加注重价格因素,货比三家的心理预期增强,消费者对购买行为的控制大幅提高,企业想要利用信息优势获取高价和诱导性的定价技巧的难度也在增加。厂商攫取利润的难度加大,要想获得更多的利润必须转换与消费者进行价格博弈的策略。

8.2.1　网络对定价的影响:需求方的视角

狭义的价格是消费者为购买商品或服务所支付的货币。广义而言,消费者为得到商品和服务所付出的代价才是商品的真实价格。因此,广义的价格包含了诸如消费者为得到商品所付出的搜寻成本、时间和精神成本、交易行为的签约与执行成本等。我们把这些额外的费用统称为交易成本。显而易见,如果商品的交易成本太高,即使商品的价格低,也未必能促进交易的发生。而高昂的交易成本或许是因为消费者的搜寻成本或发现价格的成本高,或许是因为消费者没有足够的时间和精力,或许是消费者觉得交易行为签约与执行成本太高而导致交易不安全。

首先,网络的兴起和相关技术的进步对交易成本的改变是革命性的,从很大程度上改变了消费者原先处于信息弱势和信息不对称状况,大幅降低了商品的交易成本。以搜寻成本为例,消费者很容易在购物网站上得到相关商品的价格信息并做出比较,既能同时比较不同购物网站的价格,也能对线上和线下的价格做出比较。如图 8-1 所示,消费者很容易比较不同渠道同一类商品的售价,这大大节省了消费者的搜寻成本。另外,一些电子产品、机票和酒店包括住房等商品,消费者可以自行设置期望价格,网站便会搜索是否有合适价格的卖家。当然,这种交易成本的节省与消费者对网络和相关知识是否熟悉有关。如果网络条件不允许,如网速慢或其他技术问题导致消费者花费比较长的时间和精力,这就会导致消费者的挫折感,增加消费者的心理成本。

其次,互联网的发展还通过一站式购物和自助式服务节省了交易时间。传统购物中心所倡导的一站式购物更容易通过网络来实现。对自助式服务而言,一些公共服务产品包括数字产品,如影视音乐,用现有的技术条件已经完全可以实现消费者足不出户就可以享受到相关产品和服务。这对交易成本的节省也是非常显著的。

最后,互联网的发展有助于消费者之间的合作与沟通,并增强消费者的议价能力和对消费全程的控制,从而有利于实现顾客主导定价。像一般的网络拍卖,由卖方给出底价,买方则根据这个价格往上出价,价最高者得。网络拍卖市场的出现使得价格的制定者由卖方移向买方。由顾客主导定价的产品并不意味着比企业主导定价的利润率低。根据 eBay 的统计分析,在网上拍卖定价产品,只有 20% 的产品的拍卖价格低于卖者的预期,50% 的产品拍卖价格略高于卖者的价格预期,剩余的 30% 与卖者的预期价格相吻合,在所有拍卖成交产品中有 95% 的产品价格卖主比较满意。另外,在线下购物时代,单个消

图 8-1　京东网上 1.5 匹变频空调的价格信息与比较

费者常常觉得势单力孤。而在互联网时代,消费者之间交流更频繁,也更容易形成合作,一些社区网站,如大众点评网和团购网站的兴起增强了消费者群体的议价能力。

8.2.2　网络对定价的影响：供给方的视角

从公司内部说,产品的生产成本呈下降趋势,而且成本下降趋势越来越快。在网络营销战略中,可以从降低营销及相关业务管理成本费用和降低销售成本费用两方面来分析网络营销对企业成本的控制和节约,从而最终影响公司价格的制定。

1. 降低采购成本费用

采购过程中之所以经常出现问题,是由于过多的人为因素和信息闭塞造成的,通过互联网可以减少人为因素和信息不畅通的问题,在很大程度上降低采购成本。

首先,利用互联网可以将采购信息进行整合和处理,统一从供应商订货,以获得最大的批量折扣。其次,通过互联网实现库存、订购管理的自动化和科学化,可最大限度减少人为因素的干预,同时能以较高效率进行采购,节省大量人力和避免人为因素造成不必要损失。最后,通过互联网可以与供应商进行信息共享,帮助供应商按照企业生产的需要进行供应,同时又不影响生产和不增加库存产品。

2. 降低库存

利用互联网将生产信息、库存信息和采购系统连接在一起,可以实现实时订购,企业可以根据需要订购,最大限度降低库存,实现"零库存"管理。这样的好处是,一方面减少资金占用和仓储成本,另一方面可以避免价格波动对产品的影响。正确管理存货能为客户提供更好的服务,并为公司降低经营成本,加快库存核查频率会减少与存货相关的利息支出和存储成本。减少库存量意味着现有的加工能力可更有效地得到发挥,更高效率的生产可以减少或消除企业不必要的设备投资。

3. 生产成本和菜单成本控制

利用互联网可以节省大量生产成本。首先,利用互联网可以实现远程虚拟生产,在全球范围寻求最适宜生产厂家生产产品。其次,利用互联网可以大大缩短生产周期,提高生产效率。使用互联网与供货商和客户建立联系使公司能够比从前大大缩短用于收发订单、发票和运输通知单的时间。有些部门通过网络共享产品规格和图纸,以提高产品设计和开发的速度。互联网的发展和应用将进一步减少产品生产时间,其途径是通过扩大企业电子联系的范围,或是通过与不同研究小组和公司进行的项目合作来实现。

另外,互联网的出现大幅度地降低了菜单成本或标价成本及商家改变定价所产生的费用。在传统的市场上,菜单成本主要是对货品重贴标签的材料成本、印刷成本和人工。较高的菜单成本使得价格比较稳定。因为每一次价格变动所带来的利润至少要超过价格变动产生的费用,所以传统商家也就不愿意做小的价格变动。而互联网的出现大幅度降低了这种成本,从而使得网上商家价格改变的次数要远大于传统商家,最终实现区别于传统固定价格的动态定价(dynamic pricing)。

8.2.3 网络营销中的定价策略

在互联网时代,网络市场并非是一个无摩擦的资源高效配置的市场,网络虽然激化价格竞争,但是网上的价格水平并不低于网下,网上的价格离散度也并不比网下小。交易成本虽然是网络价格制定的基础,却并非唯一的决定因素,还存在许多其他的因素影响着网络的价格水平和价格离散。我国线上图书价格的离散系数平均达到了 0.15,比线下图书的价格要更加离散。

针对网络市场的特点,企业一方面要考虑如何把传统的定价、策略和技巧运用于网上;另一方面,要针对网络的特点进行定价策略的创新。

网络市场分为两大市场,一是消费者大众市场,另一个是工业组织市场。对于前者的网民市场,属于前面谈到的成长市场,企业面对这个市场时必须采用相对低价的定价策略来占领市场。对于工业组织市场,购买者一般是商业机构和组织机构,购买行为比较理智,企业在这个网络市场上的定价可以采用双赢的定价策略,即通过互联网技术来降低企业、组织之间的供应采购成本,并共同分享成本降低带来的双方价值的增值。

总体上来看,网络定价的策略可以分为两种。一种是传统的固定定价策略(fixed pricing),此种策略更多是将传统的线下定价策略移植到线上,即针对所有顾客制定统一的价格。当然,这种固定定价策略并不排除折扣定价和价格促销的使用,网络零售商常用的低位定价策略、捆绑销售或者参考价格促销就是典型的固定价格策略。另一种是考虑线上消费者特征的动态定价策略,此种策略针对不同的顾客制定不同的价格,这其实是微观经济理论中价格歧视战略(price discrimination)在网络营销中的应用,包括定制价格、细分定价(segment pricing)、拍卖和网络议价等。另外,免费策略也是一种巧妙的定价策略。

1. 低位定价策略

借助互联网进行销售,比传统销售渠道的费用低廉。低价定位法就是在制定价格时一定要比同类产品的价格低。采取这种网络营销价格策略一方面是由于通过互联网,企业可以节省大量的成本费用;另一方面,采用这一策略也是为了扩大宣传、提高市场占有率并占领网络市场这一新型的市场。2011 年 8 月发布的国产小米手机的定价就是一种典型的低位定价策略,其采用线上销售模式,由于其 1999 元的定价远低于同类产品,该手机受到了市场热捧。

另外一种低价定价策略是折扣策略,它是在原价基础上进行折扣来定价的。这种定价方式可以让顾客直接了解产品的降价幅度以促进顾客的购买。这类价格策略主要用于一些网上商店,它一般按照市面上的流行价格进行折扣定价。如 Amazon 的图书价格一般都要进行折扣,而且折扣价格达到 3～5 折。

如果企业要拓展网上市场,但产品价格又不具有竞争优势,则可以采用网上促销定价策略。由于网上的消费者面很广而且具有很大的购买能力,许多企业为打开网上销售局面和推广新产品,采用临时促销定价策略。促销定价除了前面提到的折扣策略外,比较常用的是有奖销售和附带赠品销售。

使用网络销售定价低位定价法时,应注意三点。首先,在网上不宜销售那些顾客对价格敏感而企业又难以降价的产品;其次,在网上公布价格时要注意区分消费对象,要针对不同的消费对象提供不同的价格信息发布渠道;最后,因为消费者可以在网上很容易地搜索到价格最低的同类产品,所以网上发布价格要注意比较同类产品的价格,否则,价格信息的公布会起到反作用。

2. 参照价格

在网络营销产品线中增添高价产品项目,无形中提高了消费者的参照价格(contrast pricing),使得产品线上的其他产品显得便宜。例如,提供额外收费的技术支持作为"黄金版"的方法,只要没有太多的人选择黄金版,增加这种支持的成本就会很小。

【案例 8-1】 消费者的心理和非理性[①]

下面是英国《经济学人》网页的广告:

欢迎光临《经济学人》征订中心,请选择你想订阅或续订的方式:

□电子版:每年 59 美元

包括《经济学人》网站全年所有在线内容及 1997 年以来各期《经济学人》的所有在线内容的权限。

□印刷版:每年 125 美元

全年各期印刷版的《经济学人》。

□电子版加印刷版套餐:每年 125 美元

---

① 艾瑞里. 怪诞行为学. 赵德亮,夏蓓洁,译. 北京:中信出版社,2008.

全年各期印刷版的《经济学人》加全年《经济学人》网站所有在线内容及1997年以来的各期《经济学人》的所有在线内容的权限。

在麻省理工学院的斯隆管理分院,100个学生选择的结果是:

A. 单订电子版59美元——16人

B. 单订印刷版125美元——0人

C. 单印刷版加电子版套餐125美元——84人

是的,按照我们的正常思维,谁会选择B呢？所以乍一看,B选项的存在本身就十分的荒唐。我们可能推测,就算把B选项去掉,也不会影响其他选项的选择。而现实情境中真的把B选项去掉后,结果却是这样的:

A. 单订电子版:59美元——68人

C. 印刷版加电子版套餐:125美元——32人

看到这种情况,你是不是也在心里惊叹,一个无用的选项怎么会有如此魔力。然而要说明的是,"单订印刷版125美元"这一选项,绝非无用,而是一个"诱饵",它本身的出现并不是为了被选择,而是为了提高其他选项("印刷版加电子版套餐")被选上的概率。

这便是"诱饵效应":人们对两个不相上下的选项进行选择时,因为第三个新选项(诱饵)的加入,会使某个旧选项显得更有吸引力。其中,被"诱饵"帮助的选项通常称为"目标"(此处为"印刷版加电子版套餐:125美元"),而另一选项则被称为"竞争者"(单订电子版59美元)。除了"诱饵效应",还有很多因素也都在影响着我们的消费决策,如从众效应、最后期限、赌徒谬误、安慰剂效应、刻板印象等。这些情况均表明,在进行决策的过程中,由于人类自身认知资源和获取信息量的受限,"理性"判断会被许许多多的因素影响,使得我们做出"非理性"的决定或行为。

3. 捆绑销售策略

捆绑销售的价值在于其"预期价值"。因为消费者对于不同产品有不同的评价,它们之间的差异往往很大,使卖方无法对每个产品精确定价。而根据大数定律,捆绑销售可以有效地减少消费者对于不同产品的评价差异,使其更接近于平均值。这样,卖方更容易准确地预知消费者的价值评价,制定更为有效的价格。更为重要的是,消费者对于捆绑组合的评价往往大于他们对其中单个产品的价值评价之和,因此捆绑销售可以显著地提高卖方的利润。而且捆绑产品的数目越多,卖方的利润就越高。

互联网使捆绑成为更有吸引力的定价策略。首先,大部分受互联网深刻影响的产品都是以比特形式传递的内容,例如音乐、新闻、研究报告、软件以及随着宽带普及的电影和电视节目,这些内容可以方便地进行组合;其次,无论对于消费者还是公司,在线交互往往比离线交互更容易,互联网的这种交互性使得消费者能够更容易地创建自己的捆绑并向公司传达其偏好;最后,在线内容是一种替代产品,而且增加新客户的成本很低,由于创建新产品捆绑相对容易,与出售内容相关的边际成本很低,这激励公司创建许多不同的捆绑以服务于尽可能多的细分市场。

4. 定制生产定价策略

按照顾客需求进行定制生产是网络时代满足顾客个性化需求的基本形式。定制定价策略是在企业能实行定制生产的基础上,利用网络技术和辅助设计软件,帮助消费者选择配置或者自行设计能满足自己需求的个性化产品,同时承担自己愿意付出的价格成本。Dell公司的用户可以通过其网页了解各型号产品的基本配置和基本功能,根据实际需要并在能承担的价格内,配置出自己最满意的产品,使消费者能够一次性买到自己中意的产品。在网上配置计算机的同时,消费者也相应地选择了自己认为价格合适的产品,因此对产品价格有比较透明的认识,增加企业在消费者面前的信用。现在消费者只能在一定的范围内进行挑选,还不能完全要求企业满足自己所有的个性化需求。联想公司与京东商城合作开设计算机在线订制业务,如图8-2所示。

图8-2　联想公司与京东商城合作的计算机在线订制

5. 使用定价

所谓使用定价,就是顾客通过互联网注册后可以直接使用某公司产品,顾客只需根据使用次数付费,而不需要完全购买该产品。这一方面减少了企业为完全出售产品进行大量不必要的生产和包装的浪费;另一方面还可以吸引那些有顾虑的顾客使用产品,扩大市场份额。采用使用定价法,一般要考虑产品是否适合通过互联网传输,是否可以实现远程调用。目前比较适合的产品有软件、音乐、电影等产品。

6. 细分定价

细分定价(segment pricing)是将整体市场分割为若干不同的子市场,然后采取不同的定价策略。例如,通常依据地理变量和消费者行为变量采取不同的价格策略。在地理细分定价过程中,由于公司能很方便地通过消费者的IP地址和顶级域名得知消费者所在的地区,因此能很方便地制定不同价格。还可根据消费者的忠诚度制定不同价格。并不是所有顾客都会为公司带来同样的价值,80/20法则即80%的业务来自20%的顾客,同样适用于网络营销,给予更高忠诚度或者能够给公司带来更高价值的顾客一定的价格优惠能提高他们的忠诚度。例如,Amazon对VIP和SVIP用户往往有更大的折扣优惠。在细分定价过程中,必须注意三点:一是整体市场的可分割性是细分定价的基础;二是细分定价带来的收益要高于相应的成本;三是细分定价要遵守法规且不能带来消费者的反感。

7. 拍卖定价和网络议价

网上拍卖是目前发展较快的领域,也是一种最市场化的方式。随着互联网市场的拓展,将有越来越多的产品通过互联网拍卖竞价。网上拍卖由消费者通过互联网轮流公开竞价,在规定时间内价高者赢得。目前国外比较有名的拍卖站点有 eBay,它允许商品公开在网上拍卖,拍卖竞价者只需在网上进行登记即可。拍卖方只需要将拍卖品的相关信息提交给 eBay 公司,经公司审查合格后即可进行网上拍卖。国内一些网站,如淘宝的拍卖会(如图 8-3 所示)也采取类似策略。

图 8-3　淘宝拍卖会网站拍卖价格(paimai.taobao.com)

在 C2C 领域,其价格策略更多的是一种网络议价。即销售者制定价格,然后购买者在线上与销售者之间讨价还价,最终成交。显而易见,消费者的信息掌握程度和讨价还价水平会直接影响成交价格。

【案例 8-2】 网络议价师:有偿帮人讨价还价

在中国各大购物网站上经常能看到一种专门提供"砍价"服务的群体,这种通过"砍价"帮客户争取到某类商品的最低价格,并收取一定的"口舌费"报酬的人,就是网络议价师。

作为一名网络议价师,一般都具有十分丰富的电子商务经验,或者熟知某行业产品的出厂价或者最低底价,清楚各种产品的性能、特点、利润,能够根据不同客户的预算为其量身打造合适的商品。同时,职业砍价需要具备很好的口才和出色的沟通能力,才能把商家的价格压到最低。

随着网购日益成为人们消费的主要方式,网络议价师不仅逐渐引起关注,而且日益受到消费者的青睐。网络议价师活跃在淘宝等各大网络购物平台,尤其是团购活动中。他们或利用自己的从业经验,或利用自身总结的购物心得,帮助消费者与商家讨价还价,砍价成功后,以差价的百分比作为服务费。一般网络议价师的月收入超 3000 元基本不成问题,资深网络议价师每个月的收入甚至可达万元。

网络议价师服务的目标客户是双向的,既有网上商品的销售方,也有商品购买方,网络议价师通常会以一个中间人的形象出现。

作为中间人的网络议价师,将会代表客户和网络经销商讨价还价,而他们则从差价中收取一部分作为报酬。作为一名优秀的网络议价师,所提供的服务必须十分到位,同时也要具备一些必要的议价策略。

第一,自己要明确议价能够达到的目标,例如以最低的价格购买一种产品,力争采用分期付款方式等。

第二,收集相关的数据信息,充分了解供应商的详细情况,特别是在价格方面的信息,对所购物品的成本进行分析,并总结成册,随时以备查阅并谨记不断更新相关的资费信息。

第三,找到买卖双方之间的分歧点,这是议价中需要重点考虑的问题。只有弄清了双方的分歧所在,才能够对症下药提出解决方案。

第四,分析双方的优势和劣势并确立作为网络议价师所处的位置,并且根据分析和以前了解到的相关数据,推断供应商在议价分歧中的心理承受价格,在帮助自己的客户获得最优价格的同时,赚取自己的报酬。

网络议价师的出现,也受到不少网络店铺的欢迎,议价师所推动的小型团购行为,给不少和议价师有联系的店铺增加了不少订单量,虽然在单价上适当降低了一些,但是因为订单总量提升,说到底还是赚了。

8. 免费策略

免费价格策略是网络营销中常见的价格策略。《怪诞行为学》的作者丹·艾瑞理认为,消费者对大多数交易都能感受到好处和坏处,不过当某件商品或服务免费时,就会立刻忘记它的坏处。免费能让人的情感迅速充电,感受到免费的东西比实际要值钱得多。

具体而言,免费价格策略就是将企业的产品和服务以零价格形式提供给顾客使用。主要有四类形式:第一类是产品或者服务完全免费,即产品从购买、使用和售后所有环节实行免费服务;第二类是对产品和服务实行限制性免费,即产品和服务可以被有限次使用,超过一定期限和次数后,取消这种免费服务;第三类是对产品和服务实行部分免费,如一些著名研究机构的网站往往只公布部分研究成果,如想获得全文则必须付款;第四类是对产品和服务实行捆绑式免费,即购买某产品或者服务时赠送其他产品或者服务。

由于有了宽带,互联网上有了海量的资源,对于电子书、音乐、影片而言,复制这些数字化产品的边际成本几乎已经降低到零。当复制数字化产品边际成本为零时,企业的利润寻找点就会转移到相邻的领域。例如,在奇艺网上免费在线观看各种影片,但是你需要离线观看某部影片时,就必须付费成为会员;苹果公司推出的 iOS 5 操作系统和 iCloud 服务,为每位用户免费提供了 5GB 的云存储空间,自由存储邮件、照片、文档等,但当需要额外的空间时就必须付费了。在互联网时代,很多产品对直接用户而言都是免费的,其利润点从产品本身转化为广告收入;即企业产品免费是因为想获得直接客户信息,然后再将这些信息通过广告形式卖给第三方需求企业,从而实现商业模式的转变。如互动百科基于移动互联网推出了各种小百科全书,用户可以在各类手机商店中免费使用。但每一个小百科产品都有相关广告商的冠名。百科属于知识产品,用户"有用"才会下载,例如下载心脏病百科的用户,以医生、心脏病患者或患者家属为主,收费模式则是从提供心脏病治疗的相关企业的广告中完成,从而实现了广告的精准投放。

思考题

1. 从供求双方的视角,谈谈网络对定价策略的影响。
2. 从价格歧视的角度,谈谈为什么说网络的出现增加了动态定价策略的机会。
3. 请举例说明,某家公司或某家网站是如何实施定价策略的。这种定价策略属于哪一类,其影响如何?

第 **9** 章 网络营销传播

学习目标

- 了解网络广告的特点与形式；
- 掌握网络销售促进的类型；
- 理解网络公共关系的工具、网络舆情与危机公关；
- 掌握网络直复营销的三种工具。

9.1 基于互联网的整合营销传播

整合营销传播是 20 世纪 90 年代市场营销界最为重要的成果。它以美国西北大学教授唐·舒尔茨及其合作者斯坦利·田纳本(Stanley I.Tannenbaum)、罗伯特·劳特朋(Robert F.Lauterborn)在 1992 年出版的全球第一部专著《整合营销传播》为标志,成为 20 世纪 90 年代营销理论最为重要的发展之一。同时,整合营销传播理论作为一种实战性极强的操作性理论,也得到了企业界的广泛认同。美国广告公司协会(American Association of Advertising Agencies,4A)对整合营销传播所下的定义是"整合营销传播是一个营销传播计划概念,要求充分认识制定整体计划时所使用的各种带来附加值的传播手段——如普通广告、直接反应广告、销售促进和公共关系,并将之结合,提供具有良好清晰度、连贯性的信息,使传播影响力最大化"。从这个定义可知整合营销传播首先是将广告、促销、公关、直销、CI、包装、新闻媒体等一切传播活动都涵盖到营销活动的范围之内;其次,更为重要的在于,整合营销传播将与企业进行市场营销有关的所有传播活动以统一的传播信息传达给消费者,突出整合营销的核心思想在于营销传播的一元化策略,即"用一个声音说话";整合营销传播的最终表现就是基于品牌核心价值,通过全方位、多维度的跨媒体营销传播方案与工具,建设清晰的品牌形象,实现与竞争品牌的有效区隔。

网络空间维度与平台站点数量正在以日新月异的速度发生变化。由于网络平台站点的大量膨胀,在目前的营销传播环境下,网络空间的传播信息严重超载,受众的注意力开始大幅削弱;同时,网络受众的在线行为日益呈现出明显的个性化与多样性,任何一种媒体有效涵盖的受众都变得越来越少。根据网络空间的深度衍化与网络受众变化轨迹的发展特点,基于互联网实施整合营销传播并将原有的着力于线下的整合营销传播理论进行线上平移已是大势所趋。在这一背景下,企业的营销传播行为必须与时俱进,树立基于网络的整合营销传播理念,充分利用网络在信息传播深度、速度、广度等方面的优势,全面塑造与传播统一清晰的品牌理念和品牌信息。此外,基于网络的整合营销传播还要注重与离线的整合营销传播相互统一。这也意味着，围绕企业品牌的全面整合营销传播包括离线的整合营销传播，在线的整合营销传播，离线与在线相互统一的整合营销传播。

营销传播的主要常规工具包括广告、销售促进、公共关系、直复营销和人员推销。本章针对的是网络营销传播，主要涉及网络广告、网络销售促进、网络公共关系与网络直复营销。如果从网络营销传播目标的角度考量上述 4 种传播工具，则网络广告、网络公关关系更适于建立长期的品牌认知度和品牌美誉度，而网络销售促进、网络直复营销更适于短期的鼓励与刺激商品和服务的交易行为。

9.2 网 络 广 告

1994 年 10 月 27 日是网络广告史上的里程碑，美国著名的杂志 *Hotwired* 推出了网络版并首次在网站上推出了网络广告，这立即吸引了 AT&T 等 14 家客户在其主页上发布旗帜广告，这标志着网络广告的正式诞生。中国的第一个商业性网络广告出现在 1997 年 3 月，传播网站是 ChinaByte，广告表现形式为 468 像素×60 像素的动画旗帜广告。Intel 和 IBM 是国内最早在互联网上投放广告的广告主，我国网络广告一直到 1999 年年初才初具规模。历经多年的发展，网络广告行业经过数次洗礼已经慢慢走向成熟。

网络广告即基于网络平台，利用网站上的广告通栏、文字链接、富媒体等方法，由赞助商发起的针对产品与服务的非人员展示和促销。它是在互联网上刊登或发布广告，通过网络传递到互联网用户的一种广告运作方式。

网络广告是实施网络营销的重要环节，互联网作为一个全新的广告媒体平台，已经受到大中小型企业的普遍关注。目前，网络广告市场正在以惊人的速度增长，网络广告发挥的效用显现得越来越重要。就广告而言，网络已经成为与电视、广播、报纸、杂志（传统的四大媒体）平行发展的第五大媒体。

9.2.1 网络广告的优势

与传统的四大传播媒体广告相比，网络广告具有得天独厚的优势，具体表现在以下 6 方面。

1. 广泛的开放性

网络广告可以通过互联网把广告信息全天候、24 小时不间断地传播到世界各地，只要具备上网条件，任何人在任何地点、任何时间都可以阅读。另外，报纸、杂志、电视、广播、路牌等传统广告都具有很大的强迫性，而网络广告的过程是开放的、非强迫性的，这一点同传统传媒相比具有本质的不同。

2. 信息的规模性

互联网企业提供的信息容量是不受限制的。在一则网络广告的后面，企业可以把自己的公司以及公司的所有产品和服务，包括产品的性能、价格、型号、外观形态等看来有必要向受众说明的一切详尽信息制作成网页放在自己的网站中。可以说，费用一定的情况下，企业能够不加限制地增加广告信息，这在传统媒体上是无法想象的。传统媒体是二维的,而网络广告则是多维的,它能将文字、图像和声音有机地组合在一起,传递多感官的信息,让顾客如身临其境般感受商品或服务。网络广告的载体基本上是多媒体、超文本格式文件,广告受众可以对其感兴趣的产品信息进行更详细的了解,而消费者能亲身体验产品、服务与品牌。这种图、文、声、像相结合的广告形式将大大增强网络广告的实效。

3. 沟通的交互性

传统的广告信息流是单向的,即企业推出什么内容,消费者就只能被动地接受什么内容。而网络广告突破了这种单向性的局限,实现了供求双方信息流的双向互动。交互性强是网络媒体的最大优势,它不同于传统媒体的信息单向传播,而是信息互动传播。通过网络广告的链接,用户可以从厂商的相关站点中得到更多、更详尽的信息。对于网络广告,只要受众对某样产品感兴趣,轻按鼠标就能进一步了解更多更为详细生动的信息。

4. 实时的可控性

网络媒体具有随时更改信息的功能,企业可以根据需要随时进行广告信息的改动,可以 24 小时调整产品价格、商品信息,可以即时将最新的产品信息传播给消费者。网络广告可以根据客户的需求快速制作并进行投放,而传统广告制作成本较高,投放周期固定。若在传统媒体上做广告,发布后很难更改,即使可以改动往往也需要付出很大的经济代价,而网络广告可以按照客户需要及时变更广告内容。这样,广告主的经营决策变化就能及时实施。

5. 投放的精准性

网络广告可以投放给某些特定的目标人群,甚至可以做到一对一的定向投放。根据不同来访者的特点,网络广告可以灵活地实现时间定向、地域定向、频道定向,从而实现对消费者的清晰归类,这在一定程度上保证了广告的到达率。不同的网站或同一网站的不同频道所提供的服务是不同质的且具有很强的分类性,这就为密切迎合广告目标受众的兴趣提供了可能。网络实际是由一个一个的团体组成的,这些团体的成员往往具有共同爱好和兴趣,无形中形成了市场细分后的目标顾客群,企业可以将特定的商品广告投放到具有相应消费者的站点。

6. 效果的可评估性

用传统媒体做广告很难准确地知道有多少人接收到了广告信息。通常,传统的广告形式只能通过并不精确的收视率、发行量等来统计投放的受众数量。而网络广告能够进行完善的跟踪并统计和衡量广告效果,它可以详细地统计一个网站各网页被浏览的总次数、每个广告被点击的次数,甚至还可以详细、具体地统计出每个访问者的访问时间和 IP地址。另外,提供网络广告发布的网站一般都能建立用户数据库,包括用户的地域分布、年龄、性别、收入、职业、婚姻状况、爱好等。这些统计资料可帮助广告主统计与分析市场和受众,根据广告目标受众的特点有针对性地投放广告,并根据用户特点作定点投放和跟踪分析,对广告效果做出客观准确的评估。

网络广告通过及时和精确的统计机制,使广告主能够直接对广告的发布进行在线监控。通过监视广告的浏览量、点击率等指标,广告主可以统计出多少人看到了广告,其中有多少人对广告感兴趣进而进一步了解了广告的详细信息。因此,较之其他任何广告,网络广告使广告主能够更好地跟踪广告受众的反应,及时了解用户和潜在用户的情况。

9.2.2　网络广告形式

网络广告形式包括文字链接、通栏、旗帜、按钮、弹出窗口、信息发布、文字推广、专题制作及推广、悬停、全屏、对联、竖状、超级流媒体、流媒体、画中画、翻卷、频道及频道栏目专题冠名等。以下简单概括部分常见网络广告形式。

横幅式广告:又名"旗帜"广告,是最常用的广告方式。通常以 Flash、GIF、JPG 等格式定位在网页中,同时还可使用 Java 等语言使其产生交互性,用 Shockwave 等插件工具增强表现力。

电子邮件式广告:以电子邮件的方式免费发送给用户,一般在拥有免费电子邮件服务的网站上常用。

互动游戏式广告:在一段页面游戏开始、中间、结束的时候,广告都可随时出现,并且可以根据广告主的产品要求为之量身定做一个属于自己产品的互动游戏广告。

擎天柱广告:这是利用网站页面左右两侧的竖式广告位置而设计的广告形式。这种广告形式可以直接将客户的产品和产品特点详细地说明,并可以进行特定的数据调查和有奖活动。

通栏广告:广告置于整个页面的中部,可以在媒体网站的首页和频道页面刊登。宽屏广告因为被放置在网站的黄金版位上,所以其含金量增加,另一方面由于中位的缘故,访客在浏览页面下端信息时必须接触广告,因此提高了其有效曝光率。

按钮广告:按钮广告也称图标广告,以按钮形式定位在网页中,比横幅式广告尺寸偏小,表现手法也较简单。这种广告形式在互联网主页中非常普通,它可能出现在主页的任何位置。这种图标可能是一个企业的标志,也可能是一个一般的形象图标,甚至可以是动画,点击该图标可链接到广告主的站点上。

对联广告:该广告以我国传统的对联形式发布,通常在网站首页的中部位置,很吸引人们的注意。

文本链接广告:文本链接广告是以一排文字作为一个广告,点击可以进入相应的广告页面。这是一种对浏览者干扰最少,但却较为有效的网络广告形式。有时,最简单的广告形式效果却最好。

插播式广告(弹出式广告):访客在请求登录网页时强制插入一个广告页面或弹出广告窗口。它们类似电视广告,都是打断正常节目的播放,强迫观看。插播式广告有各种尺寸,有全屏的也有小窗口的,而且互动的程度也不同,从静态的到全部动态的都有。浏览者可以通过关闭窗口不看广告(电视广告是无法做到的),但是它们的出现没有任何征兆,而且肯定会被浏览者看到。

9.3　网络销售促进

销售促进是用礼品或货币的短期刺激促进由生产者向最终使用者的产品转换,它通常包括红包、返现、样品、竞赛、抽奖与奖励等方式。基于互联网的网络销售促进依然是重要的网络营销传播工具之一,具体包括以下 7 种方式。

1. 打折

打折是目前网上最常用的促销方式,在线商家通过商品打折以吸引网络消费者购买其商品,幅度较大的折扣可以促使消费者做出购买决定。

2. 样品或赠品

提供样品或赠品目前在网上的应用不算太多。一般情况下,在推出新商品、更新商品、对抗竞争品牌、开辟新市场等情况下,利用赠品促销可以达到比较好的促销效果。例如,多美滋在新浪网推出过 1000 日抵抗力计划免费大礼包。

3. 网络抽奖

网络抽奖是网上应用较广泛的促销形式之一,是大部分网站乐意采用的促销方式。它是以一人或数人获得超出参加活动成本的奖品为手段进行商品或服务的促销,主要附加于调查、商品销售、扩大用户群、庆典、推广某项活动等。消费者或访问者通过填写问卷、注册、购买商品或参加网上活动等方式获得抽奖机会。图 9-1 是某次网络抽奖的界面。

图 9-1　网络抽奖

4. 会员与积分

网上会员积分活动很容易通过编程和数据库来实现,并且结果可信度很高,操作起来相对较为简便。积分促销一般设置价值较高的奖品,消费者通过多次购买或多次参加某项活动来增加积分以获得奖品。此类促销方法可以增加上网者访问网站和参加某项活动的次数,提高上网者对网站的忠诚度,同时提升活动的知名度。

5. 在线游戏

部分网站通过游戏或比赛来拉动流量与交易。竞赛要求参与者具备一定的水平、技能,以赢得礼物或奖品。图 9-2 是苏宁在线游戏。

6. 网上联合促销

由不同商家在网上联合进行的促销活动称为网上联合促销。联合促销的商品或服务

图 9-2　苏宁在线游戏

可以起到一定的优势互补、互相提升自身价值等效应。假如应用得当,联合促销可起到很好的促销效果。

7. 优惠券

优惠券是网络中最喜闻乐见的销售促进工具之一。例如,无论是在肯德基官网、麦当劳官网,还是在第三方网络折扣平台,优惠券都是很常见的。

9.4　网络公共关系

网络公共关系是企业通过网络平台开展公共关系活动,即将网络作为平台支持,开展关于品牌传播的信息发布、信息监控、舆论疏导、评估分析等工作,强化品牌的市场公关执行力量。

在网络整合营销传播体系中,网络公关既是信息的深度发布者,又是舆论的监控引导者。例如内容营销公关,它通过专业门户网站等发布与企业营销传播目标相匹配的新闻稿、公关软文等。网络公共关系伴随着网络媒体的发展而受到企业的重视,网络媒体信息的海量性、互动性都使得网络公共关系的双刃性日益明显。一方面,互联网可以为企业构建正面的公共关系形象提供无限的网络平台空间;另一方面,互联网也使得当企业出现公关危机时,针对企业的负面影响迅速地扩大与升级。基于此,网络公共关系成为企业在网络时代开展品牌建设工作的主要组成部分。

9.4.1　网络公共关系的工具

企业构建网络公共关系的工具通常有以下两种。

1. 网站、App 和小程序

（1）网站。

每一个组织、公司或者品牌的网站都是一个网络公共关系工具，如同电子手册一样，包括了公司产品、服务、文化等各方面信息。图 9-3 是宝洁（中国）有限公司的官方网站，图 9-4 是佳洁士品牌的官方网站。

图 9-3 宝洁（中国）有限公司的官方网站

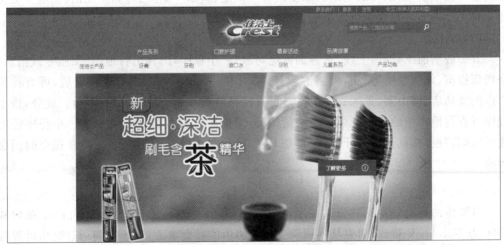

图 9-4 佳洁士品牌的官方网站

美国直复营销协会的研究表明，当营销人员对投资回报率拥有更好的理解时，相对于网站推广，他们对于在线网站发展会分配更多的资源。

（2）App。

SHEIN 的 App（如图 9-5 所示），有专门的内容社区 Gals。品牌、达人和用户在社区内发布和互动,Gals 的整体风格非常类似 ins,其图片和视频质量也颇高。社区分享是年轻人交友、生活、获取信息的一部分,所以,社区经营是 SHEIN"种草"的一大战略,做得非常成功。

图 9-5　网络公共关系的工具 App

当 2020 年全球疫情肆虐时期,SHEIN Together 慈善云演唱会在 SHEIN App 上独家直播。演唱会上,欧美最当红的歌星凯蒂·佩里、莉尔·纳斯、海莉·比伯、丽塔·奥拉和亚拉·沙希迪等在线进行云演唱。

（3）小程序。

五一假期前夕,淄博上线"智慧淄博烧烤服务"小程序,内含出行地图、文旅专线信息、烧烤店指南、住宿指南等一系列旅游服务,如图 9-6 所示。进入小程序注册后,可查找淄博市的烧烤店、博山菜、景区、老字号等,可直接导航前往,并对店铺进行评价。此外,该小程序可查看地图中的各个烧烤店客流量情况,帮助游客寻找合适的烧烤店。小程序还上线了"诉求"板块,点击可打开淄博市"您马上说 我马上办"小程序,填写需要提交的问题诉求。

2. 自媒体站点

自媒体站点也是常见的公共关系工具。例如,耐克拥有近 2.3 亿 Instagram 粉丝和 3500 万 Facebook 粉丝,耐克从不回避支持有价值的社会事业,知道如何通过突出世界各地不同的运动员和文化来吸引人群并激励数百万人。耐克将运动员、运动队及其观众放在首位和中心,让消费者成为他们讲述的故事的英雄。尤其是 Instagram,它是耐克大放异彩的地方——分享人们为实现目标和梦想而努力工作的鼓舞人心的图像和视频,如图 9-7 所示。

图 9-6　网络公共关系的工具小程序　　　　图 9-7　网络公共关系的工具自媒体站点

9.4.2　网络公关舆情监测

　　由于互联网的内容可以在任何时间、任何平台上产生,其中的部分内容可能对公司及品牌产生负面影响,所以,企业有必要跟踪并监测与企业或品牌相关的网络信息。企业开展网络公关舆情监测时,可以选择专业咨询公司(网站)的新闻监测或者独立开展。如果企业选择独立开展,由于互联网平台碎片化,不可能去访问所有站点,所以选择适宜的监测工具或平台可以取得事半功倍的效果。对于工具而言,这里以谷歌快讯(Google Alerts)为例进行介绍。谷歌快讯是一个免费工具。谷歌快讯能够提供在谷歌的各种渠道上发现的最新结果,包括新闻、评论、视频、讨论等,如图 9-8 所示。谷歌快讯根据企业网络公关监测目的进行查询,以电子邮件形式提供最新相关谷歌搜索结果(网页、新闻等)的更新。企业只要输入需要关注的搜索查询,系统就会显示您将收到的搜索结果类型的预览,如图 9-8 所示。对于站点而言,这里以社会化媒体“新浪微博”为例。微博是一个网络社会化渠道,是听取人们对品牌与企业评价的理想场所。利用微博的搜索引擎可以实时监测本企业的相关信息,图 9-9 所示是在新浪微博搜索框中输入“淘宝”后的显示结果。

　　此外,企业开展网络舆情监测不仅需要监测来自竞争对手或自身产品及运营的问题,而且需要监测企业内部的员工。其中舆情监测包括:对外监测,及时监测媒体、供应商、消费者及其他产品受众对企业品牌和产品的反馈情况;对内监测,管理员工、企业高管、重要领袖人物的微博言论,准确把握敏感内容,注意用词准确恰当。

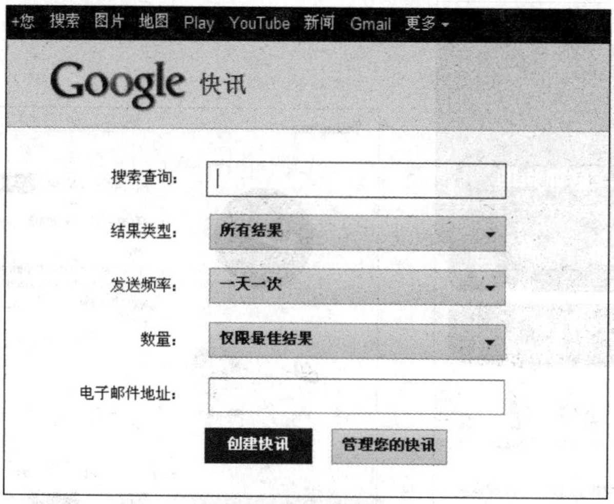

图 9-8　谷歌快讯

图 9-9　利用微博实时监测本企业的相关信息

9.4.3　网络危机公关

在 Web 2.0 时代,网络已经成为企业危机的触发器与放大器。在网络的作用力下,精英媒体时代转向草根媒体时代,来自网络的企业危机一触即发,例如强生婴儿卫浴用品涉毒、康师傅水源门与万科捐款门等。网络危机公关是指利用互联网对企业品牌形象进行公关活动,尽可能地避免在搜索企业的相关人物、产品和服务时出现负面信息。企业实施网络危机公关时,需要着重围绕以下三个层次展开。

第一,厘清问题的症结和相关的利益群体。当网络中出现引起关注的负面报道时,企业应该立即启动网络危机应对方案,及时找出危机源头与症结。例如,王石捐款门是因为公众对其捐款数额的不满及言论的愤慨。网络事件传播的一个特点在于,容易扭曲事实真相并以过激言语刺激各个相关群体的不同反应,冲突双方的关联人往往只会看到对自身有利的一面并予以反击。这个时候,对于反对意见不能一味地阻止,而应该尊重个人意见,允许不同意见者发声。

第二,企业应该勇于承担责任,公正还原事件真相。企业危机出现后,应该勇于承担,因为在危机公关中,"态度决定结果"。公关传播考虑的是如何影响人的心理。现代人都有很强的自我意识和消费者至上理念,如果危机公关采用一种强势的宣传姿态去表达,会很容易激发人们的反感;反而放下架子,真诚沟通,会使人们对企业或品牌产生好感。要知道,网络不像传统媒体,网络中的个体也有信息传播权和舆论批评权,网络的长尾效应使个体左右舆论的能力可以与传统媒体匹敌。

第三,品牌形象的修复。2008 年 5 月 12 日 14 时 28 分,在四川汶川县发生了里氏8.0 级地震,波及中国多个地区,造成严重的人员和财产损失。家乐福当天在第一时间采取紧急救援措施,决定向受灾地区捐赠人民币 200 万元,作为第一批救灾资金。而在此之前,刚刚发生过由于奥运圣火在巴黎的遭遇所引发的线上与线下的"抵制家乐福活动",家乐福在中国区的业务受到了相当的影响。而此时,家乐福通过向受灾地区的捐赠活动必然可以对品牌形象进行修复。

9.5 网络直复营销

根据美国直复营销协会的定义,直复营销(direct marketing)指与消费者或企业用户的直接沟通,目的在于从对方获得订单,使对方索取更多的信息(潜在客户生成),或者逛商店或到其他交易地点来购买具体的产品或服务(产生流量)。网络直复营销包括电子邮件、短信息与即时通信三种方式。

1. 电子邮件

电子邮件一直是企业向客户发送促销信息的最佳方式之一。根据 Forrester 市场调研公司的报告显示,94％的企业仍然投资于电子邮件活动;此外,在 B2B 市场中,电子邮件是最常使用的营销工具,84％的受访企业都会使用。相对于邮政邮件,电子邮件的优势表现在:第一,没有印刷与邮寄成本。普通邮件的印刷与邮寄成本加起来为几元左右,而电子邮件的成本几乎为零。第二,电子邮件的即时性与便利性使得其可以快速地将企业的促销信息、客户服务信息等方便快捷地传递给企业客户。第三,精准的个性化定制。随着知识管理与客户关系管理在营销领域的深入研究与实践,企业可以通过对客户数据的分析与挖掘,利用电子邮件个性化地满足客户需求。例如,当艺龙旅行网的一位客户在网上检索某一旅游目的地的宾馆信息时,通常稍后就会收到艺龙旅行网的与目的地宾馆相关的电子邮件。

2. 短信

短信 (Short Message Service,SMS)指用户通过手机或其他电信终端直接发送或接收的文字或数字信息,用户每次能接收和发送短信的字符数是 160 个英文/数字字符或者

70个中文字符。短信可以由个人移动通信终端(手机)始发,也可由移动网络运营商的短信平台服务器始发。短信的优势表现在:第一,成本低廉。短信的发送成本极低,特别是当短信的发布规模足够庞大时,短信的成本优势更为明显。第二,发送通道畅通。无论是个人终端还是短信平台,都可以做到点到点的短信投入,发送到达率高。同时,统一的发送也确保了告知信息的精确度。第三,内容设计简便。可以根据发送方的需求自主撰写相关的文字内容,设计灵活,修改方便。

3. 即时通信

即时通信(Instant Messaging,IM)指可以在线实时交流的软件,即通常所说的在线聊天工具。即时通信是一个集图像、声音、视频与文本等功能为一体的在线聊天工具。在线聊天工具可以有效提高网民的黏度与使用频度,在企业的官网及第三方平台网站上使用即时通信工具进行在线交流会引导对产品或服务感兴趣的潜在客户主动和在线商家进行深度沟通,提高交易的可能性。即时通信工具主要分为三类:第一是通用性即时聊天工具,以微信、QQ、MSN、Skype为代表,应用范围广,用户多。第二是专用型即时通信工具,主要应用于某一垂直网络领域,以阿里旺旺为代表。第三是嵌入式即时通信工具,应用于企业网站在线咨询,是传统的呼叫中心与网络的结合。美国BaseX的研究发现,如果采用在线服务手段(如即时信息等),则购物车被放弃的比例可以降低20%。

9.6 网络直播

网络直播本质上即传统离线人员推销的在线化。这种基于网络直播间的实时互动的商业模式逐渐得到品牌的认知与推崇。首先,对于消费者而言,网络直播可以在短时间内满足了顾客"获取商品信息""接受服务陪伴""进行直接下单""足不出户体验"等用户需求。其次,对于品牌方而言,品牌方通过网络直播可以和直接顾客接触,充分互动沟通,这种独特的业务模式,既保留了传统线下零售的优点,又结合了线上电商的优势,同时还降低了传播成本。网络直播一方面可以更为高效、更具性价比地接触顾客,洞察顾客需求。更一方面,直播带货也可以让品牌获得更多的增量粉丝,更好地传播企业品牌,实现用户拉新和品牌传播的双重价值。

相较于达人带货,品牌店铺自播是由品牌方自己搭建账号,培养主播,基于相应的直播平台,围绕自有的品牌产品或服务进行带货直播。从长期角度而言,这种模式是一种持续稳定的企业带货模式。此外,借助于5G、8K、AR等数字技术的进步与迭代,品牌店铺创新直播方式,利用虚拟主播打造"虚拟形象"进行网络直播,以多样化的视角吸引用户关注,促进用户参与,提升内容价值,实现营销目的。例如,北京冬奥会期间,咪咕视频推出谷爱凌的"虚拟形象"Meet Gu,在演播间与观众进行直播互动,并参与多场滑雪赛事的解说,助力冰雪运动普及。

【案例9-1】 东方甄选

新东方2021年12月28日推出直播带货品牌"东方甄选",创始人俞敏洪当晚在抖音首次直播带货。直播数据统计平台的数据显示,该场直播观看人次达182万,人数峰值

33 000人,直播销量57 000件,直播销售额4 807 000元。抖音官方数据显示,俞敏洪排在当晚带货主播榜的第16位。这场新东方转型直播行业的首次直播中,俞敏洪带货的农产品共29种,包括阜平苹果、甘肃藜麦、褚橙、沙窝紫美人萝卜、特制颗粒粉、延边菌菇、赣南脐橙、猪肉等,价格最贵的有960元的"兆丰有机特制颗粒粉礼盒",低至9元9角的柞水木耳也有。

思考题

1. 以新浪网为例,分析新浪网的各种网络广告形式。
2. 选择淘宝商城的若干店铺,分析店铺的网络销售促进类型。
3. 基于一家淘宝店铺,设计其网络直复营销计划。

第四篇

社会化媒体营销

第 **10** 章 社会化媒体营销基础

学习目标

- 了解社会化媒体的概念、特点与类型；
- 掌握社会化媒体营销的内容与策略。

如果你读过博客，访问过人人网，观看过优酷视频，浏览过网易相册或点击过新浪微博，就会明白上述站点为我们所说的社会化媒体。社会化媒体正在走进我们的日常生活。如今，我们的离线生活与在线生活已经完全融合在一起，成为电子商务时代的一种全新体验；人们的在线行为已经不再局限于一些门户媒体网站，而是越来越多地向微博、SNS 等社会化媒体站点转移。

【案例 10-1】 博主带给戴尔的烦恼

戴尔计算机以其高质量的设备、直接分销模式和优质的客户服务一直深受用户的认可。然而，在 2005 年 6 月戴尔却表示出谦卑的姿态。事情是这样的，有位戴尔的客户名叫 Jeff Jarfvis，是位颇具影响力的博主，当他的笔记本计算机发生故障后，他通过博客对戴尔的"令人震惊的"客户服务表示了不满。在发表了几篇帖子后，戴尔对他的多项帮助请求仍然置之不理，Jarfvis 感到很失望。最后，他在博客上给戴尔公司 CEO 写了一封公开信。这篇帖子在很短时间内就被浏览 100 000 多次，并且很快有超过 700 条的评论，很多评论都是来自那些从戴尔公司得到较差客户支持服务的人。在媒体披露此事后，戴尔终于联系了 Jeff 并为这台有问题的机器退了款。然而，更重要的是戴尔接下来的反应，它最终表示了对博主和社会化媒体参与者的支持，而不是忽略他们。在 Jarfvis 事件之后，戴尔决定开设一个 Direct2Dell 博客，用于听取用户的声音。2007 年 2 月，戴尔建立了 IdeaStorm.com 站点，用于收集戴尔计算机用户的建议和反馈，戴尔根据用户意见来确定客户希望从戴尔得到什么。

10.1 社会化媒体

社会化媒体是近年来出现的概念，大致上指的是"能互动的"媒体，博客、论坛、社交网络、内容社区都是具体的实例。

10.1.1　社会化媒体概述

社会化媒体(social media)能够以多种不同的形式来呈现个人观点,是一种给予用户极大参与空间的新型在线媒体,是一个能让人们彼此分享意见、见解、经验和观点的工具和平台。社会化媒体把以往媒体一对多的传播方式改变为多对多的"对话"。

社会化媒体具有以下特征。

1. 参与

社会化媒体可以激发感兴趣的人主动地贡献和反馈,它模糊了媒体和受众之间的界限。

2. 公开

大部分的社会化媒体都可以让人们免费参与其中,鼓励人们评论、反馈和分享信息。参与和利用社会化媒体中的内容几乎没有任何的障碍。

3. 对话

与户外、平面、广播、电视等传统媒体相比,传统媒体以"播出"的形式将内容单向传递给受众,而社会化媒体则具有双向对话的特质。在这个传播网络中,每个人既充当了传播的节点,同时自身也是被传播的内容。任何人都可以创造内容,任何人看到任何信息都可以轻松地转发、分享、添加评论。

4. 社区化

在社会化媒体中,人们可以很快地形成一个社区,并以摄影、政治或者电视剧等共同感兴趣的内容为话题进行充分的交流。

5. 连通性

大部分社会化媒体都具有强大的连通性,通过链接将多种媒体融合到一起。

6. 内容创造

在社会化媒体出现以前,创造内容并传播给受众的权利掌握在那些拥有内容制作设备和工具的人或者组织手中;换句话说,传统媒体掌握着这一切。随着网络和信息技术的出现,人们创造自己的图片、文字、视频和音频等内容的难度变得越来越低。社会化媒体最大的特点是赋予了每个人创造并传播内容的能力。

10.1.2　社会化媒体类型

目前的社会化媒体主要包括博客、社区、社交网站、论坛、视频网站等,如图 10-1 所示。

1. 博客

博客,又称为网络日志,是社会化媒体广为人知的一种形式。博客是一种通常由个人管理、不定期张贴新文章的网站。博客上的文章通常根据张贴时间,以倒序方式由新到旧排列。许多博客专注在特定的课题上提供评论或新闻,其他则被作为个人的日记。一个典型的博客结合了文字、图像、其他博客或网站的链接,大部分的博客内容以文字为主,仍

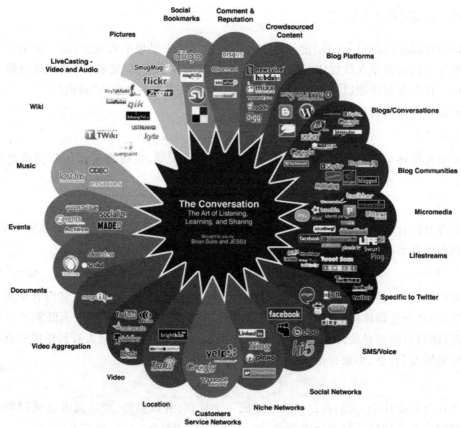

图 10-1　社会化媒体主要类型

有一些博客专注艺术、摄影、视频、音乐、播客等各种主题。

2. 微博

微博是一个基于用户关系的信息分享、传播以及获取平台，用户可以通过 Web、WAP 以及各种客户端组建个人社区，以 140 字左右的文字更新信息并实现即时分享。最早也是最著名的微博是美国的推特（Twitter）。2009 年 8 月，中国最大的门户网站新浪网推出新浪微博内测版，成为门户网站中第一家提供微博服务的网站，微博正式进入中文上网主流人群视野。

3. 社交网站

社交网站（social network site）就是依据六度理论建立的网站。人们可以在这类站点上建立个人的主页，在朋友之间分享内容并进行交流。著名的社交网站有国外的 Facebook、Myspace 和国内的开心网、人人网等。

4. 百科站点

百科站点就像一个公共数据库，人们可以在上面添加内容或对现有的内容进行修订和增补。最著名的百科站点是维基百科，维基百科作为一本在线的百科全书，仅英文资料就超过 150 万篇文章（国内维基百科做得比较好的有百度百科、互动百科等，百度知道、新浪爱问等也应该归为此类)。

5. 视频网站

视频网站在完善的技术平台支持下,让互联网用户在线流畅地发布、浏览和分享视频作品。国外典型的视频网站包括 Youtube、Hulu 等,国内视频网站包括优酷和爱奇艺等。

6. 社区(论坛)

社区即一个网络板块,指不同的人围绕同一主题引发的讨论,如天涯社区。类似的还有论坛、贴吧等。论坛又称 BBS,是互联网诞生之初就存在的形式,为用户提供一个公共的电子白板,在上面发布信息。企业利用论坛这种网络交流的平台,通过文字、图片、视频等方式发布企业的产品和服务的信息,从而让目标客户更加深刻地了解企业的产品和服务,最终达到宣传企业的品牌和加深市场认知度的目的。

10.2 社会化媒体营销概述

在 Web 2.0 背景下,社会化媒体的发展日新月异。在此基础上,部分企业开始利用社会化媒体实现商业价值,从而引发社会化媒体营销。

10.2.1 从 AIDMA 到 AISAS 的营销传播法则演化

AIDMA 是美国广告学家 E.S.刘易斯 1898 年提出的广告传播法则,百年来为亿万广告人提供了一个消费行为分析的清晰框架——从广告信息引起注意(Attention)到产生兴趣(Interest),再到消费者产生需求与欲望(Desire)并潜在地在头脑中保留记忆(Memory),最后产生购买行动(Action)。这个曾经在传统媒体时代被奉为经典的理论如今在 Web 2.0 时代被重新解构。在 Web 2.0 时代,有效的营销法则演化为 AISAS,即企业塑造创意吸引受众注意(Attention),激发受众参与的兴趣(Interest),然后受众开始搜索相关信息(Search)。随着信息的积累、信心的提高,受众开始参与行动或者采取购买行动(Action),最后产生购买分享(Share)。在全新的营销法则中,两个具备 Web 2.0 特质的 S——Search(搜索)和 Share(分享)的出现充分体现了互联网对于人们生活方式和消费行为的影响与改变,如图 10-2 所示。

图 10-2 **AIDMA 法则与 AISAS 法则的比较**

以下基于传统媒体环境下的 AIDMA 营销传播法则与 Web 2.0 时代的 AISAS 法则，对营销传播理论的演化进行对比分析。

1. 用户需求经过激活、存储、释放三个环节

在以电视、报纸为主导的传统媒体时代，广告传播以单向传播为主，即使用户的需求被一次广告接触所激发，但用户一般无法立刻了解更新信息，更无法直接采取行动（电视购物除外）。被广告所激发出来的需求首先是被存储起来，直到这种需求积累到一定程度或是受到强烈的外部刺激才会释放出来。

在 Web 时代，搜索是一个至关重要的环节。用户的需求一旦在网络上被激发，其第一反应会是通过搜索引擎查找相关的信息和评论。在用户了解足够的信息后，诸多的电子商务平台又为用户创造了更便捷的直接行动的机会。从理论上看，在 Web 时代，用户从接受广告刺激到采取行动的速度会更快。

然而，还有一个关键点就是，传统媒体对用户的注意力具有独占性的优势，信息被动接受；在新媒体环境下，网民有太多的选择机会，众多的网站分流了网民有限的注意力，而且整个网络浏览过程都是自发自主的过程。

2. 重复传播，记忆导向

在 AIDMA 模式中，用户购买行为前的重要一环是记忆，包括产品、品牌的记忆和用户需求的记忆两方面。广告的一个重要诉求点就是用户记忆，要创造出一些能够引起用户回忆的场景和关键词，在广告策略上就是重复，重复，再重复。一般会通过同一个广告的重复播放增强用户的记忆力，激发用户需求，刺激用户购买。回想一下，"今年过节不收礼，收礼只收脑白金""恒源祥，羊羊羊"等就是采取这样的策略。

在传统媒体环境下还有"7 次印象理论"，即一个广告看过 7 次以后才会被记住，那么在这 7 次中可能是第 1 次引起关注，第 2、3、4 次诱发兴趣，第 5、6 次产生渴望，第 7 次记住了这个品牌；重复刺激往往是传统广告的必然选择。在 Web 时代，人们的信息获取状态不再是简单的送达，而是需要在海量的信息中主动去寻找。因此人们每天会面对海量的信息，要引起人们的注意很困难，要让人们产生记忆也很困难。

在 Web 环境下，用户的感官需求更加多样和敏感。对于品牌广告而言，在广告投放期，如果广告形式没有一些变化和创新，则很难打动消费者去关注和点击。用户不愿意也不会记住太多的广告信息，最多会对某个关键词有些印象，用到时搜索一下即可。因而，在网络广告的投放过程中，变化的形式中还需要保留一个恒定的记忆点。

3. 单向传播，购买导向

在 AIDMA 模式下，用户完成购买后，整个传播过程就算完成。达成订单是广告传播的最终目标。在 AIDMA 模式下，反馈渠道的缺失也无法对用户的每次信息接触行为进行跟踪监测。但在 Web 2.0 的环境下，传播的过程被再次扩展。AISAS 中分享购物体验和心得成为又一个重要环节。一方面有越来越多的渠道让网民分享自己的购物体验，不仅仅是网络商城中的用户点评，而且还有专门的网络社区，类似于点评网；另一方面用户的评价已经成为网民选购产品的重要标准，以往购物时用户往往只能听到厂商或是销售人员的一面之词，如今更多的评论和建议共同构成了一个逐劣择优的良性机制。

综上所述，相对 AIDMA 模式，Web 2.0 的营销多出了搜索和分享的环节，因此需要解决几个问题：网民主要是从何处搜索、网站是否为用户提供了足够便利的分享渠道以及有多少用户在站内分享。

10.2.2　社会化媒体营销的概念

社会化媒体营销是利用社会化网络、在线社区、博客、百科或者其他互联网协作平台和媒体来进行营销、销售、公共关系处理以及客户服务、维护和开拓的方式。一般的社会化媒体营销工具包括论坛、微博、博客、SNS 社区、图片和视频分享等。

平台、内容与互动是社会化媒体营销的三大关键问题，具体表现在三方面。第一，如何做到让消费者触手可及。为此，企业需要建立多种渠道让企业和企业粉丝可以通过多种方式进行互动，例如国外的 Twitter、Myspace、Facebook 和国内的微博、人人网、百度空间等。第二，给消费者想要的信息或好处。为此，要创建大量有价值的新闻事件、视频、微博和博客等来吸引关注，并能够自然地演变成"病毒性"内容。病毒性传播不需要购买广告位，而是用户自发传播。第三，让消费者与品牌或产品产生联系。为此，企业与用户展开对话，社会化媒体营销不是由企业进行控制，它允许用户参与和对话，并且要求全员参与，同时尊重用户。

1. 博客营销

简单来说，博客营销就是利用博客这种网络应用形式开展网络营销。博客营销是一种基于个人知识资源（包括思想、体验等）的网络信息传递形式。开展博客营销的基础是对某个领域知识的掌握、学习和有效利用，并通过对知识的传播达到营销信息的传递。企业可以创建自己的企业博客，或者可以在专门的博客网站上开设自己的营销博客等。博客不仅可以让自己将一些零星的想法及时记录起来，同时也让一些还仅仅处于构思阶段的观点和想法提前释放出来。一些作者利用博客发布和自己企业有关的信息，表现出良好的营销意识，也体现了博客平台的潜在网络营销价值。

2. 社交网站营销

社交网站发展很迅速，如国内的人人网、开心网一鸣惊人。SNS 营销也随之迅速发展，由于其传播速度快、效率高，所以成为网络营销的新贵。以朋友、同学等关系为基础的社交圈可以形成巨大的口碑营销场所，消息传播的速度快，营销效果很容易达到；SNS 网站的用户群相对比较固定，而且可以掌握详细的用户资料，无论是广告投放还是推广都可以最大限度地达到目标。

以人人网、开心网为例，SNS 营销的主要方式有两种：第一种，自从人人网开发出公共主页之后，有众多的名人、媒体和企业加入其中，用户可以成为其粉丝和好友，关注其动态。这就是在培养深度的用户群体，一方面扩大自身的影响力，另一方面可以通过用户之间的口碑传播，吸引更多的用户，加深用户黏度。第二种，目前有多家公司将他们的产品和广告植入 App 游戏中，如伊利牛奶成功地把营养舒化奶植入"人人餐厅"小游戏里；王老吉更是开发出"王老吉庄园"；"纯果乐"则是植入"阳光牧场"。让用户在玩游戏的过程中一步步地了解其产品，这种营销推广比传统营销更加精准有效。

3. 论坛营销

论坛营销已经成为网络营销中的一个重要部分,这来源于企业界对论坛营销这种模式的认可。企业除了利用其他网站的论坛开展营销之外,如果有自己的网站,那么也可以建立自己的在线论坛,为网络营销提供直接渠道和手段。

论坛营销的主要作用有如下 6 点。

第一,可以与访问者直接沟通,容易取得访问者的信任。如果你的网站是商业性的,你可以了解客户对产品或服务的意见,访问者很可能通过和你的交流而成为真正的客户,因为人们更愿意从了解的商店或公司购买产品;如果是学术性的站点,则可以方便地了解同行的观点,收集有用的信息并有可能给自己带来启发。

第二,为参加讨论或聊天,人们愿意重复访问你的网站,因为那里是和志趣相投者聚会的场所,除了相互介绍各自的观点之外,一些有争议的问题也可以在此进行讨论。

第三,作为一种顾客服务的工具,利用 BBS 或聊天室等形式在线回答顾客的问题。作为实时顾客服务工具,聊天室的作用已经得到用户认可。

第四,可以与那些没有建立自己社区的网站合作,允许它们使用自己的论坛和聊天室。当然,那些网站必须为进入你的社区建立链接和介绍,这种免费宣传机会很有价值。

第五,建立论坛或聊天室之后,可以在相关的分类目录或搜索引擎中登记,有利于更多人发现你的网站,也可以与同类的社区建立互惠链接。

第六,方便进行在线调查。无论是市场调研,还是对某些热点问题进行调查,在线调查都是一种高效廉价的手段。在主页或相关网页设置一个在线调查表是通常的做法,然而对多数访问者来说,由于占用额外的时间,大都不愿参与调查,即使提供某种奖励措施,参与的人数可能仍然不多。如果充分利用论坛和聊天室的功能,主动、热情地邀请访问者或会员参与调查,参与者的比例一定会大幅增加。同时,通过收集 BBS 上顾客的留言也可以了解到一些关于产品和服务的反馈意见。

4. 视频网站营销

在国内视频网站(优酷、爱奇艺等)的推动下,随着电信运营商的带宽不断扩充,视频逐渐成为人们互联网应用的基础应用。一些制作精良的视频广告很受观看者的喜爱,以至他们主动地将这种快乐传播给身边的朋友。因此,这种具备传播效应的视频对广告主来说可谓效果极好。同时,由于人们 80% 的信息来源于视觉,而视频的播放在短时间内让人们聚焦在上面,因此传播效果体现得相当理想。我们知道,当用户对一件产品有需求时,商家可以通过视频帮助消费者发现需求,让其产生购买欲望,而获取消费者的重要手段就是发掘消费者的潜在需求。

5. 百科词条营销

随着百科词条的影响力越来越大,利用百科词条来做网络营销或许会蔚然成风,这样也使网络营销多了一条通道。百科词条可以由无数人添加、完善内容,使词条更丰富、合理、专业,更有实用性。百科词条是一个公开的百科全书,阅读者众多,更重要的是,阅读者的搜索和阅读是有意识、有目的的。也就是说,是有需要才去阅读的,这使词条的曝光概率更大。创建与产品相关的词条,或者寻找相关的词条实施编辑,在其参考资料处列出自己网站相关产品的链接,从而增加网站具有针对性的流量,最终实现产品销售的目的。

此外,利用词条营销还需要注意以下几点。

第一,词条创建者会对他熟悉或擅长领域的关键词(词条)进行创建,并且不止创建一个词条,通常会创建相关联的一组词条。这使得阅读者感觉编撰这些词条的人就是这一领域的专家,可增进阅读者(客户)对词条的可信度。

第二,每个词条都会有创建者的名字(真名或笔名),而根据这个名字可以找到词条创建(编撰)者的有关资料和联系方式。

第三,通常情况下,词条编撰者都会有意识或无意识地把自己原创的对该词条的理解编辑上去,甚至在参考资料中链接自己原文的地址,这样就等于把自己的信息通路进一步扩大。当然,为了有效营销,最好是有意把自己的信息链接或者把自己的关键词嵌进去。

第四,编辑词条是一个互动的过程,通过编辑某个(某系列)词条,可以使所有编辑者形成一个特定专门领域的互动圈。另外,还可以和在该词条下留言的客户(准客户)互动,以增加商业合作的机会。

10.2.3 社会化媒体营销的目标

社会化媒体营销目标包括以下 9 方面。

1. 社会化媒体推动企业信息透明化

社会化媒体比以往任何一次技术革新都更能够促进企业的协作精神,从而使所有的公司和组织都能够处于公众的监督之下。企业对社会化媒体的积极性越高,其透明度也就越高。例如,惠普的员工博客计划使得外界能够更好地洞察惠普的内部状况。沃尔玛等公司甚至还邀请客户来撰写博客。在未融入社会化媒体之前,大型企业很难与用户进行互动,也就无法获取反馈。而现在,用户可以直达企业高层。除此之外,所有的企业面对环境问题、产品标准以及消费者和员工权益等时,也不得不更加慎重。

2. 社会化媒体能提升产品质量

社会化媒体使得所有消费者都可以针对产品发表评论并提出批评,因此厂商的产品必须有过硬的质量。产品质量不过关的厂商将会被曝光并最终失败。社会化媒体的存在使得优秀的产品能够获得自己用户和粉丝的追捧。星巴克、戴尔和宝洁都采取了这种模式,听取用户的意见和反馈,并借此创造更好的产品。大型企业对此越积极,就越能促进这种模式的发展。

3. 社会化媒体可以提供优秀的客服渠道

美国维珍航空公司(Virgin America)利用 Twitter 提升与强化客户服务。如果客户对航班存在任何问题,只需要在 Twitter 上向维珍的客服人员求助即可。这种前瞻性与创新性的客户服务可以有效提升企业与客户的双向关系。

4. 消费者可自主控制社交关系

消费者可以主动自由地选择是否需要加入企业的社会化媒体站点,甚至关注企业员工的社会化媒体站点。这与传统媒体产生了鲜明的对比,在传统媒体中,客户完全无法控制自己与大型公司之间的关系。

5. 大型企业可借助社会化媒体提供有趣的信息

如果某些品牌希望通过社交平台来发布视频且做法得当,那么消费者就可以从中获得信息。例如,可口可乐公司在其博客上发布公司发展史,耐克公司在 YouTube 上发布足球视频。

6. 增加网络站点的流量

每一种社会化媒体站点都有自己相应的偏好受众人群。企业建立社会化媒体站点后,每个站点能够直接增加各自流量,乃至间接增加相关官网、平台站点的相应流量。

7. 提高品牌知名度

知名品牌在社会化媒体领域通常具有较高的参与度与知名度,而且多数社会化媒体平台都支持与鼓励这种参与。例如,新浪微博的企业版本就是引导企业实施微博营销的平台导向。企业通过网络空间构建社会化媒体站点,能够持续地进行内容投放与更新,并直接提升企业的品牌知名度。

8. 提高产品或服务的销售

社会化媒体通过运作与更新可以有效提高产品或服务的销售。随着社会化媒体的衍化深入,越来越多的人在购买产品或服务决策时会利用社会化媒体平台查找收集针对产品或服务的相关信息,如评论、打分等。

9. 提高搜索引擎排名

成功的社会化媒体营销通过发布精准、持续的主题内容以及可能产生的成千上万的链接,能够有效提升企业社会化媒体站点的排名。此外,如果网络中有关企业的负面评论在搜索引擎中的排名很高,那么可能会对企业的品牌知名度与美誉度产生负面影响。客户在考察你的产品后,可能会选择购买竞争对手的产品。所以,通过社会化媒体营销可以有效压低负面结果的排名,提升正面的以社会化媒体为代表的搜索引擎排名。

10.2.4 社会化媒体营销的策略

在互联网时代,无论是传统企业还是新经济企业,只要是致力于电子商务的企业,都可以充分利用社会化媒体实施社会化媒体营销。《正在爆发的营销革命:社会化网络营销指南》一书的作者塔玛·温伯格(Tamar Weinberg)这样定义社会化媒体营销:"本质上,社会化媒体营销就是听取消费者在社区中的意见并认真地做出回应;同时,它还意味着评审内容,或者找到特别有用的内容,并在整个网络社区中推广这些内容。社会化媒体营销的首要原则是正确地对待社会化媒体,认识到我们的用户为什么来到这里并且学会如何认识这些平台、参与这些平台、使用这些平台作为营销手段。"

社会化媒体营销策略包括以下 9 方面。

1. 秉承开放、透明、自然、真诚的营销理念

社会化媒体倡导透明与开放。但是,对于社会化媒体,企业通常都存在疑虑。企业担心开放并引入社会化媒体平台之后,客户说企业的坏话该怎么办,如何应对提出负面或反对意见的客户。传统理念下,企业对用户口碑和意见反馈的处理原则一直是:最好没人给我提意见,即使提意见最好给企业写信,而不是到互联网上到处评论、发帖。在 Web 2.0 的背景下,可以说这仅仅是企业的一厢情愿,因为企业的社会化媒体迟早要面向网民,遮盖和躲避都是暂时的、无效的。企业经营者确实需要一种胸怀和战略,打造开放、透明、创新的商业模式。如同开源代码一样,Linux 通过网民的共同协助和内容分享,促进了其快速升级,如果仅仅依赖一个公司,那么 Linux 就不会这么可靠、流行。社会化媒体的本质在于真实与自然,因此企业的社会化媒体营销的策略之一在于传播真实与自然的信息。如果企业在整个营销活动期间没有以诚相见,那么往往最终会被客户发现并加以抨击。如果企业运营过程中出现了问题或纰漏,企业能积极主动、开诚布公地认错致歉将充分体现社会化媒体营销的核心优势。

【案例 10-2】 缺乏透明度:爱德曼公司策划的沃尔玛宣传

2006 年,沃尔玛设计了一个名为 Wal-Marting Across American(沃尔玛美国之行)的博客。这个博客的幕后故事是记述两位美国工薪阶层的人环游美国的旅程,他们每天在沃尔玛的停车场过夜。

那么问题在哪儿? 此博客并不是沃尔玛的作品。实际上,它是一个伪博客,是由沃尔玛请的公关公司——爱德曼公司策划的。

当 Wal-Marting Across America 博主的身份被发现后,双方都惨遭公共关系的失败。到处都有博主和新闻帖子表示对参与者的怀疑,并引述与口碑营销伦理有关的问题。最初在沃尔玛的这次促销策略中被雇用的两位博主遭到指责,而且他们的参与活动遭到密集的调查,但最后这些指责转移到沃尔玛和爱德曼公司身上。

现在,Wal-Marting Across America 博客已经不复存在。

2. 分析目标受众

企业需要审视产品及服务的目标受众。谁可能购买我的产品或服务,是女性顾客还是男性顾客,是老年人还是年轻人,企业需要研究这些人群,并查明如何通过社会化媒体营销活动获得最大回报。诸如,目标顾客偏好什么样的社会化媒体平台与工具,目标顾客喜欢阅读什么类型的内容。以阅读内容为例,律师可能习惯于读一些详细的研究论文,相反年轻人更喜欢带有大量图片并且标题吸引人的内容。准妈妈可能需要图文并茂的内容来了解胎儿在子宫里的发育。通过分析目标受众,企业就可以建立起基本的认识,即选择哪些社会化媒体站点、应该为目标用户群提供什么风格和类型的内容。

3. 沟通对话

在传统媒体中,对话是单向的,企业是演讲家,客户是听众。现在环境发生了变化,企业面对一个由数百万人组成的社会化媒体,他们既能促进营销,也能抑制营销。因此,社会化媒体营销本质上具有社会性,它是一种双向对话。品牌、公司和消费者都可以以平等的地位进行表达与沟通。品牌与客户之间的力量存在一个平衡。此外,企业需要积极地与客户沟通对话,特别是通过与抱怨者对话,企业可以使得对方感到受到特殊的待遇,甚至可以转化为忠诚客户。在 Web 2.0 背景下,企业和用户的交流更加便利,可以说只要企业有诚意,就可以充分利用多个社会化媒体站点与客户对话。个别情况下,部分社会化媒体营销者只有在需要制止反对者发表言论的关键时刻才会出现,这样就等于放弃了社会化媒体的沟通特性。

此外,利用社会化媒体沟通对话的优点是更加亲民化,企业和用户有情感层面的交流,用户更容易找到反馈的渠道。基于情感的纽带,加上朋友圈的口碑传播,可能形成"病毒"传播,塑造积极、良好的虚拟品牌形象。同时,从微观层面来看,企业还是需要耗费大量的人力资本和时间成本。这是一个无法避免的营销传播矛盾。企业需要平衡商业利益和投入成本,一方面照顾到用户的体验,另一方面也会给企业增加一定的时间和人力的投入。

4. 持续并有节奏地更新

社会化媒体营销最为常见的问题之一是企业初期兴建了大量的社会化媒体站点。随着时间的推移,由于人力、精力、资金等原因,企业初期兴建的大量或部分社会化媒体站点逐渐陷入无人维护的境地。社会化媒体需要长期持续地建设与维护才能产生相应的效果。因此,企业在建设社会化媒体过程中,关键并不在于一段时间内的高强度投放,而在于注意保持有节奏的更新。

5. 联系意见领袖

在 Web 2.0 背景下,意见领袖在线上领域实现商品或服务推广的过程中具有举足轻重的作用。例如,以李佳琦为例,作为某平台知名美妆自媒体的代表之一,他通过社交平台积累流量从而成为 KOL(意见领袖)主播,从事着筛选者的角色,依照一定的标准对商品进行挑选,再通过直播向消费者推荐。曾经,在直播最高峰时段的 15 分钟内涂了 380 支口红,创造了 5 分钟内卖出 15 000 支口红的惊天奇迹。

6. 创意导向

创意也可以提升产品的知名度。例如,Bllendtec 曾是一个名不见经传的搅拌机品牌。它通过挖掘创意,将一只 iPhone 手机投放到其搅拌机中并录制整个搅拌过程,最后投放到网站。该视频获得了大量的点击,Bllendtec 一跃成为美国知名的搅拌机品牌。

7. 树立与整合品牌

基于社会化媒体平台,企业从品牌的角度树立并整合品牌。首先,企业需要在微博、博客、视频、论坛等众多社会化媒体平台建立企业站点或空间,并从用户名、账户、头像、域名等方面突出品牌形象。同时,鉴于企业在多个社会化媒体平台上的广泛分布,企业有必要塑造统一标准的品牌形象,以实现品牌整合。例如,运用整合营销传播的理念对色彩、广告语、标识、内容等进行规范化与标准化的界定。

8. 共同创造

Web 2.0 时代是一个用户生成内容(UGC)的时代,成功的社会化媒体营销应该把内容交给用户。用户生成内容可以从维基百科、百度百科、百度贴吧等众多平台中得到印证。Web 2.0 的环境注重调动用户生成内容的积极性与创造性,让用户更多地参与到企业经营中,这样的用户生成内容(UGC)模式可以为企业提供许多有益的思路和顾客反馈。

9. 利他主义

以利己主义为导向的社会化媒体是没有出路的,站点一味地推销自己的站点与内容只会适得其反。社会化媒体应以利他主义为导向,围绕其他人感兴趣或有益的主题与内容来更新推进。随着时间的推移,这样的社会化媒体站点或成为公认的权威,或成为难以割舍的品牌站点。

思考题

基于某个商业或非商业组织构建一个社会化媒体平台站点,并尝试实施社会化媒体营销。

第**11**章 微博营销

学习目标

- 理解微博的含义、特点与功能;
- 掌握企业微博的创立、建设与运营;
- 掌握企业微博营销策略。

11.1 微 博

微博提供了这样一个平台,你既可以作为观众,在微博上浏览你感兴趣的信息,也可以作为发布者,在微博上发布内容供别人浏览。发布的内容一般较短,例如长度限制为140字,微博由此得名。

11.1.1 微博的概念

微博的概念在 10.1.2 节中已经介绍。中国的本土化微博于 2007 年出现,代表者为饭否、叽歪等。2009 年 8 月以中国最大的门户网站新浪网推出"新浪微博"内测版,成为门户网站中第一家提供微博服务的网站为标志,微博正式进入中文上网主流人群视野。此后,腾讯、网易、搜狐相继推出自己的微博产品。

微博已发展成为一个重要的社会化媒体。这主要体现在:其一,微博成为网民获取新闻资讯,进行人际交往、自我表达、信息分享及社会参与的重要媒介;其二,微博成为公共舆论、媒体传播、企业品牌和产品推广的重要平台。众多知名人士、企业和公益性组织已经尝试在微博上开展形式多样的营销与推广活动。

11.1.2 微博的特点

微博是目前流行最广的一种 Web 2.0 背景下的社会化媒体平台,它以信息数字化技术为基础,采用文字、图片、音频和视频等多种表现形式,将数字技术、互联网技术和移动通信技术紧密地融合。因此,在内容的原创性、用户交流的互动性、传播的实时性等方面,微博显现出博采众长的独特优势。通过与论坛、博客、社交网络等社会化媒体平台的比较,可以较为清晰地挖掘出微博在传播方式、内容形式、发布渠道、关系模式、即时互动方面所具有的传播快、门槛低、操作易、互动强等特点。

1. 即时性

微博提供的关注功能使用户在更新信息时出现在用户本身的主页和关注者的主页

上。此外,微博的发布形式多样,允许用户通过短信、电子邮件甚至是社交网络(例如Myspace)等多种形式直接更新信息;同时微博又与手机、IM、iPad 等诸多即时通信工具实现无障碍对接,这都大大提高了微博的即时性,相应地也使得微博营销呈现出即时性的特点。企业可以通过微博即时发布有关品牌、产品、企业的信息,与微博用户实现实时在线沟通。微博上真实的声音能帮助企业迅速接触消费者心理,了解消费者对产品与品牌的偏好动态,即时搜索并掌握这些信息,形成自有数据库。此外企业还可以及时获取并处理用户的问题及反馈,一旦出现舆情还可以迅速做出相应的公关反应。

2. 低门槛

简单就是最好,直接就是有效。由于人们的时间越来越紧张,因此以微博的简洁形式突出重要内容开始成为一种日益普遍的选择。微博的字数限制使广大草根用户和以前擅长写长篇的博客专家用户站在了同一水平线上。微博的低门槛使得企业在进行营销时,相比博客营销要节约更多的时间和精力。微博的低门槛还表现在它是免费开放给所有公众的,企业只要提供完整资料都可以注册微博。但是低门槛不等于低成本,企业进行微博营销时的投入不仅有活动成本,还有人力成本。人力成本是一个很难被量化的指标,因此很多企业往往会忽略这一点。

3. 精准性

长久以来,活动参与度低一直是网络营销的瓶颈,究其原因在于参与活动需要改变用户的网络行为,而企业活动的参与方式一般比较复杂。微博的出现由于符合现代网民"快餐化"的阅读习惯,加上微博的关注功能允许用户主动关注自己感兴趣的某个企业、品牌或意见领袖的微博,使得企业不必费心寻找就有很多粉丝自动找上门来。对某品牌有正面体验评价的用户会成为企业信息传播的免费媒体,帮助企业把希望传播的信息迅速地传播给众多与其拥有相同品牌偏好的群体,这也使得企业微博的受众定位表现出精确的特点。

例如,中关村理想国际大厦周边的大小饭馆在微博上开设了账号,一到午饭时间,新浪的员工就会@一下它们,完成订餐。饭馆会经常更新店里的菜式和价格信息,简单的操作就能换来精准的到达率和极高的转化率。它们的粉丝、评论、留言虽然不多,被@的次数也有限,但其粉丝的精准性极高,每被@一次就有可能完成一笔订单。

4. 互动性

互动性是微博营销的最大特点。微博是一个随时随地交流的平台,企业可以借助情感化的语言与关怀,与客户建立长久的良性关系,同时将品牌的价值和理念"润物细无声"地植入客户的潜意识中。微博具有@、评论、话题、私信等功能,增加了企业与客户之间的互动,更有利于与客户沟通。在每条微博中可以加入@、话题、链接等信息,以简短精练的微博内容吸引客户的眼球,使客户能通过评论或私信参与其中,增加企业与客户之间的互动,促进企业与客户的沟通。

5. 亲和性

微博是一种社区网络平台,企业在这样的平台上可以通过发布微博、发起活动等方式与潜在客户进行互动联络,由此可能引来一些较为珍贵的客户粉丝(如粉丝中的意见领袖），其重要性有时甚至超过主流媒体。微博使企业不再显得高高在上、触不可及，与客户的直接交流使客户更了解和亲近企业。由 Twitter 的起源可知，T 的本意即叽叽喳喳，你一言我一语。这是一个纯口语的网络平台，出现时远不如官方的博客来得正式，甚至在大多数人中，使用 T 完全是在浪费时间，毫无实用价值。但是，它贴近生活，与生俱来的亲近感是它的特征之一，这一特征用于商业领域就可以拉近企业与用户的距离。网站是外衣，博客是毛衣，微博就是内衣。你在微博上写我吃顿饭是正常的，但你在博客上这样写则是不正常的。

6. 公开性

企业通过微博第一时间发布公司的内部活动等信息，使客户产生信任。以前客户了解企业大多通过一些媒体通道，往往真实性有待商榷。微博的平台为企业打造了说真话的渠道，企业通过微博第一时间发布企业动态，让客户拥有能及时知晓企业信息而产生信赖的感觉。这种公开的方式不仅可以杜绝媒体肆意炒作的情况，而且可以在遇到不良传言时通过微博第一时间予以澄清，更有利于企业树立诚信的形象。

7. 扩散性

基于微博的即时性特点，企业一旦发布能引起粉丝感兴趣的话题就能在较短的时间内迅速蔓延网络社区，这有利于病毒式营销。但同时也因为即时性的特点，往往一次宣传存在的时间不长，需要长期反复宣传促进。

11.1.3　微博的功能

国内微博发展到现在，从单纯地模仿 Twitter 到根据国内用户需求创新，其功能正日益完善。不同类型微博的功能略有不同，这里仅以新浪微博为例进行介绍。

1. 发布功能

发布功能即用户可以用表情、图片、视频、话题、音乐等形式发布信息。

2. 转发功能

转发功能即将喜欢或关注的内容一键转发到自己的微博，转发功能是发布功能的延伸。

3. 关注功能

关注功能即选择喜欢或感兴趣的用户进行关注，随即成为其粉丝，之后所关注用户的微博信息可随时随地被粉丝所接收。

4. 评论功能

允许对其他用户发布的微博进行评论，这点与 YAhoo!、Meme 等国外微博不同，是根据国内用户习惯而设计的。

5. 收藏功能

收藏功能即用户可以收藏自己认为有价值或需要暂存的任意信息。

6. 搜索功能

搜索功能即用两个＃号，中间加上某一关键字，如输入＃中秋节＃。发出微博后，点击♯中秋节♯,即可搜索到微博平台中关于中秋节的所有微博信息。

7. 私信功能

私信功能即用户可以向关注自己的粉丝发私信。私信没有字数限制,还可以保护收信人和发信人的隐私。

8. 微博@功能

微博@功能即用户可以在@后面加上其他用户的名字,该用户所发布的信息就会告知给被@的用户。在微博菜单中点击"@我的",也能查看提到自己的话题。

11.2　企业微博建设

社会化媒体背景下的企业微博,是基于微博出现的又一商业化网络工具。它是一个基于客户关系的信息分享、传播以及获取平台,企业可以通过 Web、WAP 以及各种客户端组建个人社区,以 140 字左右的文字更新和发布企业信息,实现即时商业分享。作为新兴的企业宣传、营销、服务平台,企业一般用其以娱乐化方式即时动态发布企业信息、行业信息或产品相关资讯,吸引潜在客户或客户主动关注企业动态,达到企业宣传和营销目的,并实现与客户沟通、讨论,或向客户表达关怀。

11.2.1　企业微博的创建

企业微博更适宜企业开展微博的运营与营销,以新浪微博(新浪微博已于2014年3月28日正式更名为微博,weibo.com)为例,新浪微博为企业提供视频、图片、投票、公告、标签等附加功能。

1. 申请企业微博账号

微博作为一个社会化媒体平台,也和博客、人人网等一样,能够在一定程度上进行个性化创建。在个性化创建过程中,主要遵循的步骤是:第一,选择一个匹配企业名称或品牌的微博名,力求选择一个简洁、易记、富有含义的名字。第二,上传微博头像。微博头像代表着企业的形象,因此设计差异化、创新性的微博头像会给客户耳目一新的感觉。第三,设置微博域名。微博域名如同企业官网在微博平台的再现,和微博名一样,域名同样需要简洁、易记与富有含义。第四,申报微博企业平台,填写企业资料。第五,上传企业营业执照与彩色扫描件。

2. 申请企业微博,获得企业主页

企业拥有新浪微博账号后,接下来的工作是申请企业微博,获得企业主页。

(1)登录新浪微博账号后进入认证页面(http://weibo.com/verify),选择企业官方认证,如图 11-1 所示。

(2)根据页面提示填写企业相关信息,在线上传企业认证资料,确认提交申请。

11.2.2　企业微博的主页设计

企业微博主页是基于微博平台针对企业用户需求而设计的综合展示页面。企业主页

图 11-1　认证页面

上包含昵称、头像、关注数、粉丝数、微博数等固定模块,以及公告栏、友情链接、领导人/员工列表/子品牌等个性化信息模块和地图、留言板等应用,如图 11-2 所示。

图 11-2　企业微博主页

1. 企业导航

企业导航是为方便企业和用户在不同模块之间的选择和切换以及拓展更多企业主页信息而提供的模块。导航栏中的内容包括企业微博官方应用,如地图、留言板、相册等及其他第三方应用,如图 11-3 所示。

2. 公告栏

公告栏是提供给企业展示告知性内容的文字模块,位于企业主页左侧边栏的固定位置,可让内容更容易被用户注意。企业可以利用公告栏模块放置告示性文字,如通知、活动信息等,如图 11-4 所示。

3. 友情链接

友情链接是提供给企业添加网页或网站相关链接的模块,位于企业主页左侧边栏。企业可在友情链接模块中添加合作企业官网地址及其他信息的相应链接,如图 11-5 所示。

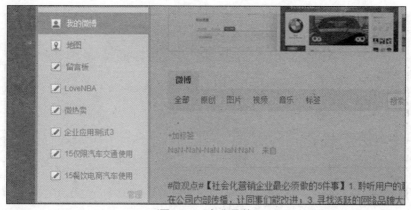

图 11-3 企业导航

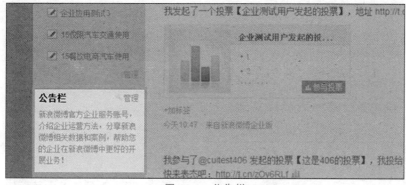

图 11-4 公告栏

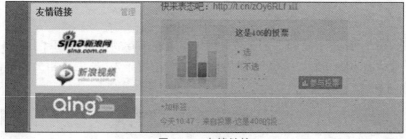

图 11-5 友情链接

4. 焦点区

焦点区是提供给企业放置焦点图片或焦点视频的模块。它位于主页上方的最中心位置,属于页面的焦点区域,其中的信息更容易在浏览时被用户看见,图片及视频的形式也更容易吸引用户关注,如图 11-6 所示。

5. 微客服

微客服是提供给企业更精细地管理客服类别及工作时间的模块,位于企业主页右侧边栏。企业可以在模块中设定客服的相应类型及服务时间,以便用户更好地与企业联系,如图 11-7 所示。

图 11-6　焦点区

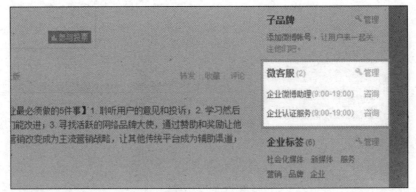

图 11-7　微客服

6. 领导人/员工列表/子品牌

领导人/员工列表/子品牌是企业微博提供给企业推荐领导人、员工、子品牌微博的模块，位于企业主页右侧边栏。企业可利用该模块推荐领导人、员工或相关品牌的微博账号，如图 11-8 所示。

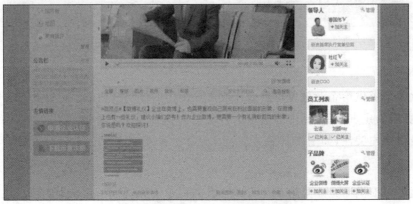

图 11-8　领导人/员工列表/子品牌

7. 留言板

留言板具有供用户给企业留言的功能，用户可以在企业主页中以文字、表情和图片等方式发布留言，如图11-9所示。

图 11-9　留言板

8. 地图模块

地图是用于展示企业位置的模块。企业可以使用地图模块在地图上以坐标的形式显示企业的地理位置信息，如图11-10所示。

图 11-10　地图模块

11.2.3　企业微博的运营

企业微博的运营可以沿若干途径展开。以下基于新浪微博平台，对企业微博平台运营的部分频道与内容进行分析。

1. 广场

广场包括名人堂、微博达人、风云榜、微话题、微直播与大屏幕等,如图 11-11 所示。其中,微直播是依托于微博平台,通过汇集微博上来自各方面的实时信息,全方位展现大型活动进程的直播平台。在微直播中,普通网友也能通过参与现场播报,投身活动之中。大屏幕又称微博墙,是在展会、音乐会、婚礼现场等场所展示特定主题微博的大屏幕。大屏幕上可以同步显示现场参与者发送的短信和网友发送的微博,使场内外观众能够第一时间传递和获取现场信息。

2. 微群

微群是微博群的简称,是微博推出的社交类群组产品。微群能够聚合有相同爱好或者相同标签的网民,将所有与之相应的话题聚拢在微群里面,让志趣相投的朋友以微博的形式更加方便地进行参与和交流,如图 11-12 所示。

图 11-11 广场

图 11-12 微群

3. 应用

应用包括相册、微音乐、微活动、投票、微数据等。其中,微活动是企业微博在新浪微博上免费发布的活动,如图 11-13 所示。微活动包括同城活动(有具体时间地点、有组织、可多人参加的线下活动)、线上活动(网上盖楼发帖、传照片、小游戏、测试等)和有奖活动(有一定中奖概率,可为获奖者提供物质奖励的活动,包括大转盘、砸金蛋、有奖转发和其他有奖活动)三种。通过合适的微活动,可以迅速提高企业微博的人气,如增加粉丝和转发量,让更多人参与并关注企业微博。

微数据主要涵盖企业账户的“粉丝”“关注”“帖子”“影响力”等数据分析,能够全面地解析账号的粉丝性质、关注人数性质以及原创帖子热门程度,综合反映出该账户的影响力情况,如图 11-14 所示。以影响力为例,影响力包含传播力、覆盖度和活跃度三个技术指标。在影响力的三个技术指标中,每篇博文平均被转发、评论的次数和人数越多,证明企业的传播力越强;当天登录的粉丝数和与企业互动的粉丝越多,则覆盖度越高;更为积极主动地发博、转发、评论或者私信好友聊天则表明活跃度更高。

图 11-13 应用　　　　　　　　　图 11-14 微数据

11.3　企业微博营销

企业实施微博营销可以获得意想不到的价值回报。下面介绍企业微博营销的理念、特点、用途以及实施等。

11.3.1　微博营销的概念

微博营销指个人与组织运用微博这种网络应用工具,借助于各类微博平台并结合微博的传播特性进行市场营销、品牌推广或公共关系维护等活动的一种营销手段。伴随着微博的快速发展所带来的无限潜力和巨大商机,国内外众多的品牌企业(如星巴克、戴尔、凡客诚品等)先后实施微博营销,并取得不俗的营销效果。而对于相当数量的中小企业,微博营销同样是企业快速提升竞争力的营销手段。

【案例 11-1】 美国新奥尔良比萨店 Naked Pizza

美国新奥尔良比萨店 Naked Pizza 在 Twitter 上开通时,将一块广告牌树立在店面前。新树立的广告牌并非仅在下方喷绘其 Twitter 页面链接如此简单,而是将 Twitter 作为该广告牌的主题:一边是形象生动的小鸟元素,一边是偌大的 Twitter 字样,并链接企业网站。Naked Pizza 通过 Twitter 向客户播送打折信息和新品种信息,报告 Pizza 是否已经送出。大家混熟了以后,时不时会聊上两句,相互关心一下。以前 Naked Pizza 每年会花费 6 万美元在直投广告上,2.5 万美元在电子邮件广告上。现在,他们打算每个月都投入一定的预算来做 Twitter 广告。Naked Pizza 打算在 Twitter 上吸引住在新奥尔良的关注者,对于这些关注者,Naked Pizza 不再需要付出诸如直投邮件这样的费用去与他们保持联系,因为他们都在 Twitter 上。

　　Naked Pizza 先是用三天的时间找到当地的 Twitter 用户列表,并查看用户信息。方法是在 Twitter 上输入自己的地理位置,即所在的市区和街道地址。同时,他们也了解用户的地理区域,或者是直接搜索相关用户列表。一旦找到用户,就跟着用户,并开始真正的对话。同时,他们也沿用老办法,把自己的 Twitter 账号告诉客户和邻居,在上面进行交流。在他们的平台上,他们与客户开玩笑,发布客户在店内的照片。

　　到后来,他们干脆拆除了店铺前面标有订餐电话的广告牌,取而代之的是一块以 Twitter 为主题的新广告牌。在他们看来,Twitter 已经成为他们和目标消费者沟通的媒介以及获得相互认同的"暗号"。不是 Naked Pizza 在为 Twitter 免费做广告,而是 Twitter 具备了让 Naked Pizza 心甘情愿将其作为广告"主角"的商业价值。Naked Pizza 的 Twitter 个人主页如图 11-15 所示。

图 11-15　美国餐厅连锁店 Naked Pizza 的 Twitter 个人主页

11.3.2　企业微博营销目标

　　企业运营微博的主要目标在于品牌建设、公共关系维护、客户关系管理和实现销售收入等。

1. 品牌建设

　　企业运营微博可以有效提升企业品牌的知名度与美誉度。微博以其 140 字的文字限制及评论转发的互动方式,使得企业微博的品牌传播比传统工具更为直接,让客户更容易接近企业品牌。有效发布微博可以增加粉丝数量、转发或评论,越来越多的人开始意识到企业微博的存在。如果企业微博持续表现积极,随着内容的充实与粉丝的增加,品牌知名度与美誉度将日益提升;相反,依靠频繁的商业广告发布与内容"灌水",单纯告知性的粗放宣传反而会损伤企业的品牌知名度与美誉度。

2. 公共关系维护

在社会化媒体平台（特别是微博平台）上，不管企业是否参与其中，关于企业及其产品的话题都将层出不穷。为此，企业有必要将微博作为在线公共关系维护的网络平台，建设自己的企业微博主页，分别从在线监测、正面引导与负面应对三方面开展公共关系维护。例如，假如你在华为公司工作，那么在微博平台上搜索会出现成百上千的直接或间接结果，从而可以获取消费者的实时反馈，并了解他们对公司的服务及产品的看法；也可以回复负面的评论。此外，企业也可以通过微博平台展示企业文化与商业运营。例如，企业参与的慈善活动、大型离线活动等通过微博第一时间发布，公司的员工一起参与其中，让粉丝看到一个活跃真实的企业形象，让客户产生信赖感，提高客户忠诚度。

3. 客户关系管理

基于微博平台可以开展客户关系管理。借鉴传统的客户关系管理的 IDIC 模型，公司可以依托微博进行客户服务，充分利用微博的评论、转发、@等功能，深入扩展客户关系服务。企业可以发微博和让客户自由讨论，客户也可以@企业来发表自己的看法。企业可以鼓励客户在购买产品或服务后把他们的使用心得与感悟通过微博的形式展示出来，官方微博会及时转发客户的微博并给予意见或建议。此外，微博还可以有效用于客户的获取。企业可以监视那些提到竞争对手的词和行业术语的消息，然后找准时机加入这些对话讨论中。在对话过程中，不要显露出销售的意图，这些会使潜在客户产生反感；而要态度真诚地给予客户帮助，为消费者提供解决方案，并最终间接从中获利。

4. 实现销售收入

在企业微博平台上，企业可以通过发表微博文字并配以合适的图片，对自身的产品或服务进行推广，直接或间接地实现销售收入。例如，早在 2007 年和 2008 年，戴尔在美国的微博站点就直接贡献超过 300 万美元的营业收入。

11.3.3 企业微博营销策略

企业实施微博营销可以包括（但不限于）以下策略。

1. 立足于微博营销的认识与理解

企业实施微博营销必须基于企业高层的认识与支持，否则单纯由个人或部门随机性建立，微博的持续时间与运营效果就会大打折扣。企业实施微博营销的常见形式是以企业的名义开通官方微博。此外，企业领袖也可以以身作则，开通个人微博；也可以引导鼓励企业的员工广泛开通微博。上述三种方式都有利于企业从广度和深度上开展与品牌及产品相关的宣传和沟通。最后，企业加强微博营销的认识和理解还可以有效解决微博营销的协同问题。企业微博营销是一个涉及多个部门的活动，如果在策划与实施过程中不能站在组织的整体角度出发，缺少相关部门的沟通与协作，将会导致微博运营过程困难重重，收效甚微。

2. 科学配置发布时间

以微博为代表的社会化媒体的一个重要性质是企业投入的人、财、物通常不能带来直接的商业利益。为此，微博就会陷入究竟投入多少时间才适宜的问题。科学配置发布时间需要注意微博发布的节奏与时间。第一，保持稳定的发布节奏。企业发布微博总体需要保持一个规律性时间，呈现稳定的发布状态。例如，每天发布若干条信息或每周发布若干条信息。常见的是，微博刚开通时，发布信息比较频繁，内容多为原创，甚至还策划系列活动，取得较好的互动效果。但是，随着时间的推移，微博发布信息的周期越来越长，有时甚至几天或几周没有发布信息。第二，注重微博的发布时间。从 24 小时分布情况看，每天的 9～10 点是企业发博的最高峰，月累计有超过 50 万条微博出炉。但企业微博的互动高峰值却达 11 个小时，从 10 点一直延续到 22 点，月累计每小时达 438 万。23～0 点也是一个小高峰，月累计每小时互动数 280 万。从 24 小时态势的分析来看，企业微博互动高峰周期远高于企业微博主动发博高峰周期，企业微博可以在长达 11 小时的互动高峰值阶段增加主动行为，以达到更好的互动效果。

3. 与粉丝的互动

企业实施微博营销的价值一方面在于拥有的粉丝数量，另一方面在于与客户的有效沟通互动（包括评论、转发、私信等），如图 11-16 所示。总体来看，企业微博互动粉丝比可提升的空间还很大，企业微博可通过提高主动活跃行为来提高用户互动积极性。部分企业微博的内容质量较高，尽管微博初期粉丝较少，但积累的都是较为忠实的粉丝，粉丝黏性很强，这样的粉丝更愿意和企业微博进行互动。部分企业认为粉丝的数量决定企业微博的价值，急于求成的企业不惜花费资金批量购买"粉丝""转发"等，短时间内可以积聚成千上万的粉丝。但是，其中的极大部分的粉丝都不是活跃用户，与企业没有有效互动，形似"僵尸粉"。

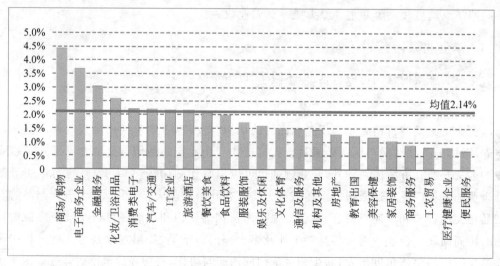

图 11-16　企业微博互动粉丝比行业分布

4. 实施清晰的微博定位

企业微博经常出现的错误是没有清晰统一的定位。官方微博通常会被企业当作新闻发布栏。例如,大量发布企业如何致力公益事业、企业老板的讲话、企业获得什么样的奖励等信息;或者纯粹频繁地发布产品与服务信息。而上述片面、单一的信息发布由于缺乏生动性、互动性与统一性,在碎片化的网络时代并不能唤起粉丝的兴趣与共鸣,原本关注企业微博站点的客户最终也会厌倦微博平台的高调官腔与枯燥乏味的信息而选择离开。因此,企业微博必须建立清晰的微博定位,并在这一定位的引领下,持续地更新发布相关信息;随着时间的推移,最终塑造出日益清晰的微博定位。例如,一个化妆品企业的官方微博可以定位为美容养颜的站点,其内容包括以美容养颜为核心的美容知识、化妆品推荐、健康生活和买家心得等方面。

5. 组建微博营销团队

大多数企业会认为微博是一个低门槛、低成本的营销方式,只要注册账号,弄个头像,每天发点微博就算完事了,事实上真的能为企业带来营销价值的微博营销成本并不低。有专业人士曾计算过,一个最基本的微博团队每月人力成本约在 5 万,还不算日常的营销活动开销。微博营销可以说是网络营销的集大成者,是最有难度的营销方式,需要运用广告学、市场营销、社会学、危机公关等诸多知识。细节执行中还会利用到搜索引擎优化、软文、电子邮件营销、客户关系管理等方面的知识。微博昵称的命名以及标签关键字的选择、更新都会运用 SEO 理论。140 字内容的凝练难度比写一篇软文还要大,一则创意的文案图片堪比一次病毒式营销。面对用户的建议、投诉,如何有效处理好粉丝的评论和私信还需要考验运营人员(团队)的应变公关能力。因此要进行微博营销并不是企业随便找几个人发发文字图片就够的,它需要一个专业的微博营销团队;需要由熟悉微博使用特点及企业品牌的营销团队专门负责。很多企业的微博是外包给公关公司等服务机构运作的,但负责企业微博运作的外包公司在对企业文化、产品特性和目标受众的了解程度上是远远不及企业自己的团队的。如果不是由企业自己运作,恐怕在信息疏导方面会有不足。企业微博存在"冰山现象",真正决定成败的在"海面之下",即企业的社会化媒体战略。简单来说,企业需要调整内部流程,吸引人才,建立团队,熟练运用新技术。

6. 开展销售促进活动

营销宣传一直以来都是企业的重大开销之一,无论是电视广告还是路边广告等,都要花费巨额的资金。而微博作为一个新型的社会化媒体平台,企业在该平台开展网络销售,具备了低成本、扩散快的重要特点。销售促进活动通常需要发放奖品所需的资金,但是这些资金由于直接用在客户身上,所以有时比电视等广告营销具有更为直接的效果。而且,这样的营销方式更迎合中小企业资金少、宣传难的特点,可以为中小企业实施营销活动提供有效的支撑。例如,Namechape 是一家域名注册商,2008 年年底和 2009 年年初,它在推特社区上发起了两次有奖竞答。这家公司的营销专家 Michelle Greer 是推特的活跃用户,她发现推特能够成为吸引流量、扩大销售的驱动因素,而且并不需要公司投入大量的资金。于是,该公司发布了一个小型推广活动,在连续的几周之内,每个小时都会问一个问题,回答正确的前三名参与者将会在其 Namecheap 账号中获得9.69 美元的奖励,这正是购买一个域名的费用。而竞答活动结束后,正确答案最多的参与者将会赢得 iPod 产品。他们的竞答活动非常成功,成千上万的人竞相参与,赢取奖品。推特因此受益,然而最大的受益者却是 Namecheap 公司。在 2008 年 11 月发起的竞答活动中,Namecheap 的推特跟随者数量增加了 20 倍,新域名注册数提高了 20%。

7. 争做微博意见领袖

企业可以考虑基于微博平台成为某一领域的意见领袖,从而针对这一领域的产品或服务具有发言权和引导权。例如,在国外有一家名叫 52teas 的茶叶公司,他们用推特这种特殊非常有趣的方式提供茶,在微博上他们每周给茶消费者各种建议,谈论茶经、茶道。在注册推特一周之后,它卖出的手工茶叶翻了一番。

无论是大型企业还是中小型企业,甚至是微型企业,在微博平台之上都可以充分运用微博的各种功能。通过持久的执行力和正确的营销策略,获取并发展客户,实现营销目标,达到利润和投资回报的最大化。

思考题

1. 创立、建设或运营企业微博。
2. 尝试基于某商业化组织微博实施营销。

第 12 章　微信营销

12.1　微　　信

2016 年 11 月 16 日，在浙江乌镇举行的第三届世界互联网大会上，首次举办了世界互联网大会领先科技成果发布活动，腾讯微信凭借其在技术生态、产业生态、社会生态上的创新获得奖项。微信通过搭建包括社交、娱乐、O2O、资讯、电商、金融和生活服务等一系列生态体系生产内容，打造 O2O 闭环，建立智慧城市，并将平台开放，使得第三方能够在微信生态中创造更大的可能性，共同搭建微信生态。在移动互联网时代，微信作为一种新的传播媒介，与我们的生活息息相关。

12.1.1　微信的概念

腾讯公司于 2011 年 1 月 21 日推出了一款提供即时通信服务的免费应用程序，即微信（WeChat），它由张小龙所带领的腾讯广州研发中心产品团队打造，腾讯公司总裁马化腾在产品策划的邮件中确定了这款产品的名称为"微信"。在微信中，人们可以通过网络快速发送免费语音短信、视频、图片和文字等。同时，微信也支持使用"摇一摇""附近的人""漂流瓶""朋友圈""零钱通""微信支付"等服务。用户通过上述方式和功能添加好友和关注公众平台，将看到的精彩内容分享给单个朋友或朋友圈，因此微信提供了强大的公众平台、朋友圈和消息推送等功能。微信软件本身完全免费，使用任何功能都不会收取费用，适合大部分智能手机，支持多种语言，以及 Wi-Fi、2G、3G、4G 和 5G 数据网络。

不论是在娱乐生活还是文化教育上，微信都变得越来越重要，它成为很多人解决问题的行动指南。由于人们逐渐改变以往使用计算机上网的习惯，而选择使用智能手机上网获取信息与娱乐，集语音、视频、游戏、朋友圈、公众平台于一体的微信凭借着自身优势迅速抢占用户市场，已经成为很多人生活中不可缺少的一部分。

12.1.2　微信的特点

随着网络技术的不断发展，越来越多的社交软件出现在大众的视野中。与其他社交软件相比,微信的形式更加灵活,操作更加简便,费用更加低廉;其独有的"朋友圈"和新颖的功能("摇一摇""漂流瓶""扫一扫"等)深深地吸引了众多用户,并拥有自己忠诚的"微信粉丝"群体。

1. 功能新颖

微信在自己的产品设计中引入了"朋友圈""漂流瓶""摇一摇""附近的人"以及"搜一搜"等新颖的功能,这些是用户所没有体验过的。微信可以生成自己的赞赏码,接受朋友的打赏;可以通过二维码给身边的人发红包;其自主研发的语音识别技术可以支持语音输入;收藏笔记可以添加项目编号并置顶;微信运动可以查看步数图表等。这些新颖的功能都吸引了很多用户。现如今用户越来越追求新颖独特的体验,这就使得微信的新颖功能受到青睐,使得人与人的交流距离不再是问题,用户可以随时随地找到一个交流的对象。

(1)"附近的人"。

微信不存在距离限制,用户可以通过"附近的人"搜索到周围的微信用户,从而扩大自己的人脉,一些商家用户也可以借此推广自己的产品信息。

(2)"扫一扫"。

微信用户通过"扫一扫"功能可以直接获取企业相关信息。例如,消费者可以通过扫描二维码实现自助点餐,带来全新的体验和便利的服务;另外,商家通过"扫一扫"赠送小礼品的方式,获取消费者关注,增强企业知名度。

(3)"漂流瓶"。

"漂流瓶"也可以作为微信公众号"吸粉"的方式之一。例如,某美容护肤公众平台通过投放"漂流瓶"的方式,使得用户可以免费领取品牌小样,从而获得用户关注。

(4)"朋友圈"。

微信朋友圈保护用户隐私,只对互为好友的用户开放可见权限。商家可以利用朋友圈对企业的产品或服务进行宣传,同时消费者也可以利用微信公众平台主动搜索促销和优惠信息。

(5)"零钱通"。

零钱通是微信支付的新方式。用户把微信零钱转入零钱通后,不仅能赚取收益,还可以随时消费支付,这类似于余额宝,可以转账、发红包、还信用卡、扫码支付等。

2. 强化社交

微信的使用极大地增强了人们的社交体验。每一个微信用户都拥有一个属于自己的"朋友圈",用户可以及时地了解自己朋友的动态,并进行点赞与评论。当某条消息不断地出现,就会形成一个以某个用户为节点,朋友圈之间相互传播的网络。若要结交同行业、同领域、同爱好的人群,可以在线查询相关的微信文章,从中了解新动态,或是分享自己的信息给大众。此外,微信的群聊天功能可以实现群内好友一起视频聊天,增强感情。

3. 互动性强

与微博等社交网络不同,在微信朋友圈中,大多都是熟人社交;朋友圈中的大部分人是现实中的家人、朋友、同学、同事关系。圈子的构成方式是建立在双方相互认证的基础之上,联系双方通过朋友圈发布或分享内容,使得圈内的人际互动机会和频率更高。此外,通过游戏中心,朋友之间还可以一起玩游戏,加强彼此互动。目前,作为有效的网络社交平台,越来越多的企业依靠微信与"粉丝"开展个性化和多元化的在线互动,提供更为优质、深度的在线体验。

4. 实用性强

微信已不再是简单的通信应用程序。除了发短信、视频和照片等基本功能,微信还有一些附加功能,如购物、付款、乘车服务和订餐。例如,用户可以随时拍摄或收藏视频分享至朋友圈;使用共享位置,用户可以随时跟踪彼此位置;使用支付功能,可以向好友发送红包或现金转账。

12.2　企业微信公众号建设

微信公众平台越来越受到企业的青睐。企业通过微信公众平台可以向用户推送新闻资讯、产品信息、最新活动、用户咨询和客服服务等,消费者通过微信公众平台可以订阅所需的产品以及服务信息。2022 年,微信公众号走到了第 10 个年头。在抖音、快手、B 站、小红书、今日头条等平台挑战下,微信公众号仍然是中文互联网最重要的内容平台之一。根据新榜日常监测的百万级微信公众号样本库显示,2022.1.1—2022.12.31 期间,微信公众号累计产出了至少 3.98 亿篇文章,也就是说,每天至少有超过 109.27 万篇新文章推送给读者。

微信公众号正在逐步成为用户与企业信息交互的有效桥梁。企业通过微信公众号的品牌影响力吸引订阅者,从而提高品牌知名度。以下将对企业微信公众账号的创建、设计与管理进行具体介绍。

12.2.1　企业微信公众号的创建

企业微信与个人微信不同,个人微信只需要实名认证及手机短信息验证即可成功注册,而企业微信则需要相对复杂的流程。

1. 申请材料

材料包括企业微信公众号的名称、4～120 字符的功能介绍、可执行公众号激活的邮箱、申请人微信(公众号运营者微信均可)、银行卡和企业营业执照原件及复印件等。

2. 公众号注册

用计算机浏览器搜索"微信公众平台"(如图 12-1 所示),点击进入微信公众平台官网(https://mp.weixin.qq.com),单击"立即注册"按钮(如图 12-2 所示)。

单击"立即注册"按钮后,会弹出需要选择注册账号类型的页面。注册账号的类型包括服务号、订阅号、企业微信(原企业号)和小程序四种(如图 12-3 所示)。

订阅号或服务号的注册需要经历 4 个步骤:填写基本信息→选择账号类型→信息登记→填写公众号信息。

步骤一:填写基本信息。

点击账号类型中的任何一项,会弹出需要填写邮箱地址和申请的公众号的登录密码

图 12-1　搜索"微信公众平台"

图 12-2　单击"立即注册"按钮

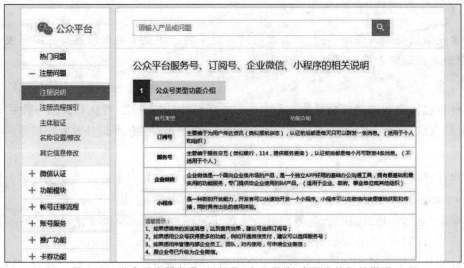

图 12-3　公众平台服务号、订阅号、企业微信、小程序的相关说明

的页面。填写邮箱地址，点击"激活邮箱"，作为登录账号的邮箱会接收到邮箱验证码，输入验证码和设置密码后即可进入账号类型选择页面。

步骤二：选择账号类型，如图12-4所示。

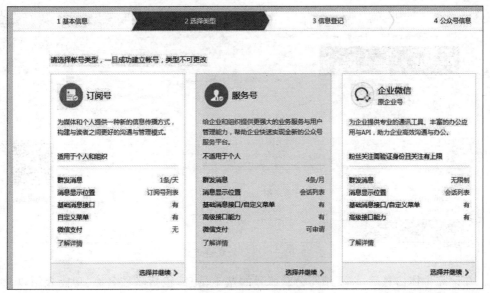

图 12-4　选择账号类型

订阅号：为媒体和个人提供一种新的信息传播模式，构建与用户之间的沟通与管理模式。订阅号主要偏向于为用户传达信息，认证前后都拥有每天一次的发送信息权限，不支持微信支付。由于微信对订阅号没有过多的限制，自由度较高，所以设置订阅号的企业可以为用户提供较为及时的信息。在用户界面，订阅消息会接收至订阅号文件夹，通信录也被分在订阅号一栏，用户不会有即时的推送消息提醒。订阅号推送的信息的频率较高，比较适用于需要与客户进行及时沟通、宣传企业文化、推广品牌和产品、增加企业人气、扩大销售以及为客户提供奇闻轶事、新鲜要闻的企业、媒体、政府、组织和个人。

服务号：偏向于服务交互，能够为企业和组织提供更强大的业务服务和用户管理能力，比较适合有一定影响力的公告类企业，诸如政府机关、事业单位、电商企业、银行、航空企业等，不适用于个人。微信对服务号有一定群发限制，认证前后每个自然月服务号只能群发4条消息。与订阅号不同的是，群发消息可以直接推送给用户，推送的消息会直接显示在聊天列表中，用户在收到及时提醒后，于微信首页即可点击查看。服务号是直接显示在用户的通信录中的，不需要点击文件夹，操作方便。由于服务号开放的接口比较多，支持自定义菜单和微信支付，企业可根据实际情况进行更深层次的定制开发，实现所需功能。

步骤三：信息登记。

企业进行订阅号和服务号的信息登记，包括用户信息登记、主体信息登记和管理员信息登记三部分。个人、个体工商户可注册5个服务号，企业、政府、媒体和其他组织可注册50个服务号。主体信息需要填写企业名称或组织名称、企业营业执照注册号（统一社会信用代码)或组织代码。管理员信息登记包括管理员姓名、身份证号码、手机号码和验证码等。

步骤四：填写公众号信息，如图 12-5 所示。

图 12-5　填写公众号信息

登记完主体信息后，需要填写公众账号的基本信息，包括账号名称、功能介绍以及选择运营地区。账号名称为 4～30 个字符(2～15 个字)，名称设置后不允许变更，经认证的账号名称可以被搜索到；用户说明及账号的功能介绍为 4～120 个字，介绍公众账号的功能与特色，经设置后会展现给订阅用户。由于账户名称一经设置不允许变更，所以广大企业在设置前应仔细考虑两点：一是如果企业自身拥有较高的知名度，即可使用企业的产品或品牌作为公众号名称；二是选择该行业具有曝光度的关键词作为名称的主体部分。至此，完成公众账号的注册。

12.2.2　企业微信公众号的设计

企业微信公众号的设计主要包括头像、名称、微信号、二维码、功能介绍和功能设计 6部分。

1. 头像

微信公众号的头像是企业品牌识别和整体形象的延伸。头像的设计要尽量体现企业的个性化。对于已经拥有品牌知名度的企业，可以使用品牌标识作为头像；而对于目前缺乏品牌知名度的企业，在设计头像时，要尽量用户在第一印象中获取有效信息。目前，企业微信公众号的头像的类型主要有 Logo 型、文字型、卡通图像型和角色形象型，企业可以根据自身经营的特点选择合适的类型。

2. 名称

微信公众号的名称是企业品牌的第一标签和第一印象。微信公众账号名称在命名时，要尽量做到利用专业化、个性化、关联化的词汇锁定目标用户，促进推广。

3. 微信号

企业微信公众号需要由 6～20 个字母、数字、下画线、减号组成,并且以字母开头。企业微信号与头像、名称相关,要尽量与企业文化、品牌具有统一性,简短易记,避免和减少使用特殊符号。

4. 二维码

微信平台赋予个人和企业账号唯一的可供识别的二维码。二维码有多种尺寸可供选择,可以根据自身的需要选择。每种边长的二维码都可以通过微信公众平台进行下载。

5. 功能介绍

功能介绍是企业对微信公众号的功能描述。每个自然月允许修改功能介绍 5 次,字数长度控制在 4～120 个字。企业用最简洁的词语表达"我是谁、我能做什么",要尽可能简单好记,容易理解。

6. 功能设计

企业微信公众号主要有群发、自动回复、自定义菜单和投票管理四种功能,其中自定义菜单是其主要功能。

(1)群发。它是企业向客户推送产品和服务的重要窗口,群发功能目前支持文字、图片、语音、视频等信息的发送。

(2)自动回复。企业通过简单易懂的语言、图文、语音等作为自动回复信息,达到用户认知、双向互动和宣传引流的目的。按关键字自动回复是当下的主要类型,该类型自动回复的上限为 200 条规则,每条规则最多 10 个关键字、5 条回复。利用自定义回复,可以带来更好的用户体验。例如,企业可以为自己的公众账号设置感谢关注和订阅的自动回复"非常感谢您的关注和支持……",随后可以向用户展示关键词导航"回复 1 话费充值,回复 2 套餐办理……"。

(3)自定义菜单。每个微信公众号最多创建 3 个一级菜单,每个一级菜单最多可以创建 5 个二级菜单。菜单名称支持中英文,一级菜单名称不多于 8 个字符,二级菜单名称不多于 16 个字符。公众号的功能需要清晰地表现在菜单栏上,分类精确且不冗杂。通过菜单设计,帮助用户实现收取信息、跳转网页等功能。例如,南方航空微信平台的主页分为航班服务、自助服务、粉丝专享三部分,如图 12-6 所示。第一部分包括机票预订、旅游度假、航班动态、我的订单等,第二部分包括人工客服、会员制度等,第三部分包括天天有奖、价格保障等。

(4)投票管理。企业通过微信公众平台新建投票模板进行粉丝推送,收集关于比赛、宣传、选举、反馈等意见,目前仅支持在手机微信端进行投票,不支持 PC 端和手机浏览器。

12.2.3　企业微信公众号的管理

1. 消息管理

用户与企业之间可以通过公众号进行信息互动。企业可以在 48 小时内对用户的信

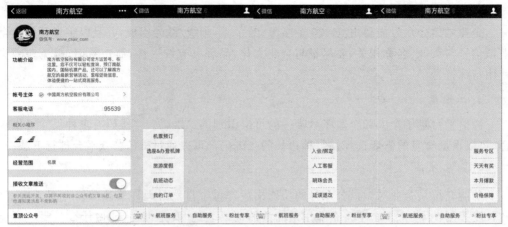

图 12-6　南方航空微信平台主页

息进行回复,超时则需要等到用户重新发起对话。系统一般会保留最近 5 天的文本信息和最近 3 天的图片及语音信息,星标信息则可以永久保留(如图 12-7 所示)。

图 12-7　微信公众号消息管理

2. 用户管理

微信公众账号的用户管理支持企业对用户的搜索、备注和分组,如图 12-8 所示。企业可以通过昵称和微信号快速搜索到关注公众号的"粉丝"。企业也可以对"粉丝"进行名称或相关信息备注,备注要求在 60 个字符以内,支持特殊符号,并且没有修改次数限制。用户分组的名称要求在 1~6 个字符以内,分组最多不超过 100 个。被移入黑名单分组的用户则无法发送消息和接收群发信息,只支持查看 10 条历史信息。

3. 素材管理

微信公众号的素材主要有图文消息、图片、语音、视频四种格式,如图 12-9 所示。每种素材的上传都有具体要求。其中,使用最多、操作相对复杂的是图文消息。图文消息包括标题、作者和正文等部分。通过编辑和排版,向用户推送企业产品和服务等信息。图片素材要求大小低于 2MB,支持 jpg、jpeg、bmp、gif 格式;语音素材要求大小低于 5MB,支持 mp3、wma、wav、amr 格式;视频素材要求大小低于 20MB,支持 rm、rmvb、avi、mpg、

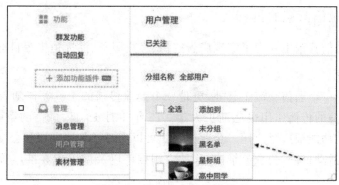
图 12-8　微信公众号用户管理

mpeg、mp4、wmv 格式。

图 12-9　微信公众号素材管理

4. 移动端管理

微信公众号的基本操作大多都在 PC 端完成。为了便利,企业运营者可以通过"公众号安全助手"在移动设备端登录公众号进行信息查收、评论、赞赏、群发和查看历史消息等操作。

12.3　企业微信营销

在碎片化的移动互联网时代,微信通过各种连接方式使用户形成全新的习惯,围绕用户本身并以场景为单位催生了新的商业入口和营销模式。

12.3.1　微信营销的概念

微信营销是网络经济时代企业对营销模式的创新,是伴随微信这种社交媒体平台诞生的一种互联网营销方式。作为新媒体营销的一部分,企业通过公众账号、消息推送、朋友圈广告等方式,为用户提供形式多样的信息,进行点对点的精准营销,达到品牌宣传、引流导流、刺激销售的目的,获得更高效的客户管理,得到优质的目标客户群,实现资产增值。

12.3.2　企业微信营销的目标

企业进行微信营销主要为了实现广告宣传、客户服务、促进销售等目标。

1. 广告宣传

微信除了是一个通信交流工具外,更是一个商业传播的工具。伴随着微信公众号的推出和应用,微信的传播作用也逐渐扩大。2015 年 1 月 12 日,微信的第一条广告面世,自此微信广告的功能被广泛应用。企业或组织可以通过微信朋友圈和公众号的方式推送广告,实现品牌活动推广、公众号推广、移动应用推广以及微信卡券推广等多元化的投放目标。

微信朋友圈广告是基于微信公众号的生态体系,以类似朋友的原创内容形式在朋友圈中展示的原生广告。用户可以通过点赞、评论的方式进行互动,并依托社会关系链的传播,为品牌推广带来加成效应。作为契合微信朋友圈浏览体验的广告形态,具体有本地推广广告、原生推广页广告、小视频广告和图文广告等形式(如图 12-10～图 12-13 所示)。

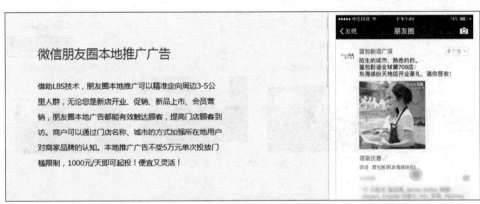

图 12-10　本地推广广告

图 12-11　原生推广页广告

微信公众号广告作为与公众号文章和谐共处的广告形态,也是微信营销的途径之一。微信公众号推送的信息和咨询一般图文并茂,其中包含图片广告、图文广告和卡片广告三种形式。图片广告多以横幅展示,形式各异,灵活多变,具有较强的表现力,图 12-14 中

图 12-12　小视频广告

图 12-13　图文广告

图 12-14　微信公众号广告

"周生生"以浪漫高贵的紫色为主色调,突出"璀璨未来"要从"这个圣诞"开始。图文广告则制作简单,比较契合推文的阅读场景。例如,"来三亚拍婚纱照吧!穿着婚纱去旅行"用词简单明了,主题清晰。卡片广告外形小巧,承载较为丰富的信息,能够引导用户关注公众号、下载移动应用以及领取相关卡券。例如,点击关注 HM,即可获得"潮流时尚资讯"。

2. 客户服务

企业或组织可以通过微信公众号与粉丝用户进行很好的交流,公众号逐渐成为企业服务客户的一个重要窗口。用户可以用微信公众号进行业务咨询、投诉及售后服务等,同时企业也可以通过接收用户消息和向用户回复消息的接口实现与用户的交互。由于服务接口的出现,企业可以在 24 小时内回复用户的信息,并且实现用户的多触发机制,让用户通过公众号中的自定义菜单、消息等各种方式随时发起微信请求,企业也可以轻松地做出响应和答复。

企业客户关系管理的核心就是通过自动分析来实现市场营销、销售管理和客户服务,维持老顾客、吸引潜在顾客。微信公众号的诞生极大地方便了用户与企业进行对话和沟通。企业可以将原有的 CRM 系统与微信公众号相结合,实现多人人工接入,提高客户服务满意度,在实现自动回复的基础上节约人工客服的人力成本。在提供优质服务的基础上,获取用户的信赖,通过与用户建立朋友一样的关系,最终达到"提出问题—解决问题"的良性循环,由服务带动盈利,延伸商业价值和品牌传播。

3. 促进销售

在电子商务时代,消费者喜欢随时随地进行消费,微信公众号的出现正好为消费者的这一倾向做出了良好的引导。企业和商家做好具有引导性的图文并与微店对接后,通过微信公众号将产品和服务以图文并茂的信息形式推送到用户手中,用户通过自动化引导消费的模式形成自动化营销。若在碎片化的时间内用户产生对某种产品的购买欲望,就可以在阅读推文时直接点击图文实现跳转,进行下单和支付,完成交易。交易后可以在企业微信公众号中直接跟踪实时物流信息和进行售后服务。公众号与微店的对接帮助消费者实现了线上线下的预约预定模式,这样的消费模式不仅方便了用户,迎合了部分消费者的购物需求,同时也促进了企业的销售。

12.3.3 企业微信营销的策略

企业实施微信营销可以包括(但不限于)以下策略。

1. 开展营销推广,拓宽用户基础

微信营销需要积累用户基础,用户越多越能够获得好的营销效果。企业通过微信公众号发现并挖掘自己的客户,与客户之间建立连接。企业一般可通过二维码、粉丝转发、QQ 推广、推文外链等方式向用户推广自己的公众账号。在移动互联网时代,利益诱导是刺激消费的重要商业模式之一。企业利用"免费"的噱头吸引用户关注并分享。通过"抢红包""转发有奖""认证大号转发"等形式,戳中用户痒点,积累用户,增加曝光次数,提高转化。企业在拥有一定的用户基础后,会通过多种渠道将刚建立的弱用户关系强化,不断摸清客户需求,让客户多触点地对企业的品牌和服务理念进行感知,逐步产生好感和信任,促使建立更深层次的关系,实现深度营销。

在微信平台上,企业可通过多种表现形式传递本企业及产品的信息,吸引消费者购买,从而达到扩大销售量的目的。具体包括活动化点面结合的营销策略和促销策略两种。

活动化点面结合的营销策略要求企业通过话题参与等方式在特殊节假日开展具体的活动,向用户传达信息,引导用户参与购买和消费,达到点带面的微信营销目标。与传统的促销手段不同,微信促销通常要与内容挂钩,创新内容和方式,将促销信息简洁明了地告知用户。具体归纳为广告策略和价格策略两种。广告策略要求企业通过微信公众号推送和传播产品与服务的图文广告、小程序;价格策略则是指企业根据是否关注微信公众号、是否限时购买、是否忠诚客户来进行客户细分,实行差别定价。

【案例 12-1】　南方航空公司微信公众号促销

如图 12-15 所示,南方航空公司微信公众号 2023 年 3 月 16 日和 3 月 24 日发布的微信促销信息为例。南方航空公司以简洁明了的促销方式,让用户最快了解最新的优惠资讯。推文标题包含"免费""抢""限时""会员"等表达优惠主旨的关键词,同时还会标注低价的具体数字,刺激用户点击浏览。文末一般附会员福利和会员注册的流程,推文正文及标题也反复强调会员日的概念,利用价格策略进行差别定价。南方航空公司的促销基本是建立在会员制度上,在销售产品的同时,也构建了良好的客户关系。

图 12-15　南方航空公司微信公众号

2. 确保推送内容质量,做好内容营销

在产品和技术日趋同质化的互联网时代,信息过载使得用户面临众多选择。单纯的复制、粘贴以及枯燥的文字难以吸引用户目光,含金量高的信息才能得到用户青睐。微信公众号推送内容的设计和策划十分重要,它是用户接触企业价值最为直观、具体的方式。

用户通过推送内容对公众号初步认识并形成主观认知。企业需要设计优质内容，为用户提供高质量的服务，满足用户分享的满足感。

内容营销是微信营销的重点，企业通过创造和分享有趣的内容吸引用户，从而达到营销目的。内容营销首先要求企业做到公众号定位，明确内容推送是为了实现什么。其次，需要仔细筛选内容，为目标用户提供关联性、多元性、独特性、互动性的内容。除满足用户休闲、娱乐的精神需求之外，还要充分满足其生活上、学习上和工作中解决实际问题的实用需求。充分运用图文、视频、影音等新颖的形式为用户提供原创的、实用的、有价值的信息。只有拥有一定的阅读价值，才能吸引用户的关注和喜爱。此外，企业需要建立系统化的内容管理机制，提高内容推送效率。最后，秉持"微信不是为企业服务，而是为用户服务"的原则，把握好内容推送的时间和频次，培养用户固定的阅读习惯，以多种形式丰富内容，满足用户刚需。

【案例 12-2】 出色的内容营销——罗辑思维

微信公众号"罗辑思维"（如图 13-16 所示）是自媒体视频脱口秀《罗辑思维》主讲人罗振宇创建的一个微信服务号，这个公众号凭借独特的契合，良好的互动和服务，在开通后的短短一年，便拥有了 110 万多的关注量。"罗辑思维"将"浓缩就是精华"发挥得淋漓尽致，每天早上准时六点半为订阅者推送一段时长为 60 秒的语音脱口秀和一篇新角度看世界的文章，语音中告知听众如何利用关键词来搜索到这篇文章。每天都为"粉丝"带来独家好书和精选好物，用知识唤醒新的一天，聊天文地理、古今中外。

"罗辑思维"的成功简单总结就是利用内容吸引受众，增强用户黏性，再用良好的互动提高用户体验。每天早上定时 60 秒语音，以及通过回复关键词来找到文章进行原文阅读，这种听觉和视觉的结合非常具有特色。而这种形式的互动服务又提升了用户的好评率和忠诚度。

图 12-16 "罗辑思维"微信公众号

3. 以用户为中心，加强双向互动

企业可以通过公众平台的定制开发，设置自动回复功能，快速响应用户的问题，实现

用户与公众号之间的自助式互动。另外,企业也可以建立人工客户服务团队,在线与用户实施互动,积极地进行活动交流。利用"一对一"在线客户服务形式满足用户需求,保持和维护双方良好的互利互惠关系。企业也可利用客户反馈的信息,依据年龄、性别、地域、经济能力等变量对客户进行细分,为不同分组的用户提供有价值的服务和内容,进行有效推送。整个营销过程时时关注用户需求,以客户的价值为目的,满足用户现实的或潜在的需要,积极开发顾客最需要的产品和服务,培育忠诚用户。

4. 口碑营销,刺激用户分享

即时性高、互动强、影响大、传播广的特质使得微信成为信息时代用户寻求社会认同的渠道之一。微信因其特有的用户规模和分享功能使得用户在扮演信息接收者角色的同时,也扮演传播者的角色。用户会积极主动地关心国家大事以及社会热点事件,并通过社交媒体平台进行转发、评论和分享。另外,企业也会在收集用户数据和分析用户动机的基础上,利用"有趣好玩""社会认同""权威专家""专业人士"等有效的关键词刺激现有用户分享和推荐。企业在为消费者提供他们需要的产品和服务的同时,让消费者自动传播企业产品和服务的良好评价,从而让人们通过口碑了解产品,树立品牌形象,加强市场认知度,最终达到销售产品和提供服务的目的。一定的用户基础是企业拥有的天然信息传播渠道,这种利用老客户开发新客户的模式不仅高效而且成本低。

企业通过微信营销的有效介质可以更好地实现口碑营销,具体包括谈论者(talkers),也就是关注企业微信公众号的"粉丝",他们最初接受企业产品和服务的信息,并且会有选择性、自发地进行分享和传播;话题(topics),即为企业推送的内容,可以是企业打造的话题,也可以是由于某个社会热点事件引发的话题;工具(tools),主要是微信平台中的朋友圈、微信群、公众号以及微信的其他功能;参与(taking-part),企业借用热点事件包装产品或服务,以达到增加讨论热度、吸引流量的目的;跟踪(tracking),事后监测的环节,企业通过微信平台获取公众号的后台数据,包括阅读量、转发量、留言、点赞等,有支付、赞赏功能的还包括成交量、转化率。

5. 整合渠道资源,开展全域营销

微信作为精准的品牌营销工具,为企业的个性化营销搭建了较好的平台。企业在进行微信营销之前需要进行精确的目标客户群定位,做好用户画像,并且明确自身营销的目的,依此进行营销策划。根据目标客户群体的地域、性别、收入、年龄、受教育程度、行业特征、使用场景等特点,通过连接以微博、知乎为代表的社交媒体、论坛,以淘宝、天猫、京东为代表的网络零售平台进行联合营销,实现营销方式多元化。同时,企业也可以结合同类或他类企业或品牌,进行微信信息互推,利用小程序、外链等服务功能,实现客户界面的实时跳转,扩大消费群体,提高双方的品牌知名度。

📚 思考题

1. 简述服务号与订阅号的区别。
2. 基于微信公众号,探讨实施微信营销的若干方法。

第13章 视频营销

学习目标

- 了解网络视频营销的发展与优势;
- 学习视频营销的制作流程;
- 掌握视频营销的推广策略。

13.1 网络视频营销概述

中国互联网信息中心(CNNIC)发布的《第50次中国互联网络发展状况统计报告》显示,截至2022年6月,网络视频用户规模为9.95亿,较2021年12月增长2017万,占网民整体的94.6%,如图13-1所示。其中,短视频用户规模为9.62亿,较2021年12月增长2805万,占网民整体的91.5%。

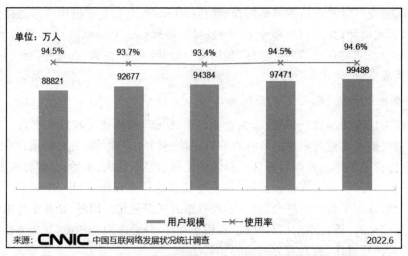

图13-1 2020.6—2022.6 网络视频(含短视频)用户规模及使用率

【案例13-1】 苏珊大妈

苏珊大妈(如图13-2所示)是位歌手,在英国ITV电视台的《英国达人秀》第三季第一轮比赛中亮相，这位年龄有点大、长相有点糙、打扮有点老土的选手一亮开歌喉演唱伊莲·佩姬的《我曾有梦》(*I Dreamed a Dream*)，所有人的眼睛都瞪大了。她震撼全场，红透英伦，真正诠释了何为"人不可貌相"，外表平凡却满怀梦想、才华洋溢的她用歌声扭转人生。

图 13-2　苏珊大妈

【案例 13-2】　李子柒

知名博主李子柒，她的短视频以中国传统文化为主线，围绕中国农家的衣食住行展开（如图 13-3 所示），吸引外国网友观看，成为他们了解中国文化的一个窗口。2021 年 2 月 2 日吉尼斯官方宣布，热门美食博主李子柒在 YouTube 平台以高达 1410 万的订阅量，再一次刷新了由 YouTube 平台创下的"YouTube 中文频道最多订阅量"的吉尼斯世界纪录。

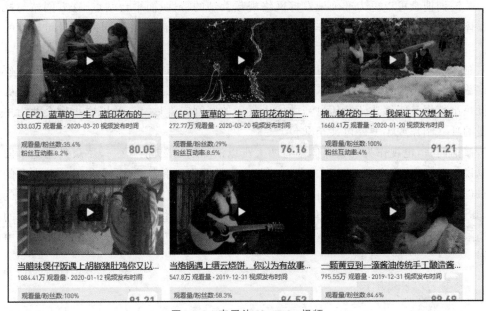

图 13-3　李子柒 YouTube 视频

网络视频是指视频网站利用流媒体格式的视频文件和可以在线直播或点播的声像文件提供的在线视频播放服务。在众多的流媒体格式中，flv 格式由于文件小，占用客户端资源少等优点成为网络视频所依靠的主要文件格式。YouTube 是全球著名的视频网站，可供网民下载观看及上载分享短片，至今已成为同类型网站的翘楚，造就多位网上名人，并激发了网上创作，已经成为世界上访问量最大的视频播客类网站。国内知名的视频网站包括抖音、优酷、爱奇艺、网易视频、搜狐视频和新浪视频等。互联网发展初期，由于拨号上网的速度太慢，限制了大容量视频文件的播放。网络视频的分界岭为 2005 年，随着宽带的普及、计算机运行速度和性能的不断提高及视频共享网的出现，Flash 格式引爆了用户对在线视频的激情。对于网络视频而言，奥巴马就职典礼的视频在网上风靡一时。Blendtec 是一家销售专业和家用搅拌机的公司，凭借其出色的视频营销策略，一跃成为最强的搅拌机生产商。近年来，网络视频营销呈现三种明显的趋势：第一，品牌视频化，越来越多的企业通过视频营销方式，把自己的品牌展现出来；第二，视频网络化，在网络空间之中，特别是社会化媒体平台的兴起，视频网络化更为明显；第三，广告内容化，不同于传统广告，消费者对于嵌入内容的广告更愿意接受，常见于企业的产品功能展示、品牌文化诠释等。

　　网络视频营销主要基于以视频网站为核心的网络平台，以内容为核心、创意为导向，利用精细策划的视频内容实现产品营销与品牌传播的目的。网络视频营销的形式类似于电视视频短片，平台却是互联网。网络视频营销是"视频"与"互联网"的结合，这种创新营销形式具备了二者的优点：它具有电视短片的特征，例如感染力强、形式内容多样、创意新颖等；又具有互联网营销的优势，例如互动性强、传播速度快、成本低廉等。网络视频营销的实施平台包括专业的网络视频站点、企业依托的第三方平台站点、企业的官方站点以及社会化媒体站点。其中，网络视频站点是企业开展网络视频营销的基础或核心，通过网民的关键词搜索可以更为准确地发挥网络视频营销的特性；而平台站点、官方网站与社会化媒体可以通过投放企业的制作视频，为企业开展视频营销提供不同网络空间站点的支撑。网络视频营销的应用主体主要体现在两个维度。一是以大型企业为主的大制作。所谓大制作，又称"微电影"，即由专业团队制作、画面精美、耐人寻味的短视频，例如《四夜奇谭》《益达酸甜苦辣系列》《桔子水晶酒店系列》《一触即发》《11 度青春》《嘻哈四重奏》等一大批短小精悍又能够让营销信息巧妙植入其中的网剧广告片。二是以中小型企业为主所开展的独立制作或小型外包甚至众包。

　　概括而言，电视作为视频媒体却有两大难以消除的局限性：第一，受众只能是单向接受电视信息，很难深度参与；第二，电视有着一定的严肃性和品位，受众很难按照自己的偏好来创造内容，因此电视的广告价值大，但是互动营销价值小。网络视频作为互联网的产物，其天生具备的互联网的个性化与互动性的特性使得网络视频可以突破传统电视的历史局限，从而使得视频营销也越来越被众多品牌企业所重视，成为网络营销中采用的利器。

13.2　网络视频类型

长视频（一般指超过半个小时的视频，以影视剧为主）区别于此前国内众多视频分享网站主打的短视频。与后者多由用户自己制作不同，长视频主要由专业公司完成制作，其版权的获得至关重要。这里以腾讯视频最新发布的六大片单为例，综艺品类不仅覆盖脱口秀、喜剧、音乐等舞台表演类国民度赛道，也有与年轻人情感、职场、生活方式等强相关的生活职场情感类节目，还有脑力推理、电竞等面向各类兴趣圈层的多元题材，如图13-4所示。长视频的代表网站在海外体现在以 Hulu、Netflix、HBO、Disney＋等为主的平台竞争态势，在国内则呈现着以腾讯视频、爱奇艺、优酷等为主的平台竞争态势。

图 13-4　腾讯视频题材

网络视频的长视频领域，在优质内容、模式创新和生态协同等方面更富效率的平台，在激烈的市场竞争中更具优势。对于优质内容，以北京冬奥会主题为例，2022 年年初，各大视频平台纷纷借势推出与冰雪运动、冬奥竞技相关的综艺节目，提升用户对体育竞技题材的触达深度和广度，营造"三亿人上冰雪"氛围。例如，爱奇艺的《超有趣滑雪大会》、优酷视频的《冬梦之约》等节目，均取得不错的收视效果。对于生态协同，各大视频平台加强跨界合作，以优质内容服务为核心，围绕用户需求进一步扩大服务边界，与在生活服务、技术等领域领先的公司，如携程、京东、华为等合作，通过账号互通、运营协同、内容共享等措施，扩展会员数量和收入增长。对于模式创新，各大视频平台探索商业模式创新，以降本增效，实现盈收，例如深耕内容、提升付费用户占比。各大网络视频平台通过深耕垂直类别市场，发力自制剧、定制剧等，吸引、沉淀付费会员，提升会员收入。2022 年第一季度，哔哩哔哩付费会员数量达到 2010 万，同比增长 25％，其中近 80％是年度付费会员或自动续费会员；爱奇艺会员服务营收 45 亿元，同比增长 4％。精准触达目标用户，不断优化针对广告主的视频广告推广算法，为广告主匹配合适的消费者，实现视频广告的高效投放。

短视频即短片视频，是一种互联网内容传播方式，一般是在互联网新媒体上传播的时长在 5 分钟以内的视频。伴随着互联网的发展和移动终端的普及，中国短视频用户规模不断扩大。短视频逐渐成为互联网平台、粉丝和资本的新宠。短视频作为社会化媒体的一种表现形式,涵盖了美妆、运动、美食、服饰、宠物、明星、探店等社会生活的方方面面。短视频的核心价值体现为生动化的内容场景和用户化的兴趣导向。不同于传统的图文形式,短视频以生动化的内容场景,以信息量大、浏览速度快让用户在单位时间内充分满足内容需要。同时,对于用户化的兴趣导向,短视频基于推荐算法,通过提供个性化的内容,充分满足用户偏好需要,并通过传播与分享进一步满足用户自我价值的实现。

随着短视频行业的持续发展,短视频市场规模的不断扩大。短视频与媒体、电商等产业融合加速,信息发布效能、商业变现能力逐渐增强。对于媒体产业,短视频平台为主流媒体扩大传播影响力提供了新的契机,主流媒体将短视频平台作为创新转型的突破口。数据显示,截至 2022 年 6 月,微博、抖音、快手、哔哩哔哩四大平台上共有媒体号 8028 个,平均粉丝量 138 万人,百万粉丝账号数量占比 19.5%,千万粉丝账号数量占比 2.8%。其中,人民日报抖音号、央视新闻抖音号的粉丝数量分别为 1.55 亿、1.44 亿,排在所有媒体号的前两位。2022 年元旦当天,央视新闻抖音号发布的短视频《我把 2022 第一次点赞,送给 2022 第一次升旗! 祝福祖国繁荣昌盛!》点赞量达 1861.3 万,全网热度最高[①]。对于电商产业,短视频也成为了电商品牌连接、触达、转化年轻客群的新兴桥梁。短视频平台持续拓展电商业务,"内容＋电商"的种草[②]变现模式已深度影响用户消费习惯。2022 年第一季度,快手电商交易总额达 1751 亿元,同比增长 47.7%,其中自建电商体系"快手小店"贡献了 99%以上的交易额。2021 年 5 月至 2022 年 4 月,抖音平台上每月有超 900 万场直播,售出超过 100 亿件商品,交易总额同比增长 2.2 倍。此外,以抖音、微博、秒拍、快手等平台纷纷入局短视频行业为标志,短视频行业逐渐崛起一批优质的 UGC 内容制作者乃至 PGC 专业化团队。最后,短视频也在不断扩展海外市场。以抖音海外版 TikTok、快手海外版 Kwai 等为例,它们迅速扩张海外市场,应用下载量、应用使用率迅速攀升。生动直观、新颖易懂的短视频作品不仅突破了语言的局限性,甚至成为东方文化对外输出的重要平台。

13.3　视频营销优势

网络视频营销通过将视频与网络充分结合,得其不仅具有视频广告的感染力强、创意形式多样等特点,而且具有互联网营销的优势,例如受众广泛、传播迅速、互动深入、成本低廉。可以说,网络视频营销是视频广告与互联网营销充分结合的有效营销模式,视频营销已经逐渐受到广大企业用户的关注。公司往往将视频上传到视频网站以及自己的网站。网络视频营销的主要优势体现在以下几方面。

1. 搜索流量高

视频搜索量高不仅包括通用搜索引擎,而且包括视频站内搜索。企业不仅可以利用通用搜索引擎来体现企业的视频页面,而且更为重要的是通过视频网站的站内搜索,利用

---

① 来源:美兰德传播咨询视频网络传播监测与研究数据库。
② 种草:网络用语,指通过内容介绍、展示等方式,分享推荐某种商品,激发他人购买欲望。

视频网站获取高流量。

2. 客户精准

利用通用搜索引擎或视频网站的站内搜索进行关键词搜索的网民对于围绕关键词的产品或服务相当敏感,都是企业产品或服务的目标客户。因此,在视频网站搜索关键词的客户都可谓是企业的精准客户。以视频广告为例,广告商在选择的行业垂直网站进行视频广告投放,运用受众定向技术准确设定投放目标,视频精准直达受众人群,从而达到精准营销的目的。

3. 收录速度快

视频网站被搜索引擎收录的权重很高,制作完成的视频只要是被视频网站审核通过后,就能很快被搜索引擎收录。这种收录仅仅略逊于百科,如百度知道。

4. 收录排名高

同样是由于视频网站收录权重高的原因,将视频上传到各大视频网站之后,拥有同样关键词的视频都会排在其他网页的前面,视频会在搜索引擎中排列更佳的位置。

5. 转化率高

搜索视频的用户都是具有强烈需求的目标客户,当客户观看并认可视频后,会进而产生对企业产品或服务的实际交易行为。因而,上述精准的流量可以有效提高转化率。

6. 生动直观

在文字、图片、视频这三种展现形式中,视频对人的视觉和大脑冲击力是最大的,更容易培养营销人员与受众之间的情感。因此一个内容价值高、观赏性强的视频往往能锁住潜在的顾客,真正提高产品转化率。视频可以直观、生动、全面地展示产品,客户通过视频可以全方位地了解你,进而适应你。

7. 互动传播性强

当企业视频在视频网站发布后,网民可以针对视频进行评论。在评论的同时,还可能进行更多的转发与分享。这样,企业视频通过不断的评论、转发与分享,在不耗费企业任何推广费用和精力的背景下,得以较为广泛地传播。2012 年 7 月 15 日,鸟叔将他的单曲的视频在国外视频分享网站上线后,在全世界迅速走红。该视频包揽了英国、美国、巴西、比利时等 35 个国家 iTunes 单曲榜第一名,到 12 月 21 日半年不到的时间里,点击量就突破 10 亿次,成为互联网历史上第一个点击量超过 10 亿次的视频。

8. 营销支持改进

公司开始围绕"以视频为基础"的理念来创建网站,可以创造更多的参与与交互体验。这样,企业在自己的官网、第三方平台乃至社会化媒体上开展视频营销,企业创建的网络站点不仅仅是在推销产品,而且会使受众更多地融入企业文化中。

9. 效果可测

企业实施视频营销的效果可以用点击量、分享量、评论数等数字指标加以计算,因此,企业视频营销可以相对清楚地把握与衡量"每一笔营销费用都花在了哪里,效果如何"。

10. 留存时间久

相对于传统的电视广告，如果企业计划持续向大众展示产品，就需要持续投入资金。一旦企业停止付费，电视广告就会停播。而短视频不会因为费用问题而停止传播，其可以在互联网空间之中长期留存，此外，质量较高的视频还会被相关平台收录前置。

11. 成本低

与电视广告动辄几十万甚至上百万的制作投放预算相比，视频，特别是短视频的制作成本更低。短视频在制作、传播、维护等方面的成本都更具竞争力，营销成本大大降低。

12. 互动性强

网络视频用户普遍参与过视频平台的互动行为，以点赞、踩、免费送花等互动行为最为典型。企业通过视频营销一方面能够更好地与用户进行互动交流，帮助企业获得用户反馈，从而更有针对性地改进自身产品与服务；另一方面能够有效增加用户的活跃度与归属感，这不仅能使视频得以快速传播，而且还能使企业的营销效果实现有效提升。

13.4　短视频制作

短视频在互联网时代的地位越来越重要，但是从事视频、播客艺术的专业人士数量有限，从事专业的视频设计与制作的门槛较高。长期以来，对于大多数人而言，视频制作是一项可望而不可即的专业技术。近些年来，随着硬件设备的更新与软件技术的进步，网络视频为业余摄像师、视频爱好者提供了广阔的用武之地，他们可以利用自己的思维、创意和简易设备制造出独具特色的视频，并基于视频站点和相关官方站点提供的展示机会与平台进行展示推广，宣传企业的品牌与产品，从而发挥视频营销的作用。无论是企业的虚拟产品还是实物产品，都可以用相关图片或者影像资料通过视频的策划、制作来合成一个营销视频。

13.4.1　企业的短视频种类

企业的短视频通常分为两种：企业宣传片与产品宣传片。

1. 企业宣传片

企业宣传片侧重介绍企业主营业务、产品、企业规模及人文历史。企业宣传片已成为每个企业必需的展示方式。每个企业老总都希望自己的片子充分展现企业的现有发展状态。企业宣传片表现价值取向、文化传承、经营理念和产业规模等。对企业内部的各个层面有重点、有针对、有秩序地进行策划、拍摄、录音、剪辑、配音、配乐，配以动画和特效并合成输出制作成片，目的是凸现企业独特的风格面貌，彰显企业实力，让社会不同层面人士对企业产生正面良好印象，从而建立对该企业的好感和信任度，信赖其产品与服务。通过赋予独特内涵，帮助企业树立具有竞争力的综合形象。

2. 产品宣传片

产品宣传片通过全方位、多角度地展示商品，有助于增加买家对商品的信心，有利于商品的推销。从买家的角度讲,视频展示可以增加网民网络购物的真实体验,减少网购风险。相比购物网站单纯的文字、图片展示,产品宣传片更具真实性和说服力。产品宣传片大多是商家自己低成本制作的产品视频展示,相比由专业主持人或演员担任引导的电视购物,更贴近广大用户,更具有真实感。而且,产品宣传片在网上可以 24 小时为商家服务,不需要高昂的广告费用,形式灵活;无论在宣传的时间、区域还是力度上,都远远超过电视购物。

13.4.2 企业的短视频制作流程

尽管相对于专业视频制作而言,业余视频(常见于短视频)制作的复杂性与技术性要简单得多,但是仍然需要遵行严格的实施程序。

1. 视频内容构思

通常,企业制作的视频需要在 1~2 分钟的时间内讲述一个完整的商业故事,为此往往需要几天甚至几周的时间去思考故事的情节、背景和主题。在构思的过程中,应注意脱离传统的广告思维,在内容充实生动的基础上体现视频的创意。

2. 剧本创作和故事板设计

制作人员可以稍后将构思写成剧本形式。通常,剧本不仅是对话,还有场景及人物如何表演。剧本通过审核后,需要进行故事板设计,以图画形式用来指导视频所需的视觉与情感效果。

3. 角色派定

视频中的角色(无论是主角还是配角)都需要深入的筛选,要为视频人物配置合适的角色。"演员"是诠释视频的主角,同时拍摄视频时要有一定数量的工作人员。

4. 特色外景或内景拍摄

视频拍摄既可能涉及外景,也可能涉及内景或二者的结合。无论是内景还是外景,视频制作者都需要进行事先考察,对所有的背景与场景进行观察与分析,以预防拍摄中可能出现的一切潜在问题。尤其是室内拍摄,需要进行比较专业的布置,以达到比较好的拍摄效果。

5. 拍摄

网络视频的最关键之处在于内容策划,而不是拍摄技术。对于拍摄技术,一般使用DV 或摄像机就可以进行拍摄,大成本制作的视频可以用标清。拍摄过程中,导演、演员、摄影师、灯光技师与音频技师等各司其职,完成本职工作。

6. 图形

视频需要的任何图形在构思后录入计算机,此时需要制作、收集包含网址与品牌等要素的图片,以备下一步剪辑时植入使用。

7. 剪辑

剪辑环节所要做的工作是观看并编辑所拍摄的所有场景,决定保留与删除。这项工作完成后,编辑将留下的场景、图形和音乐合成一个完整的商业故事。影片剪辑软件就可以很好地完成这一工作。例如,"会声会影"是一套个人家庭影片剪辑软件,通过它完整强大的编辑功能可以剪辑出符合企业要求的网络营销视频。

8. 压缩和格式转换

剪辑完成后,视频将被压缩成一个很小的文件并且转换成合适的格式。由于视频网站接受 flv 文件,所以通常需要转换成 flv 格式。文件格式看上去令人困惑,但实际上非常简单。Flash 由于其兼容性广、文件容量小、图像质量高、传输方式多和播放器控制功能强等特点,已成网络视频最受欢迎的格式,网络上几乎所有的主要视频源都在使用它,包括 Youtube、Google Video 和 Youku 等。

9. 上传

完成压缩和格式转换后的最后一步是将视频上传到视频网站或企业相关站点。

13.5　短视频营销策略

网络视频的营销价值显而易见,尤其开展网络视频营销,尤其是短视频营销的策略具体如下。

1. 建立企业短视频空间

这里以建立医疗行业的短视频空间为例(抖音、快手、视频号等短视频平台都适用)。对于账号认证,由于注册认证医疗健康属于专业领域,因此平台对创作者资质有要求。认证渠道除了平台在 App 给出的入口外,可以尝试联系平台运营工作人员提交资料认证。对于账号装修,首先确定账号名称,例如,** 医生 ** 科室(实名认证)\ ** 医院(机构认证)等。其次,账号头像。医生账号建议用医生照片,机构建议用机构 log。再次,主页背景图:证书合集、团队照片、医院大门或者设计专门的图片。最后,账号介绍。一句话或一段话简介账号主体、历史、活动等,让粉丝能够对账号本人或者机构有大概的了解。

2. 短小精悍

网络时代的受众缺乏耐心,网民不会投入过多的时间来浏览企业视频。因此,网络视频的长度应体现"短、小、精、悍"。视频短片的长度应该在 1～2 分钟为宜;如果内容较多或具有明显的连续性,可以考虑将长视频剪辑成若干短视频,做成一个系列视频,保持主题的连贯性。

3. 设置与关键词相关的视频标题与内容

制作好的视频需要合理设置关键词。网民会根据关键词在通用搜索引擎或视频网站中进行搜索,而这些主动搜索者又都是精准的理想客户。因此有必要针对视频关键词设计视频的标题、目录、标签及视频描述。企业将设置好关键词的视频上传到优酷网、爱奇艺等大型视频网站,从而能够为自己带来定向的精准客户。

4. 围绕焦点主题展开诉求

网络视频的播放时间短暂,企业不要奢求其在有限的播放时间内能够将企业文化、企业品牌、产品功能等内容表达得面面俱到。事实上,如果在一个视频中表达过多的元素,客户反而会由于看不到重点，而什么信息都没有形成记忆。因此，企业必须围绕核心主题（如企业文化或者产品特点等）展开视频产品展示并进行凝练，突出企业或产品的差异性。

5. 内容基础上的创意导向

视频能够受大众欢迎的主要原因有两点：第一，视频内容的视觉冲击性远远大于普通的文字内容；第二，视频能融入更多的娱乐休闲元素，而这些恰恰是互联网时代的网民的兴趣所在。伴随着网络视频站点的增加，部分内容优秀、以创意营销为导向的、将广告当作内容来精心制作的视频在互联网上大受欢迎，而且这样做既为网络平台贡献了内容，又为网民提供了高质量的精神消费内容，最重要的是为企业品牌和产品做了宣传推广。如果一个视频的内容枯燥，缺乏创意，则容易被人误解为传统的电视广告。

网络视频营销的第一个原则是内容优先，需要将广告做成内容，而不是将内容做成广告。这里的内容立足于为网络受众提供高质量的视频内容。这时的视频不仅仅对广告主有利，而且对传播的目标对象也有好处；一方面它可以使用户和消费者得到有用的信息，另一方面它可以提供高质量的精神娱乐消费品。网络视频营销的第二个原则即创意导向，网民日益热衷视频的一个重要原因在于视频的生动性与趣味性。如果一个视频能够提供生动、有趣的创意，则必将为视频的广泛传播奠定基础。例如，56 视频网站中"iPhone 的最新人体透视"这个恶搞的创意视频在一年多的时间中播放量超过了300 万，并且评论和推荐量也很大（如图 13-5 所示）。由于普通网民喜欢浏览经典的、搞笑的、有

图 13-5　iPhone 的一个恶搞视频

趣的、轻松的视频,如果视频能够抓住人们的这一心理,就可以把视频广告营销做得很成功。一个有着良好创意的营销视频可以实现精准的病毒式扩散效果,引导人们自觉自愿地在网络中主动去传播,而带着产品信息的视频就像病毒一样在互联网上扩散,这也正是网络视频营销的预期效果。

6. 社会化媒体传播

社会化媒体的出现使得视频的社会化分享成为可能。以微博、SNS、论坛、社区为代表的社会化媒体平台成为重要的视频传播网站,网民视频分享习惯的养成扩大了网络视频的传播范围,极大地拓展了视频传播平台。网络视频的社会化传播和品牌信息的社会化营销相互结合,使企业一方面能够以较少的营销支出获得较多的营销效果;另一方面能够将营销信息在短时间内通过众多社会化媒体平台全方位曝光,提升品牌知名度。此外,社会化媒体可以调动网民的力量形成广泛的自动传播,发挥长尾的威力实现品牌信息的深层渗透。通过"一对一""一对多""多对多"的传播形式让网民成为传播链条的有机组成部分。以微博为例,微博体是最适合进行转发的形式;当用户在微博平台转发某一视频的时候,可让其他网友"所见即所得"。这种"口碑+内容"的传播组合形式很容易诱发其他网友的主动观看。

7. 引导受众的互动沟通

浏览视频网站网民都可以针对视频发表评论,其他浏览视频的网民都习惯顺便看一下评论,看看这个视频评论好不好。如果视频有很多人评论,那么这个视频肯定很火,看的人多了,企业自然就可以轻松地利用热门视频的评论功能获取流量。网民的创造性是无穷的,而且在视频网站,网民不再被动接收各类信息。除浏览和上传之外,网民还经常通过回帖就某个视频发表己见,并给它评分。因此,企业完全可以把广告片、有关品牌的元素、新产品信息等放到视频平台上来吸引网民的参与。这样,网友在浏览之余发表的评论能够在瞬间传播出去,即使一两个字的评价也能引起粉丝的关注,围绕该视频将会迅速形成有效的传播链条:浏览→评论→转发→更多浏览。这就是为什么有的视频能够很快就成为聚众的核心,甚至引爆社会话题的原因所在。

8. 网络营销平台的协同

大型企业可以充分利用以门户网站与平台网站为代表的以 Web 1.0 为特色的营销资源,与以社会化媒体为代表的以 Web 2.0 为特色的营销资源实现有效的整合,发挥门户网站或平台网站与社会化媒体平台的协同效应,发挥各自优势以实现营销的最佳效果。利用门户网站与平台网站的影响力和庞大的用户基数优势,不但能够将营销信息在最短时间内通过多个频道、网页全方位曝光,而且可以利用媒体身份围绕传播核心进行报道,提升品牌形象。而社会化媒体则可以发挥其互动、灵活、分享的特点,调动网民的力量形成广泛的自动传播。两个平台的内容可以互相链接、相互关联,形成有机配合,让网民的注意力在两个平台间自由跳转,必然会产生"1+1>2"的效果。例如,三星智能手机在对视频《四夜奇谭》的推动传播上就启动了新浪视频、微博和娱乐频道,形成跨平台传播网络。首先,新浪视频以零点首播的形式,将四部系列微电影分步上映,观看的网友通过登录页面获取勋章并兑换相应的礼品;新浪微博积累并引导口碑,带动网友之间的互动,为演员提供微博互动支持,引导粉丝围观,助推热门草根微博互动;新浪娱乐负责全程曝光和分阶段报道,通过娱乐事件引导网民关注,展示视频片花为活动预热,相关环节还有粉丝征集探班、明星微博爆料、角色微博发布炒作以及杀青会、试片会报道等。平台之间的承接和呼应让《四夜奇谭》短时间内就获得广泛关注,这种营销效果是借助单一平台力量所无法实现的。

9. 突出前置内容吸引观众

当 Facebook 分析用户的视频消费数据时,他们发现在前三秒内观看视频的人中有45%将继续观看视频至少30秒。这一数据表明,用吸引眼球的标题来刺激观众的好奇心还不足以吸引他们。企业还需要在视频的前三秒内立即吸引观众。因此,有效的视频前置内容可以吸引观众的注意力,并使观众对视频的其余部分产生兴趣。

10. 讲故事

研究人员已经证明,以讲故事的形式是吸引人们注意力,将信息烘烤到他们的记忆中,并与他们产生情感共鸣的最佳方法。人脑被编程为渴望、寻求和响应精心设计的故事。当某人告诉您一个故事时,他们可以将他们的个人经历和想法直接放入您的脑海中。因此,通过视频讲故事,也是企业实施视频营销提升品牌知名度与认知度的有效途径。

11. 在视频中添加适当的背景音乐

背景音乐可以使视频营销推广更具吸引力、影响力和说服力。通过在视频中播放合适的配乐或铃声,以吸引观众的注意力,并唤起用户与品牌相关的特定情感和感觉。

📚 思考题

1. 尝试制作一个视频并上传到视频网站。
2. 以个人或小组形式基于某商业或非商业组织开展视频营销。

第五篇

网络营销技术与工具

第 **14** 章　电商直播

学习目标

- 认识网红经济的含义与变现模式；
- 理解电商直播的模式、类型与带货。

14.1　网红经济概述

基于互联网和信息技术的发展，中国网红经济从 1.0 阶段发展至 4.0 阶段，如图 14-1 所示。其中，信息技术的进步贡献明显，特别是 2015 年以来，随着移动手机，特别是 4G 网络的普及乃至 5G 网络的加速，网红吸引粉丝的方式空前繁荣：除了原有的微信、微博文字和图片外，出现了语音、歌曲、视频，特别是直播视频。

网红经济 1.0时代	1997—2002年：该时段，整个社会处于PC互联网（2G时代），网络技术不成熟，普及率也不高。在此期间，一批网络写手通过文字形式在BBS论坛、文学网站中进行网络文学创作，主要以出货版权或者改编权实现变现。典型代表有痞子蔡、宁财神、南派三叔、唐家三少等。
网红经济 2.0时代	2003—2010年：该时段仍然处于PC互联网（2G时代），但主要群体从单纯的网络写手变成了有话题性的各类人物，其中以女性居多。这类群体以个性、炫富、出位、审丑为爆点炒作话题，通过图片+文字的形式在BBS、博客等平台发布，以商演的方式进行变现。典型代表有凤姐、奶茶妹妹、郭美美、芙蓉姐姐等。
网红经济 3.0时代	2011—2014年：信息技术进步至3G网络，进入前移动互联网时代，各类公知、段子手、大V、视频原创内容兴起，他们在微信、微博等平台发布个性言论、知识、话语权引导性的图文+视频以吸引粉丝，再通过电商、广告、出版渠道变现。典型代表有天才小猫等段子手、薛蛮子、作业本、王思聪等。
网红经济 4.0时代	2015年至今：该时段进入4G、5G时代，网络全面普通，网红经济以自媒体、短视频为主，涌现出一批专业领域极客、专业原创内容生产者，他们以知识、技能、创意等特色视频、音频内容形成自媒体，并发展出电商、内容付费、独立品牌等多渠道变现方式。典型代表有PaPi酱等视频播主，咪蒙、同道大叔等人原创文章，暴走漫画、凯叔讲故事等音频，以及张大奕、李佳琦等知名网红。

图 14-1　网红经济的发展历程

14.1.1　网红经济的时代背景

网红的称号，已经不仅仅局限于通过颜值推销淘宝产品的美少女，网红已经成为社交媒体的话题人物、意见领袖、流行主力的统称。网红的商业化逐步形成一个成熟的生态产业链，催生了一系列网红孵化经纪公司、网红第三服务公司和各种网红变现平台。网红经济呈现出迅猛的发展态势。以李佳琦、李子柒等为代表的各类网红层出不穷,产业链商业模式日渐清晰,直播电商等新业态高速崛起,行业销售纪录不断被打破。例如,2019年"双十一",淘宝顶级主播当天的带货金额超过27亿元,这个金额已超过中国大多数实体购物中心一整年的销售额。2019年我国网红经济的整体市场规模超过5000亿元。其中,2019年我国直播电商行业GMV规模达4338亿元,在全国整体8.52万亿元的网络零售中渗透率约5.1%。2020年,受疫情的影响,网红经济迎来了空前的发展。2020年,淘宝、抖音、快手作为直播电商行业三大平台,行业成交额分别达到了4000亿、3812亿和1700亿,网红经济正式进入黄金时代。

随着网红人数与粉丝规模持续增长,网红经济市场规模以及变现能力也不断增强,并对社会政治经济产生巨大影响。张勇从淘宝电商的角度提出:"网红经济是新经济中诞生的一个全新的经济角色,体现互联网在供需两端形成的裂变效应,通过网红在设计者、制造者、销售者、服务者和消费者之间产生了全新的连接。"在互联网技术支持下,网红将自身的影响力通过直播平台、电商平台、广告招标等方式实现流量到收益的转换,他们已然成为一种经济现象并使这种经济模式走上产业化道路。网红经济作为数字经济的重要代表,具有高效转化、社交互动性强、精准触达目标群体等特点。网红经济的快速崛起使得传统商业逻辑产生变革与重构,网红经济一方面为消费、流量、互联网等带来深远影响和场景革命,另一方面也正在使企业、零售渠道、传媒等面临直接的变革诉求和价值重塑。

从国外来看,统计数据显示,2019年美国的网红经济规模至少为65亿美元。美国的网红经济起步较早,平台丰富,有关监管也较为成熟。目前,美国网红的收入主要来自视频播放广告分成和线下代言,线上直播带货的比例不高。究其原因,主要是在电商、社交媒体推荐、支付方式等方面存在障碍。目前美国市场上具备直播销售的视频平台主要有Facebook、Twitter、Youtube、Instagram等,各个平台用户众多,但彼此独立,都没有成熟的在线支付方式。不过,美国企业也看到了直播带货的潜力。根据营销分析公司Jumpshot的统计,YouTube上网红直播带货的广告效果是传统广告的5倍以上,二者的广告转化率分别为2.7%和0.5%。目前,在选择直播带货做推广的企业中,72%为此准备了超过10万美元的年度广告预算。2022年,美国市场上对直播带货的广告投入达到了150亿美元。

14.1.2　网红经济的理论界定

网红作为互联网崛起的产物,利用互联网"人人都是自媒体"所提供的传播资源,从草根阶层产生并在网络中被广泛传播,随后被传统媒体关注,逐渐成长为能够产生一定社会影响力的大众偶像。2015年8月在淘宝"网红现象沟通会"上,首次将以网红为中心的电商经营形态称为网红经济。李克强总理在2016年政府工作报告中提出:"要推动新技术、新产业、新业态加快成长。持续推动大众创业、万众创新。促进云计算、大数据、物联网广泛应用。"网红经济作为一种诞生于互联网时代的经济现象,实质上是将网红对于粉丝的影响力以及粉丝对于网红的关注度转化为购买力,从而将流量变现的一种商业模式。网红经济本质上是注意力延伸出的经济行为:以消费变现为方式的直接经济行为(打赏、道具、付费问答等)和间接的经济行为(广告、品牌、代言等)。

网红经济依托互联网,特别是移动互联网及社交平台,拥有规模粉丝群体的网红通过大量聚集社会关注度,以视频直播、内容分享、情感爱好交流等方式,在互动过程中把握粉丝消费需求和消费偏好,为粉丝提供精准化、专业性的权威意见指导,引导粉丝群体进行产品选择和定向消费,衍生出各种消费市场,从而实现流量变现,最终形成完整的网红产业链条。

网红经济是互联网时代顺应国家经济结构调整的一种积极尝试,正在逐渐全面覆盖各行业,通过实现资源的对接与整合,重塑产业模式,创造更多经济增长机会。网红经济作为一种新兴的经济形态,在网红人数与粉丝规模持续增长下,网红经济市场规模以及变现能力也随之增强,对社会政治经济产生重大影响。艾瑞咨询与新浪微博联合发布的《2018 中国网红经济发展洞察报告》显示,截至 2018 年 5 月,中国网红粉丝总人数达到5.88 亿人。2015 年中国网红经济营收规模首次突破 1.1 万亿元,2018 年网红经济规模突破 2 万亿元。2019 年,网红数量和粉丝规模持续增长,网红趋于职业化和多平台化。在这种双增长模式的加持下,网红经济市场规模扩大、变现能力增强、涉及的产业范围也越来越广。从农产品、旅游到美食、健身、美妆等,网红经济涉及的范围越来越广。根据淘宝官方数据披露,2019"双 11"开场 1 小时 03 分,直播引导的成交就超去年"双 11"全天;8小时 55 分,淘宝直播引导成交已破 100 亿,全天成交 200 亿,超过 10 个直播间引导成交过亿。

随着网络经济的快速发展和网络技术的不断变革,网红经济将不断地影响和改变人们的生活和工作方式,并作为新的经济形态发挥重要的作用。网红经济作为将个人的影响力进行流量变现,转化为商业价值的新经济模式。其优势具体表现为以下 5 点。

(1) 推广成本低:网红通常依托自媒体平台进行推广,大多数自媒体都是免费的,因此推广成本低廉。同时,随着各大平台竞争的白热化,为了吸引优质的网红入驻平台,培养持续可观的流量,平台会出台多种有针对性的营销技术服务,帮助网红扩大曝光量,精准推广的成本远低于传统营销推广。

(2) 顾客忠诚度高:网红经济具有较高的粉丝黏性。出于对网红的喜爱和信任,粉丝转换成顾客的概率要远远大于陌生人。粉丝看到推广信息后更愿意购买商品。并且,粉丝的忠诚度高,重复购买率远超其他店铺。

(3) 产品针对性强:因为网红电商的顾客就是粉丝,所以其商铺可以通过粉丝回馈快速抓住粉丝的需求。

(4) 轻库存的供应链模式:网红电商不需要囤货销售,网红直播激发粉丝购买欲,产品和服务则由品牌方直接提供。同时,网红营销可以结合粉丝意愿和历史成交量按需生产,不仅优化了产业供应链并提高了生产效率,同时缓解了制造企业存在的库存难题。

(5) 精准营销:相比较于粉丝经济的"漫灌"营销,网红在特定领域具有专业性,能够更为精准地与潜在消费者实现需求把握和互动沟通,根据粉丝的偏好对其进行精准定位营销和推广,提供针对性较强的产品和服务,从而提高了消费转化率。

14.1.3 网红经济的变现模式

网红经济的商业模式,可以简单归结为以下两类。

（1）网红依赖于社交网络的发展。

（2）自身内容的输出成为具有影响力的 KOL（关键意见领袖），然后将 UGC（用户生产内容）深化或向 PGC（专业生产内容）转化，增强与粉丝之间的黏性及其认同感，从而通过影响其某些行为或决策来实现变现。

网红经济的核心在于网红的终极目标并不是要赢得流量，而是要用流量变现。网红经济呈现以网红电商（含直播电商）、广告营销、直播打赏（虚拟礼物）和知识付费等多元化的变现模式。其中网红电商（含直播电商）、广告营销是网红经济的主要变现模式。

1. 电商直播

电商直播常见于以年轻貌美的时尚达人为形象代表，以红人的品味和眼光为主导，进行选款和视觉推广，在社交媒体上聚集人气，依托庞大的粉丝群体进行定向营销，从而将粉丝转化为购买力的一个过程。相比较传统电商，网红直播有超越图片文字、更生动形象的传播效果，能够解决传统电商平台的痛点，克服传统商品展示单一、图文信息不能满足消费者、缺少与消费者互动的弱点。另外，直播还具有基本的互动和场景连接，提供一个实时的消费渠道，为电商增加变现的机会。直播电商融合了直播形式与购物场景，同时受益于网红经济的快速增长红利，正迎来爆发成长期。相比传统电商，直播电商实现了用户黏性、转化率等核心效率指标的提升。网红电商（含直播电商）目前已发展成为网红经济的主流变现模式，各类网红通过电商平台或社交平台，向用户售卖或推荐产品，促成其粉丝/社交资产转化为商品成交。该模式具有获客成本低、黏性强、转化率高等特点，其中直播电商是网红电商的最主要表现形式。

以淘宝网红店为代表的电商直播，网红相关联的商家售卖的产品也是针对大众市场的。相对于传统淘宝店铺的高额推广费用，网红的推广性价比更高。淘宝网红大多有良好的粉丝基础，这些粉丝不仅带来大量流量，降低了推广费用，而且忠诚度也有所提高。另外，他们的产品定位适宜，模式简单——网红拍照-粉丝反馈-打板生产-上架，大大缩短了传统产品制造的生产周期。网红经济的主要代表"直播电商"自 2016 年兴起后高速成长，目前已发展成为重要的消费场景，直播电商一方面对于传统电商具有一定的客户分流，另一方面通过下沉市场与电商渗透率的提升为电商市场创造了增量空间。

电商直播模式就是网红通过平台型电商变现，该模式可以分为两种。第一，网红电商。网红在电商平台自建品牌或从品牌商处进货，以自身影响力将粉丝导入网店，通过销售自有品牌或其他品牌的产品和服务，赚取产品差价。一般情况下网红淘宝店售卖的商品都与他们深耕的领域有关。第二，红人导购。网红在该模式下充当流量入口，即为卖家提供推广渠道，将粉丝导入其他网店购买推荐商品，并赚取导流佣金。

2. 广告营销

广告营销是网红经济最为重要的变现渠道之一。广告营销是内容生产者在其发布的内容中植入广告，并以内容观看量、购买转化率等指标实现变现的方式。网红持有规模数量的粉丝资源，通过在各种社交媒体上发布的内容或者直播中，植入广告以影响粉丝的消费行为，对商品进行推广。根据 CNNIC、淘数据、微博等第三方数据，2019 年中国网红的广告营销市场也已达 513 亿元,广告营销在网红经济之中的影响力及重要性不断提升,已为越来越多的品牌商所青睐。网红广告模式可以大致分为硬广告、软广告、广告代言人三种。硬广告是直接展示广告主提供的内容,表现形式相对生硬;软广告则是在网红自身生产的内容中插入与商品相关的内容,展现形式通常较为灵活;广告代言人则在网红拍摄的广告传播过程中,根据所具有的说服力对消费者产生影响,并促发购买行为。网红获取广告资源通常有三种途径:

(1) 品牌商。即品牌方卖家直接联系网红达成合作交易。

(2) 社交媒体平台。"品牌商-社交媒体平台-网红"是在广告资源供需双方间引入社交媒体平台作为第三方来承担资源整合、任务分配的责任,平台会收取一定金额的服务费用。例如,新浪微博以平台为中心,与签约自媒体人达成商业广告的合作与分成机制。平台与企业对接需求,再将广告资源匹配给签约自媒体,定期按照点击量、阅读量、购买转化率等分成。

(3) 经纪公司。以经纪公司为中心,与活跃于网络的网络红人签约,公司负责招揽广告生意并分配给签约网红,网红负责生产合格的内容并投放,最终双方按照曝光量或点击量的贡献率来分成。相比于社交媒体平台模式,经纪公司模式的优势在于:同一经纪公司的网红既可以彼此相互推荐,扩大粉丝群体和影响力,又可以形成规模效应,从而提高对广告商的议价能力。

3. 内容打赏(直播打赏)

内容打赏指依照受众个人意愿,对网红发布的原创内容通过支付赏金的形式来表达认可、支持和赞赏。打赏是一种非强制性的付费模式,赏金多少可按意愿自由选择,与广告等商业模式相比不易影响用户体验,如新浪微博、微信公众号等都开设了打赏功能。直播打赏表现为粉丝直接为直播内容打赏付费,或通过直播平台给主播赠送虚拟礼物。该模式主要应用于表演或游戏类直播平台中,如斗鱼 TV 和企鹅电竞等直播网站。订阅打赏和直播变现,网红需要输出优质的内容,然后鼓励一部分的订阅用户或直播观众付出一定的打赏费。

4. 知识付费

知识付费是知识社群型网红的"知识变现"。随着互联网生态的不断完善、移动互联网的突飞猛进式发展和消费观念升级,曾经的"免费知识互联网",在内容创业、知识电商和互联网分享平台的支持和推动下,渐渐升级为"付费知识互联网",即主张"为知识付费、为价值买单"的知识电商。这类"网红经济"以罗振宇的逻辑思维为代表,许多知乎大 V、自媒体大 V 的存在满足了大家以低搜寻成本获取知识的需求。一些传统的媒体人、知识网红和内容制造者已经顺利完成转型,占据了知识侧入口,收获了大量忠实粉丝和客观的经济收益。知识付费社会精英或 KOL 通过将自己的知识包装成课程、付费问答等产品或服务变现,典型的如"罗辑思维"团队出品的"得到"App。此外抖音、快手等短视频平台的兴起,亦为各层级网红甚至草根用户提供了知识变现的渠道,付费内容呈现精细、多元、下沉的趋势。

14.2 电商直播模式与类型

14.2.1 直播电商概述

2016 年 3 月,作为直播电商首创者的"蘑菇街"率先上线视频直播功能。之后的 5 月,淘宝推出了淘宝直播,随后各综合电商、社交平台等正纷纷涌入直播大潮。相比传统的图片和文字,电商直播呈现的信息维度更全,试错成本更低,客户体验更佳,引起了商家和消费者的广泛关注。根据中国互联网络信息中心(CNNIC)发布的《第 50 次中国互联网络发展状况统计报告》,截至 2022 年 6 月,我国网络直播用户规模达 7.16 亿,较 2021 年 12 月增长 1290 万,占网民整体的 68.1%,如图 14-2 所示。其中,电商直播用户规模为 4.69 亿,较 2021 年 12 月增长 533 万,占网民整体的 44.6%;游戏直播的用户规模为 3.05 亿,较 2021 年 12 月增长 290 万,占网民整体的 29.0%;真人秀直播的用户规模为 1.86 亿,较 2021 年 12 月减少 793 万,占网民整体的 17.7%;演唱会直播的用户规模为 1.62 亿,较 2021 年 12 月增长 1914 万,占网民整体的 15.4%;体育直播的用户规模为 3.06 亿,较 2021 年 12 月增长 2232 万,占网民整体的 29.1%。与此同时,淘宝、京东、拼多多等电商平台也不断加大在直播领域的投入,直播电商竞争日益激烈。内容电商化与电商内容化二者相互融合,一方面内容平台,如快手、抖音、哔哩哔哩需要电商变现通道,而另一方面越来越多的电商,如淘宝、京东、拼多多、网易考拉开展内容化战略。

图 14-2 2020.6—2022.6 网络直播用户规模及使用率

【案例 14-1】"抖音 818 新潮好物节"重点直播间力推国潮好货和匠心好物

2020 年 8 月 1 日,抖音电商开启"抖音 818 新潮好物节",千场重点直播助力国潮好货和匠心好物售卖,如图 14-3 所示。活动为期 18 天,自 8 月 1 日开始至 18 日结束。该平台将发放上亿份直播间购物红包,营造兴趣购物氛围,力求让各个消费人群找到属于自己的新潮好货。

图 14-3　抖音 818 新潮好物节

上亿份购物红包回馈消费者 "安心购"提供九大保障

作为抖音电商的专属大促,"抖音 818 新潮好物节"于每晚 20 点、21 点、22 点、23 点通过特定直播间,发放上亿份购物红包。此外,该平台精选品质好物,给予相应货品补贴,并结合满返、一元秒杀、粉丝券、新人券等多重福利,将实实在在的优惠给到消费者。抖音电商将结合不同商品品类特点,推出畅享美食日、爱家潮购日、潮流穿搭日、全民好书日等主题购物日,帮助消费者更有针对性地发现日常所需。该平台还特别推出了互动游戏入口,消费者完成小游戏即可收获购物红包。活动中,该平台还上线了消费者权益产品"安心购"。"安心购"提供包括"正品保障""七天无理由退货""极速退款""运费险""上门取件"等 9 项服务,让消费者在售前、售中、售后各环节得到权益保障,收获更好的购物体验。

重点直播间扶持国潮品牌　满足新潮消费需求

抖音电商将推出千场重点直播,扶持国潮好物售卖。该平台"富域计划"不断携手各地老字号,助其更好地拥抱年轻市场。据网经社(100EC.CN)了解,"百雀羚""五芳斋""青岛啤酒""谢馥春""恒源祥"等两百多家老字号在"818"期间推出多款产品,满足各个年龄段消费者的需求。这些经过岁月洗练的国货品牌,在保留经典的同时,借助兴趣电商,不断变新、变潮。拥有 191 年历史的中华老字号"谢馥春",除了持续推介鸭蛋粉、香膏、香囊等经典产品,还在旗舰店内上线洗面奶、素颜霜、BB 霜等更贴近年轻人使用习惯的美妆品。老字号"青岛啤酒"开启多场品牌直播,其推出的 1903 百年国潮系列、梵高礼盒等产品,让广大消费者感受到百年品牌的新活力。此次活动恰逢第 32 届夏季奥运会,抖音电商联合"特步""鸿星尔克""李宁""安踏""贵人鸟"等国潮运动品牌,加强直播间互动氛围,营造线上运动购物场景,进一步推动体育文化消费热潮。

特设"奇遇匠心"版块 让非遗文化融入日常生活

8月12日,平台上线"奇遇匠心"版块,主推含有传统手工技艺或非遗元素的联名款好物,覆盖食品、服饰、家居、美妆等多个品类,让非遗文化走进日常生活。"知味观"上线皮影戏国潮月饼礼盒,该礼盒可变成皮影戏台,内附皮影戏道具,让消费者品尝美食的同时,回味非遗文化。"特步"已上架融合非遗京绣、非遗脸谱元素的棒球帽、卫衣、休闲裤、运动鞋、挎包等产品,打造从"头"到"脚"的国潮范儿。"铜师傅"旗舰店推出用传统失蜡法制作的家居摆件,八骏、秦俑、十二生肖、花丝葫芦等不同造型的铜器,兼具传统文化格调与实用性。"花西子"结合银饰錾刻工艺,推出苗族印象高定系列彩妆,将非遗苗银元素融入定妆粉、眼影盘等产品内。活动期间,抖音电商通过"富艺计划"专项扶持,鼓励匠心手艺人借助短视频和直播带货。铜雕、皮雕、篆刻、竹编、制扇等非遗传承人将在平台内展现传统技艺,借助兴趣电商让非遗技艺更好地实现价值变现,进一步促进非遗文化的保护与传承。此外,"奇遇匠心"版块还与观复博物馆合作推出博物馆主题日,于直播间推介仿明永乐手绘青花压手杯、龙泉青瓷纯银滤办公杯、耀州窑牡丹套碗等文创产品。

网红经济的发展离不开媒体与渠道的快速迭代,当前我国线上流量分散化与媒体去中心化趋势明显,社交媒体与互动式营销成为主流,电商直播有望使社交电商平台取代中心电商平台。用户注意力持续向短视频、直播等内容端迁移,碎片化场景推动流量重构,由公域流量向私域流量沉淀成为网络流量重构的发展趋势,如图14-4和图14-5所示。目前我国商品的网络营销方式正从简单的图文内容快速地向短视频、直播等互动式营销升级,原有的中心化的广告营销模式正在逐步被KOL/KOC营销等去中心化的社交裂变替代。不同于传统的商品货架式或图文式展示与推广形式,电商直播更为强调商品信息,KOL通过直播、短视频、社媒等平台直接进行商品展示,因而具有更强的互动性、时效性和表现力,能够激发用户购买欲望,实现迅速下单,促成高转化率。

图 14-4 网络流量重构

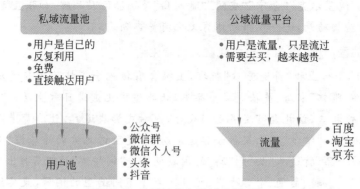

图 14-5　公域流量与私域流量对比

直播电商顾名思义就是以直播的方式,进行商品的销售。作为运用直播平台围绕产品或服务进行直播展示的一种营销行为,其本质上还是一种流量工具,最终目的在于销售商品,增加营业额。电商直播的种类很多,既包括直播者利用直播推销产品或服务,也包括在社交直播平台上直播者通过直播向其他平台的电商企业引流等。"人""货""场"三个元素始终是新旧商业的核心主体,直播电商背景下,网络消费的三项核心商业要素"人""货""场"对整个商品销售模式进行重塑。以专属私域性的"人"、流量社交化的"场"以及性价比更高的"货"对传统网络零售模式进行模式迭代。对于"人",直播让消费者升级为直播用户。对于"货",直播让产品成为焦点,自然会相当程度地放大商品或服务瑕疵。因此,商家高效的供应链和过硬的产品举足轻重。对于"场",直播让卖场升级为场景,场景需要按照既定的剧本素材形成"交互场域"。最后,位于人、货、场三者中央的主播是电商直播的关键核心。首先,选择与品牌产品乃至服务的人设、画风相互匹配的主播至关重要;其次,主播是否具有规模化的私域流量与忠实粉丝必不可少,如图 14-6 所示。

图 14-6　电商直播四要素

14.2.2　直播电商的模式

目前直播电商主要具有达人带货、店铺直播以及基地走播等模式。每一种模式都具有属于自己的优势与自身适合的商品类型,并不存在高低贵贱之分。

1. 达人带货模式

达人带货模式即通过网红或明星直播带货,或者与 MCN(网红经纪公司)合作。通常,一线品牌商家选择知名度高、影响力大的网红或明星开展直播带货。达人带货模式比较适合化妆品、高档酒等具有较强的专业性知识的商品,达人,例如李佳琦可以利用自己的专业知识为大家讲解。

2. 店铺直播模式

店铺直播模式即商家自建团队,通过企业员工自行开展直播。如果店铺具有一定程度的品牌知名度与一定规模的粉丝,可以考虑实施店铺直播模式。

3.基地走播模式

基地走播模式常见于直播电商在原产地、田间地头直接与消费者零距离互动交流,场景真实可信赖。基地走播模式比较适合水果等生鲜类商品的销售,可以让消费者观看到基地的基本情况,让消费者更加放心地购买。

14.2.3　电商直播的主体类型

电商直播的蓬勃发展催生了网红、网红经纪公司、电商平台、社交媒体平台等各种网红商业性变现个人、企业及平台,并逐步形成一个成熟的生态产业链。从产业链来看,网红经济的上游主要是各类品牌商、广告主;中游主要包括网红相关产业、MCN 等,它们更像中介公司,负责对接优质内容,为网红持续生产内容提供更多帮助;下游则寻找推广平台,帮助网红变现商业价值,如图 14-7 所示。

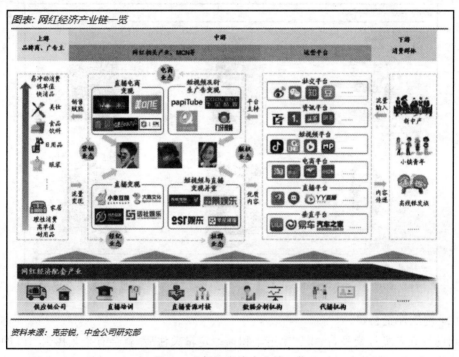

图 14-7　网红经济产业链一览

具体而言,在电商直播产业链中,主要的成员包括小型社交平台、综合社交平台、网红、网红经纪公司(MCN 机构)、电商平台以及为网红提供产品的供应链平台或品牌商。

(1)网红。

网红负责利用个人自身的魅力以及热度在直播平台上吸引粉丝,聚焦流量,然后再利用微博、微信等新媒体平台对粉丝进行定向营销。网红一般具备以下三个特征:借助互联网平台;某个特定事件或行为引起了较为广泛的社会关注;拥有一定的知名度和粉丝黏性。近年不断涌现出的"现象级"网红在他们各自的深耕领域内均创造了不俗的成绩,消费者通过观看李子柒劳作和李佳琦产品评测、张大奕服装试穿等,强化代入感并自发产生消费决策。

伴随电商直播的发展,网红类型的多元性不断提升,从形象单一到个性多元化,从以泛娱乐为主到各类垂直领域百花齐放。诸如主播、网店掌柜、自媒体、草根群众、名人、专业人士、明星等不同种类的网红 IP 在市场上竞相发展、快速迭代。各类网红通过满足用户日益多元化、个性化的需求,购物、娱乐、游戏、专业、美食、体育等不同种类的直播需求持续涌现,带动不同细分市场、不同人设的网红 IP 兴起;建立了独特的流量圈地和圈层影响力;甚至运动员和科学家也加入自媒体平台,将自己的专业知识结合日常生活,通过各种形式将内容推送给大众。例如,吴晓波频道等在微信公众号上推出自己对经济形势的见解。此外,网红梯队的层级化日益明显,表现为金字塔结构,如图 14-8 所示。根据粉丝数量及影响力,网红层级可划分为头部、腰部、尾部、素人。从数量来看,腰部网红数量众多,广告主选择范围广,投放成本相对合理。

图 14-8　网红类型及代表

（2）网红经纪公司。

当网红在各类社交平台、媒体渠道上积攒一定量关注后,就会有企业找到当红的网红拍摄广告、做产品宣传等,由此催生出一种全新的企业类型——网红经纪公司(MCN)。网红经纪公司的发展使原本独立奋斗但是自带流量的网红聚集在一起,实现统一规范化管理,网红及其背后的经纪公司形成了台前幕后的关系。网红所有商业性行为都由经纪公司负责。网红经纪公司能够为网红提供专业化的运营方案,进一步规范网红的商业行为,同时,公司会为不同特点的网红制作个性化标签并明确分配任务。品牌方只需将自己需要的网红类型、网红级别、宣传形式和宣传预算告知网红经纪公司,经纪公司会选择并推荐适合的人选。同时公司与签约网红就利润分配原则会进行明确,网红完成包括广告、直播打赏、电商提成、演出费用等商业行为后,获得的报酬将部分转移给经纪公司。MCN机构则对签约的网红进行包装和培养,帮助提升网红的价值,从而增强网红的吸粉和变现能力。同时也对粉丝的购买力、心理进行分析,以便能够为消费者提供针对性的产品。除了包装和培养网红之外,公司还会帮助网红维护其社交账号,增加粉丝黏性,吸引粉丝点击产品链接、关注网红推荐的产品,同时还要连接供应链端,保证产品的生产和相关企业电商的运营维护工作。除此之外,经纪公司还负责整个网红店铺的运营以及日常的管理等,并且会根据网红自身的特点以及消费者心理对店铺产品进行宣传,从而形成网红与经纪公司高度契合的网红供应链。以 MCN 机构"如涵控股"为例,作为国内大型的电商网红经纪与营销平台,其业务范围涵盖网红孵化(挖掘孵化各领域潜力素人,致力于让有才的人更有财)、网红电商(如涵网红孵化团队与外部资深电商运营团队强强联手打造红人店铺 IP)和网红营销(构建以粉丝为中心的精准营销生态,为品牌提供从广告到转化的全链路营销方案)等,业务对象直接面对网红、网红店铺和品牌企业等。

(3)直播平台。

直播平台可以划分为电商直播平台和社交直播平台。直播平台既包括在传统的电商平台开辟直播区域,如京东直播、淘宝直播等,也包括抖音直播、快手直播、虎牙、TV、斗鱼直播等娱乐型社交直播的平台。电商直播平台表现在传统电商平台引入直播模块,如淘宝、京东、拼多多、蘑菇街等电商平台的直播平台;社交直播平台表现在短视频等内容平台开通直播带货功能,例如抖音、快手等自建直播电商平台,在平台内部形成了"推荐—种草—购买"的消费闭环。直播平台本身用户流量大,一旦在平台上拥有超高的关注度,带货变现能力也是非常亮眼的,例如,李佳琦抖音粉丝超过 4000 万。直播电商作为一种新兴消费场景,本质是流量与内容的变现。面对直播电商的兴起,无论是国内市场,还是跨境市场,掌握流量的各大头部平台先后入局直播电商行业。国内市场方面,直播平台正在成为新的风口。2020 年阿里、京东、快手、抖音、小红书等为代表的各大平台均发布了大力度的直播电商发展战略,其中淘宝直播计划将以百亿元级别投入,培养 10 万名月入过万的中小主播、100 家营业收入过亿的 MCN 机构;京东也计划投入亿元级资源,扶持头部直播机构,推动中腰部、尾部及新商家全面开播;快手发布"万村主播培养计划",计划帮助生态中的合作伙伴获得 100 亿元的营业收入。淘宝、抖音、快手居市场占有率前三。从竞争格局看,在传统电商平台中,淘宝直播的用户渗透率及忠实用户渗透率稳居电商直播行业龙头,天猫、京东、拼多多则分列第二、三、四位;在社交直播平台中,抖音享有更高的用户渗透率及黏性,快手紧随其后。整体来看,淘宝、抖音、快手的直播电商用户规模和忠诚度居于行业前三位。

(4)社交平台。

在电商直播产业链中,社交平台包括专业化的媒体平台和综合型的媒体平台。专业化的媒体平台即在某个细分的领域内,由一群具有共同兴趣爱好或某方面特殊才能的人聚集在一起而形成的交流互动的媒体平台,以 B 站、小红书等平台为代表。社交平台用户画像清晰,使得网红带货能够精准定位目标群体;小红书及 B 站则定位一、二线女性用户和"Z 世代",主打美妆时尚类消费品和二次元及 IP 衍生品。专业化的社交平台由于其在某领域的专业性,往往会有部分在该领域有特殊才能的网友,在回帖互动的过程中逐渐受到其他兴趣相同网友的关注。专业化的社交平台(网站)的优点在于平台用户均对某一领域拥有相同的兴趣爱好,相似的需求容易使粉丝聚集并较快速地出现网红。但是这类网站受制于各个垂直领域粉丝规模天花板的约束,粉丝数量较为有限,网红规模普遍比较有限。由于各个具有专业性或功能性的社交网站的日常流量相对有限、对广告链接的限制或商业化氛围的差别，抑或没有足够的软件系统（如与微博进行战略合作的微卖）为网红变现提供支持，因此，网红会持续向流量较大的综合性社交平台聚集，并在综合性社交平台上以网红身份长期活跃。现实中许多"网红"就是先从豆瓣、B站等小型社交平台积聚人气后转向流量更大的知乎、新浪微博、微信等综合型社交平台。因此，引流至以新浪微博等为代表的综合社交平台成为各专业化的媒体平台网红变现的主要途径。网红将自己依托专业化平台上的粉丝引流到微博上，同时吸引更多的粉丝，再通过广告或者电商营销对聚集在新浪微博上的粉丝资源进行变现，如图 14-9 所示。

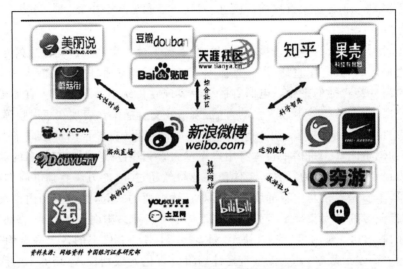

图 14-9　网红衍生社区

14.3　抖音直播与带货

网络直播是互联网时代举足轻重的一种社会方式。网络直播或者是出于创造与分享快乐的考虑，或者是为了逐步培养自己的账号乃至直播带货。这样，就需要用到抖音的直播操作。以下具体介绍如何开通抖音直播与直播带货。

14.3.1　抖音直播

1. 开通条件

目前平台放开了门槛，只要注册了抖音账号，就可以去申请开通抖音直播。

2. 抖音直播开通步骤

1）点击抖音主页面发作品的加号

抖音的首页就是我们经常刷视频的界面，左上角的直播是让大家看直播，而不是亲自直播，亲自直播需要点击最下面一行的加号，如图 14-10 所示。

2）点击最下面右侧的开直播

下面一共有 5 个选项，分别为"K 歌""分段拍""快拍""模板""开直播"，如图 14-11 所示。点击"开直播"，进入下个选项。

图 14-10　抖音"＋"号选项

图 14-11　抖音"开直播"选项

3）点击自己希望的直播类型

抖音直播的形式分为视频、语音、手游和计算机四种类型，可以根据自己的实际需要选择合适的直播形式。对于视频直播，需要用到前置摄像头；对于语音直播，不会索取摄像头权限；对于手游直播，需要获取屏幕权限，屏幕上发生的一切都会看得到；对于计算机直播，必须粉丝数大于或等于 1000 可申请使用，还需要下载"抖音直播伴侣"。

14.3.2　抖音直播带货

抖音直播带货（商品分享）功能包含橱窗商品分享、视频商品分享和直播商品分享等功能。

1. 商品分享申请要求

商品分享申请要求：

（1）基础要求：完成实名认证。

（2）进阶要求：

* 个人主页视频数（公开且审核通过）大于 10 条；
* 账号粉丝量（绑定第三方粉丝量不计数）大于 1000。
* "商品橱窗"功能是抖音商品分享的基础，"商品橱窗"开通后才可申请视频购物车和抖音小店。

2. 商品分享申请方法

商品分享申请方法如下。

方法 1：依次点击"个人主页右上角三道杠""创作者服务中心""商品分享功能""商品分享权限"进行申请。

方法 2：在抖音 App 中搜索"电商小助手"，进入"电商小助手"个人主页，点击左下角"申请入口"，进入"商品分享功能"申请界面。

方法 3：在任意电商达人橱窗上方，点击"我也要卖货"。

思考题

1. 浅析网红经济的变现模式。
2. 选择一个电商直播案例,深入分析其人、货、场要素。
3. 尝试开通并完成一次抖音直播。

第 **15** 章　网络口碑营销

学习目标

- 了解网络口碑营销的分类及含义；
- 掌握网络口碑营销的重要特点；
- 掌握网络口碑营销的优势；
- 掌握网络口碑营销的构成要素；
- 领会网络口碑营销的推广策略。

15.1　网络口碑营销的含义

网络口碑营销作为企业的一种营销方式，由于其高度的可信性和顾客导向性，受到企业界和学术界的广泛关注。企业借助网络口碑，通过各种形式开展对产品及品牌的口碑塑造。消费者借助网络的力量，通过口碑传播的方式，对品牌表现出越来越深刻的影响力。

口碑（word-of-mouth）在辞海中的解释是"比喻众人口头上的称颂"。随着网络科技的发展，网络对话（例如博客、论坛和电子邮件）开始成为口碑相传的全新沟通方式。公司或消费者（合称网民）通过论坛（BBS）、博客和视频分享等网络渠道和其他网民共同分享关于公司、产品或服务的文字及各类多媒体信息。世界营销之父菲利普·科特勒给21世纪的口碑传播的定义是：口碑是由生产者以外的个人通过明示或暗示的方法，不经过第三方处理、加工，传递关于某一特定或某一种类的产品、品牌、厂商、销售者，以及能够使人联想到上述对象的任何组织或个人信息，从而导致受众获得信息、改变态度，甚至影响购买行为的一种双向互动的传播行为。口碑营销就是指企业在调查了市场需求的情况下，为消费者提供他们需要的产品和服务，同时制定一定的口碑推广计划，让消费者自动传播公司产品和服务的良好评价，从而让人们通过口碑了解产品，树立品牌，加强市场认知度，最终达到企业销售产品和提供服务的目的。

口碑营销包括蜂鸣营销（buzz marketing）和病毒营销（virus marketing）。蜂鸣营销原意可追溯为许多人说话的声音（也是蜜蜂发出的嗡嗡声），在能够激发大众的兴奋，扩大宣传，并通过意想不到甚至惊世骇俗的方式传达品牌相关的信息。蜂鸣营销一旦成功，将在受众群体中广泛传播。例如，具有传奇色彩的英国亿万富翁理查德·布兰森（Richard Branson）曾在美国推广自己的手机服务（如图15-1所示）。他想创造一个轰动效应，也就是蜂鸣营销。理查德·布兰森决定在人流的高峰期从纽约时代广场的摩天大楼以超人的形象落下；同时，身穿红色弹力套装的200人四处分发产品的样品和宣传单页。

病毒营销又称为鼠碑营销,是另一种形式的口碑营销,它鼓励消费者把公司开发的产品和服务的信息传播给其他受众群体。在中国,近年来,饮料品牌"王老吉"是实施病毒营销最为成功的案例之一。2008年在天涯论坛出现了一篇名为"封杀王老吉"的帖子,一时间论坛火爆,跟帖留言的人不计其数。其实内容并没有大家想象得那样激进,它只是说王老吉在赈灾晚会上捐了一个亿,十分"嚣张",鼓励大家买光王老吉的饮料。上一罐买一罐,其实这是正话反说,实际上是鼓励大家购买王老吉的产品,如案例15-1和图15-2所示。

图 15-1　理查德·布兰森在纽约时代广场

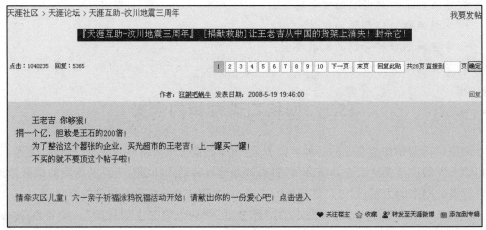

图 15-2　天涯论坛上"封杀"王老吉的帖子

【案例 15-1】　王老吉汶川地震捐款 1 亿元　老字号加多宝一鸣惊人

加多宝宣布捐款 1 亿元的时候,社会公益产生的口碑效应立即在网络上蔓延,许多网友第一时间搜索加多宝的相关信息,加多宝网站随即被刷爆。"要捐就捐 1 个亿,要喝就喝王老吉!""中国人,只喝王老吉"等言论迅速得到众多网友追捧。

相比部分著名企业家遭到舆论围攻的窘态,一些低调的企业及其幕后的企业家在 2008 年的抗震救灾中则可谓"一鸣惊人"。

2008 年 5 月 18 日晚,在由多个部委和央视联合举办的募捐晚会上,1 亿元的巨额捐款让"王老吉"背后的生产商——广东加多宝集团——"一夜成名"。

"希望他们能早日离苦得乐。"加多宝集团代表阳先生手持一张硕大的红色支票说道。加多宝以 1 亿元的捐款成为国内单笔最高捐款企业,顿时成为人们关注的焦点。

作为"王老吉"饮料生产商的加多宝集团多年来一直隐身于公众视野。这家以香港为基地的大型专业饮料生产及销售企业在 1995 年推出第一罐红色罐装王老吉,随后在短短的几年时间里,王老吉的销售额有了从 1 亿到几十亿的高速增长。国家统计局、中国行业企业信息发布中心发布的数据更显示,王老吉占据"2007 年度全国罐装饮料市场销售额第一名"的市场地位。

尽管旗下的王老吉已经悄然成为全国饮料行业的领导品牌,加多宝的老板却几乎从未在公开场合露面。即便是在2003年,当"怕上火,喝王老吉"的广告语成功地响彻大江南北时也是如此。

加多宝集团非常重视品牌传播,曾强调"传播非常关键"和"在最短的时间里使王老吉品牌深入人心,必须选择一个适合的宣传平台,央视一套特别是晚间新闻联播前后的招标时段是具有全国范围传播力的保障"。

在这一思路的指导下,王老吉的广告投入可谓大手笔。加多宝先是选择了2003年"非典"期间投放了央视一套的黄金招标段,又投入巨资拿下了2004年3—8月的几个黄金标段,多年把中央电视台作为其品牌推广的主战场,巨额广告投入不遗余力。急风暴雨般的广告攻势保证了红色王老吉在短期内迅速给人们留下了深刻印象,迅速飙红大江南北。统计数据表明,2003年红罐王老吉的销售额从原来的1.8亿元跃升到6亿元。2004年的销售额为15亿元,2005年的销售额超过25亿元,2006年的销售额达到了35亿元,2007年的销售额达50亿元。

诚然,此次加多宝慷慨解囊1亿元体现了民族企业对抗震救灾高度关注的社会责任感。但结合王老吉的品牌推广成功经验和目前饮料行业中以王老吉为代表的民族饮料对抗洋可乐的竞争态势,以及加多宝重视"在传播上与竞争对手差异化竞争"的思路,不难理解加多宝集团此次在央视晚会上的惊人一亿。

网络口碑营销(Internet Word of Mouth Marketing,IWOM)伴随着互联网的兴起,特别是社会化媒体的蓬勃发展,作为一种新兴的网络营销技术手段正在网络营销领域发挥举足轻重的作用。作为口碑营销与网络营销的有机结合,网络口碑营销借助现有社会化媒体工具,在一个甚至多个社会化媒体平台上推荐发布内容。社会化媒体营销的一个重要体现即是口碑营销,一旦社会化媒体平台的积极用户或影响者发现并传播内容,口碑营销即表明开始。互联网时代更为关注即时、新鲜的主题与内容,这一主题与内容在单位时间内扩散的速度越快,产生口碑营销的效应也就越大。这里可以将网络口碑营销解释为:企业基于以社会化媒体为主要载体的Web 2.0平台,通过针对产品或服务的营销主题与内容设计,从规模和深度上对网络受众进行扩散与沟通,最后达成品牌推广与销售实现的目的。

随着Web 2.0概念的实用化,基于Web 2.0的论坛、博客和社区等网络服务发展迅速,网民的高度参与性、分享性与互动性促使社区类媒体成为广告主新的淘金地。用户对产品的被动式接受开始向根据自身需求进行相关信息的主动搜索转变,并在此基础上与其他网民进行自身体验的分享。基于社区的网络口碑营销占据网络营销的重要位置,其形式上提倡互动,理念上以人为本,在传播方式上借助用户的口口相传,从而达成大范围、快暴发的病毒式传播目的,使得其营销价值日益显现。

15.2　网络口碑营销的特点

网络口碑营销是Web 2.0网络中最有效的传播模式之一。目前,网络口碑还只是传统广告媒体传播的有效补充,其模式和传播形式的特定性还不足以使其成为完成品牌塑造的主导传播方式。但是，不容置疑的是，网络口碑营销有着传统广告不可比拟的优势，它对于一个品牌知名度和美誉度的改变是潜移默化的，也是深入人心的。成功的网络口碑营销通常包括以下特点，如图15-3所示。

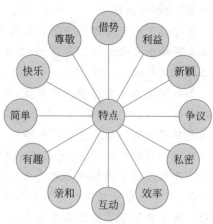

图15-3 网络口碑营销特点

1. 借势

口碑营销的特点就是以小搏大，在操作时要善于利用各种强大的势能来为己所用，可以借助自然规律、政策法规、突发事件，甚至是借助竞争对手的势能。

2. 利益

口碑营销必须将传播的内容以利益为纽带与目标受众直接或间接地联系起来。利用传播者本身就是事件的利益主体这一点，使其不仅自己关注、参与，更会主动传播并邀请亲朋好友来关注、参与，由此产生强烈的倍增效应。例如，2009年11月9日，当时只有4000粉丝的凡客诚品微博向粉丝数第一的姚晨粉丝群发送了一条微博："打算给姚晨的21万粉丝们一点儿福利，但愿姚晨粉丝们出来说句话，怎样操作好？"这条微博立即引起了粉丝群的热烈讨论、关注、评论、转发。

3. 新颖

网民通常会对新奇、偶发的事情更感兴趣，所以口碑营销的内容会注重新颖奇特。多芬是美容行业中有近50年历史的全球著名的女性品牌，联合利华也是最有价值的品牌之一。其推出的视频"多芬演变"（如图15-4所示）以新颖、独特、出人意料的特点在网络中得以广泛传播。

图15-4 "多芬演变"视频

4. 争议

具有争议性的话题更加容易引起广泛的传播,但争议往往又都带有一些负面的内容。企业在口碑传播时要把握好争议的尺度,最好使争议在正面的意见中发展。

5. 私密

每个人都有好奇心,有探听私密的兴趣。越是私密的事物,越是能激发人们探知与议论的兴趣。英国一个学者做了一个有趣的实验:他神秘地向两位邻居透露一个消息,说早上一只怪鸟在自己家的庭院产下了一枚巨大的绿壳蛋,并且告诉这两个邻居不要对别人讲。可结果不到一个小时,就有人在街上议论这个事情,没到第二天,这位学者所在小镇的所有人都知道了这个消息。

6. 效率

信息传递的互联网是一个公共和共享的平台,信息的传播效率较传统的营销高得多。经典网络口碑营销案"封杀王老吉"的影响力使得《中国经营报》《21 世纪经济报道》等对其专门进行了深度剖析,王老吉的网络口碑营销案例是四川汶川大地震之后最热门的营销话题之一。

7. 互动

传统广告只是将产品推荐给用户使用,对于用户的使用体验缺少相关的反馈机制和渠道,而网络口碑营销的传播内容是用户的评价。企业通过口碑营销一方面建立自己的正面影响力,另一方面建立起实时监测用户体验、及时反馈有效信息的机制。企业与消费者能够进行及时的互动,用户对企业会产生信任感和黏性。

8. 亲和

传统的广告、促销、公关、商家推荐都是商家站在利益方的角度对自己产品、品牌的介绍。但是,网络口碑营销是从消费者的角度陈述对产品的使用心得、对品牌的看法和对服务的感受等,这使得其他消费者感觉可信度高。论坛、BBS、SNS 成员一般团体化,他们消费取向相同,彼此也有一定的熟识,这也提升了网络口碑营销的可信度。

9. 有趣

没有人喜欢谈论令人乏味的公司、产品或广告。如果企业想让人们谈论到,那么就必须制造出生动有趣的内容。例如,澳大利亚昆士兰旅游局推出的网络营销活动"世界上最好的工作"。2009 年 1 月 10 日,全世界各大媒体几乎在同一时间报道了一条消息:澳大利亚昆士兰旅游局将在全球范围内招募一名大堡礁管理员,工作时间自 2009 年 7 月 1 日开始,为期半年,薪水 15 万澳元(约合人民币 70 万元),并入住位于汉密尔顿岛上的带泳池的三房别墅。而他(她)的职责则包括探访大堡礁附近的诸多岛屿;亲身体验各种探险活动,如扬帆出海、划独木舟、潜水、海岛徒步探险等,以及担任兼职信差,并把自己的亲身经历以文字和视频的方式记录下来,上传至博客。活动的参与方式非常简单,没有学历要求,没有工作限制,所有 18 岁以上的人只要提供一段 60 秒内的英文求职视频即可。

消息发出的第一个周末,"世界上最好的工作"的官方网站即人满为患,全世界以每小时 25 000 人次的速度来访,服务器几近瘫痪,工作人员不得不连夜将服务器扩大了 10 倍才得以恢复正常。总共收到申请材料 34 684 份,仅在报名截止日期 2 月 22 日前的最后 48 小时内,昆士兰旅游局就收到了 7500 份之多。

10. 简单

口碑营销的特点之一就是"懒惰"。网络受众不喜欢传播冗长的信息,为此成功的网络口碑话题只针对产品或企业的最为突出的特征。通过口碑传播的方式可以有效地强化市场定位,同时又能保证信息明确、简洁,便于传播和记忆。例如,耐克的宣传语 Just Do It,李宁的宣传语 Make It Change,Zappos 的宣传语"合脚即穿,不合就换",博洋家纺宣传语"博洋家纺,为爱裸奔——价格裸奔,品质不裸奔"。上述知名品牌无论在活动标语上还是品牌标语上都采用简单的语句,以便于用户了解和传播。

11. 快乐

快乐的客户是最伟大的广告商。当人们喜欢你时,他们就愿意和其朋友分享你。他们想帮助你,他们想支持你的业务,他们希望他们的朋友喜欢你所提供的产品。使他人快乐比其他任何你能做的事情更加会得到口耳相传。

12. 尊敬

如果企业没有获得受众的尊敬,那么就不可能获得广泛的传播,没有人会积极地传播他们不信任和不喜欢的品牌。

【案例 15-2】 "演变"视频

网民在看到一些经典的、有趣的、轻松的视频时总是愿意主动去传播,通过受众主动自发地传播企业品牌信息,视频就会带着企业的信息像病毒一样在互联网上扩散。由奥美公司为多芬品牌创意制作的名为"演变"的 75 秒视频,经由视频网站第一豪门 YouTube 播出后,旋即创下了 1700 万次的点击量,并产生了轰动的社会效应。这些活动都是多芬"真美运动"品牌推广的一个组成部分。始于 2004 年的"真美运动",通过活动、电视、网络等多渠道营销,力图从观念上纠正女性对美的片面看法,强调女性的自尊,挑战对于美丽的传统定义。

15.3 网络口碑营销的优势

基于网络口碑营销的自身特点,网络口碑营销体现以下优势。

1. 传播成本低

口碑营销无疑是当今世界上最为廉价的信息传播工具,基本上只需要企业的智力支持,不需要其他更多的投入,节省了大量的广告宣传费用。因此,企业与其以不惜巨资投入广告、促销活动、公关活动等方式来吸引潜在消费者的目光,以产生"眼球经济"效应,还不如通过口碑这样廉价而简单的方式来达到这一目的。很多好电影、好书的流行都是靠口碑传播获得巨大成功的。也许我们每个人都有向别人推荐过好电影或好书的经历,这种口碑推荐的力量有时超出你的想象。由于口碑的力量,英国女作家 J.K.罗琳写的《哈利·波特》系列丛书一本比一本畅销。当第 4 部《哈利·波特》在 2000 年 7 月上市时,首印量即达 380 万册,在 48 小时内便告脱销。第 5 部在还没有出版前已经是万众期待,2003 年 6 月 21 日全球同时首发时,第一天仅在美国就销售了 75 万册,全球销售了 500 万册。J.K.罗琳,这个曾经生活孤苦无依的英国单身母亲,如今的富有程度超过我们的想象。她自己在回答美国记者采访时也承认,是口碑相传使她名声大振,而名声改变了她的生活。

当一个企业、一个产品或者一项服务形成了良好的口碑时,它就会被广为传播。通过口碑营销,基于人们自发的口口相传,成本仅限于对信息源头的传播费用以及主要集中于教育和刺激小部分传播样本人群上,即教育和开发口碑意见领袖,因此成本比面对大众人群的其他广告形式要低得多。一个企业的产品或服务一旦有了良好的口碑,人们会不经意地对其进行主动传播。不少企业通过成功的口碑营销,往往能事半功倍地在消费群体中换取良好的口碑,从而增加企业的市场份额;同时也为企业的长期发展节省大量的广告宣传费用。在当今信息更为充分的互联网时代,靠强制宣讲灌输的品牌推广已变得难度越来越大且成本越来越高,性价比远远不如定向推广和口碑传播来得好。

2. 可信任度高

当代社会,人们每天都会不可避免地接触各类媒体广告。各种新老产品的推广信息接踵而来,这其中部分有用的信息可以为消费者创造价值,极大地节省消费者的时间和精力,而部分垃圾信息则会浪费消费者的时间和精力,甚至有可能极大地伤害消费者。因此,人们对媒体广告的信赖度正在逐渐下降。根据部分调查报告显示:在消费者具有相应需求时,他们往往先通过身边的亲朋好友了解某相关产品或公司的口碑;而且亲朋好友的建议对最终决策起到了很大的作用。

一般情况下,口碑传播都发生在朋友、亲戚、同事、同学等关系较为亲近或密切的群体中。在口碑传播的过程之前,他们之间已经建立了一种特殊的关系和友谊,相对于纯粹的广告、促销、公关、商家的推荐等而言,可信度更高。另外,一个产品或者服务只有形成较高的满意度,才会被广为传诵,形成一个良好的口碑。因此,口碑传播的信息对于受众来说具有可信度非常高的特点。这个特点是口碑传播的核心,也是企业开展口碑宣传活动的一个最佳理由。同样的质量,同样的价格,人们往往都是选择一个具有良好口碑的产品或服务。况且,因为口碑传播的主体是中立的,几乎不存在利益关系,所以也就进一步提高了可信任度。

3. 针对性准确

"物以类聚,人以群分",人们都有自己的交际圈,日常生活中的交流往往围绕彼此关注的话题。不同的消费群体之间有着不同的话题与关注焦点,因此各个消费群体构成了一个个特定的细分市场。他们有相近的消费趋向和相似的品牌偏好,只要影响了其中的一个人或者几个人,在这个沟通手段与途径无限多样化的时代,信息便会以几何级数的增长速度传播开来。

口碑营销具有很强的针对性。它不像大多数公司的广告那样千篇一律,无视接受者的个体差异。口碑传播往往借助于社会公众一对一的传播方式,信息的传播者和被传播者之间一般有着某种联系。消费者都有自己的交际圈和生活圈,而且彼此之间有一定的了解。人们日常生活中的交流往往围绕彼此喜欢的话题进行,这种状态下信息的传播者可以针对被传播者的具体情况,选择适当的传播内容和形式,形成良好的沟通效果。当某人向自己的同事或朋友介绍某件产品时,他绝不是有意推销该产品,他只是针对朋友们的一些问题提出自己的建议而已。例如,朋友给你推荐某个企业或公司的产品,那么一般情况下会是你感兴趣,甚至是你需要的。可见,口碑传播不仅仅是一种营销层面的行为,更反映了小团体内在的社交需要。很多时候,口碑传播行为都发生在不经意间,传递相关信息主要是因为社交的需要。因此,消费者自然会对口碑相传的方式予以更多的关注,因为大家都相信它比其他任何形式的传播推广手段更中肯、直接和全面。

4. 提升企业形象

很难想象一个口碑很差的企业会得到长期的发展。口碑传播不同于广告宣传,口碑是企业形象的象征,而广告宣传仅仅是企业的一种商业行为。口碑传播是人们对于某个产品或服务有较高满意度的一个表现,而夸张的广告宣传有可能会引起消费者的反感。拥有良好的口碑往往会在无形中对企业的长期发展以及企业产品销售、推广产生很大的影响。当一个企业赢得了好口碑后,其知名度和美誉度往往就会非常高,这样企业就拥有了良好的企业形象。这种良好的企业形象一经形成就会成为企业的一笔巨大的无形资产,对于产品的销售与推广、新产品的推出都有着积极的促进作用。并且,口碑在某种程度上是可以由企业自己把握的。

5. 发掘潜在消费者的成功率高

专家发现,人们出于各种各样的原因,热衷于把自己的经历或体验转告他人,例如刚去过的那家餐馆口味如何、新买的手机性能怎样等。如果经历或体验是积极的、正面的,他们就会热情主动地向别人推荐,帮助企业发掘潜在消费者。一项调查表明:一个满意的消费者会引发 8 笔潜在的买卖,其中至少有一笔可以成交;一个不满意的消费者足以影响 25 人的购买意愿。"用户告诉用户"的口碑影响力可见一斑。以空调为例,在购买过程中,消费者较多关注的是使用效果、售后服务、价格、品牌和耗电量等因素。而潜在用户对于产品的使用效果、售后服务、价格、品牌和耗电量等因素的信息主要来自第一次购买的群体;第一次购买群体的口碑是最值得潜在用户信赖的传播形式。

6. 更加具有亲和力

口碑营销从本质上说也是一种广告,但与传统的营销手段相比,却具有与众不同的亲和力和感染力。传统广告和销售人员宣传产品时一般都是站在卖方的角度,为卖方利益服务的,因此人们往往对其真实性表示怀疑,只能引起消费者的注意和兴趣,但促成真正购买行为的发生较难。而在口碑营销中,传播者是消费者,与卖方没有任何关系,独立于卖方之外,推荐产品也不会获得物质收益;同时,因为是朋友口中说的,所以可信度比较高,企业产品也就更为容易被推广出去。因此,从消费者的角度看,相比广告宣传而言,口碑传播者传递的信息被认为是客观和独立的;可被信息接受者所信任,从而使其跳过怀疑、观望、等待、试探的阶段,并进一步促成购买行为。

7. 了解市场脉搏

以微信、微博为代表的网络口碑营销平台,通常聚集着与品牌、产品乃至服务相关的大量消费者,消费者通常会基于上述社会化媒体平台表达对于购买的品牌、产品的积极或消极的意愿和想法。这样,企业通过跟踪用户对自己品牌、产品的感受,可有效了解自己企业品牌、产品的优劣势以及用户最新的需求趋势等,利用这些反馈信息开发自己的业务和营销计划。

15.4　网络口碑营销的构成要素

美国口碑营销协会的口碑营销专家安迪·塞诺威兹(Andy Sernovitz)在《口碑的力量:沃顿商学院最受欢迎的营销课》一书中提出进行口碑营销的 5 项构成要素,即 5T(talkers、topics、tools、taking part 和 tracking)。

1. 谈论者

谈论者(talkers)回答的问题是"谁将对他的朋友提及企业品牌"。谈论者指对传播企业信息具有热情的群体。这一环节涉及的是人的问题,企业必须识别会谈论你的人群,这是口碑营销的第一步。这部分人是产品的粉丝、用户、媒体、员工,或者是供应商、经销商。目前的口碑营销往往都是以产品使用者的角色来发起,以产品试用为代表,但实践表明企业的员工和经销商的口碑建立同样不容忽视。

2. 话题

话题(topics)要解决的是人们谈论什么。网络口碑营销需要给人们一个谈论的理由,这个理由可以是产品、价格、外观、活动、代言人等。口碑营销就是一个炒作和寻找话题的过程,总要发现一些合乎情理又出人意料的"噱头"让人们尤其是潜在的用户来"说三道四"。

3. 工具

工具(tools)提出如何帮助信息传播。再好的话题也需要帮助扩散,因此需要预先设定口碑传播的平台及工具。借助于网络平台及工具,可以帮助信息传播得更快。它可以是网站广告、"病毒"邮件、博客、网络社区等。这不仅需要对不同渠道的传播特点有全面的把握,而且广告投放的经验对工具的选择和效果的评估也会起到很大的影响。此外,信息的监测也是一个重要的环节,从最早的网站访问来路分析到如今的舆情监测,口碑营销的价值越来越需要一些定量数据的支持。

4. 参与

参与(taking part)要解决的是企业应该如何参与对话之中。一旦企业打开口碑营销对话之门,一方面需要鼓励客户参与企业品牌的对话,另一方面也需要寻找与产品价值和企业理念相契合的接触点,主动参与到热点话题的讨论中,包括发表相关博客、参加讨论、回复邮件等。例如,如今众多的母婴社区论坛或频道中许多母婴品牌都在育儿 BBS 开展在线活动,以增加品牌的美誉度和客户忠诚度。

5. 跟踪

跟踪(tracking)要解决的是人们针对企业说什么。企业需要了解并理解客户的声音,这可以通过搜索博客、阅读消息、使用一些软件获得。这是一个事后监测的环节,很多公司和软件都提供这方面的服务。发现客户的反馈和意见对于企业改善服务质量和提高品牌美誉度具有重要的作用。

15.5 网络口碑营销的推广策略

网络口碑营销的运作核心就是有效实现商业性和娱乐性的融合,纯商业性的信息不能激发受众的广泛兴趣和参与传播,纯娱乐性的信息不利于品牌信息的传播。

1. 策略1:挖掘伟大的创意

在营销2.0时代,口碑营销的成功关键在于挖掘足以吸引受众注意的伟大创意。创意必须有意思,让受众有参与的兴趣。它能够激发受众为了获取更多更全面的关于诉求的信息而去主动搜索,为受众的参与行动提供便利,受众参与时必须有独特的值得分享的经历。塑造创意需要跳出传统的思维框架,尝试做一些别人没有想到的事情。英国的一家皮肤癌慈善组织成功地运用了这一策略,如图15-5所示。2009年2月,该组织启动了网站ComputerTan.com并提出假设,"坐"在网站ComputerTan.com中的人们通过他们的计算机屏幕可以被晒黑。ComputerTan.com网站是一个骗局,但是在网站启动的24小时内还是有超过30 000人注册参与这一活动。在一天的末尾,这些用户被通知晒黑的危险与太阳射线的危害。

图15-5　ComputerTan.com主页:未曾期望的病毒创新

2. 策略2:教你的客户如何做某事

人们期待你的建议,教你的用户如何做某事。教某人如何做某事存在着无限的可能性。企业可以通过一系列的视频、图片、文字描述整个过程,教授他们的客户如何成功地完成某事。例如,利用视频教人们如何系领带、如何折叠T恤(如图15-6所示)、如何制作冰糖葫芦、如何做比萨等。

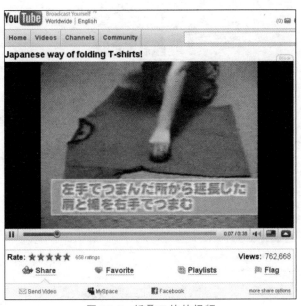

图 15-6　折叠 T 恤的视频

3. 策略 3：列表

如果我们以段落的形式提供信息，则人们可能无法吸收每个部分。事实上，列表在信息吸引方面比段落或文章做得更为突出。列表具有天然的病毒性，因为它们鼓励大量参与、对话与沟通。它们也往往表明，作者针对一个特定主题完成了深度的研究。对于列表，人们可以抛开其他事实而专注于评论单个内容。具体而言，列表的特点表现在：第一，快速浏览与易于了解；第二，通常简洁，内容易于吸收；第三，文章具有丰富的资源和大量的信息，列表可以作为暂时的参考；第四，列表意味着共享，从而提高流量和链接，并可以帮助提高知名度；第五，吸引并鼓励个人参与。

4. 策略 4：测验或问卷调查

企业可以自己设计一些与业务相关甚至无关的测试和问卷，然后吸引网民参与调查。题型既可以是判断对错题、选择题等封闭式问题，也可以是让用户自己填写答案的开放式问题。测试结束后，给参与者显示与他人分享答案的按钮选项。这样，网民不仅自己可能参与认知品牌信息，接下来还可能通过直接链接到小测验来与好友分享信息，如图 15-7 所示。

5. 策略 5：参与互动视频或游戏

如果企业的网页设计师能够创造可以促进产品营销的互动游戏与视频，那么企业就有必要充分利用这一机会，让网络受众充分地将企业的产品与服务共同分享。用户可以利用个性化的交互式视频，这可能是昂贵的选择，但回报是巨大的：当用户发现他们确实被你的品牌所吸引，就能够提供有关自己的信息。然后，他们会情不自禁地与他们的朋友分享这些视频和游戏，这一结果就是凭借社会的相互作用实施真正的口碑营销。著名的汉堡王制作的"卑躬屈膝的公鸡"就是利用互动游戏的病毒性营销成功范例。2005 年 4

图 15-7　问卷调查

月 8 日的纽约,有个奇怪的东西出现在网络上。一只鸡穿着吊袜带可以完成观众要求的任何命令。它可以做跳跃运动、跳舞、做俯卧撑,甚至看电视;它看似无所不能。这一内容在散布到若干网络聊天室后,"卑躬屈膝的公鸡"立即在博客中广泛扩散。上网一天,该网站带来 100 万的点击率。一周之内,收到了 2000 万次点击。这个奇怪的网络现象背后是谁?许多网站访问者惊讶地看到它是汉堡王,如图 15-8 所示。

图 15-8　汉堡王互动游戏

6. 策略 6:利用影像来传播主题

少儿时代,人们就喜欢看连环画报;即使到了成人年龄,人们对于视觉效果依然具有强烈的情感依恋。在网络社会中,充斥着大量过剩的信息,突出表现在文字信息上,因此越来越多的网络受众喜欢图文信息。在一个社会化营销的氛围之下，视觉画面有助于表达传播的主题，而图像更有助于故事的成功。例如，图15-9显示了一位母亲记录她患癌症的儿子生命最后时光的一系列照片，故事本身是痛苦的，其中一些照片使人为之动容。然而，母亲对她生病儿子的爱是明确的，这份对小男孩的爱在成千上万的人中进行分享。这篇文章获得2007年度特写摄影的普利策奖。诸如此类的例子都证明了使用图像可以有效提高不同题材的知名度，从而推动病毒营销的成功。同样，如果客户有兴趣了解有关企业产品的制造过程，那么企业可以为他们提供参观工厂或办公室的机会。这样，企业的追随者和利益相关者可能会对可视化的公司动态最感兴趣，从而为有效分享关于企业的照片与视频提供传播机会。

图15-9　一位母亲记录其患癌症的儿子生命最后时光的系列照片

7. 策略7：开发应用工具

企业所处的行业可能正受限于企业所能解决的问题，或许这个需求也并非企业的紧急议程，但是企业一旦解决就可以使多人受益，包括企业自己。建设开发应用工具即属于这一范畴，应用工具是一个建立高质量链接到企业站点以及建立思想领袖的极佳途径。应用工具会使众多网民受益，其中包括与企业无关的客户。但是，上述网民与客户依然会帮助企业进行广泛分享并传播，从而提高企业的品牌知名度。例如，企业围绕苹果移动端iOS系统开发第三方应用工具，企业的追随者通过应用工具可以简单快捷地找到企业。

思考题

1. 基于互联网收集一个成功实施网络口碑营销的案例，并对其特点进行分析。
2. 任意选择一个品牌，设计一个模拟的口碑营销计划，重点包括5T原则及营销推广策略。

第**16**章 搜索引擎营销

学习目标

- 理解搜索引擎营销的特点和类型;
- 了解自然搜索优化;
- 掌握付费搜索实施流程。

16.1 搜索引擎营销概述

搜索引擎(search engine)致力于让网民基于互联网更为便捷地获取信息,找到所求。搜索引擎营销从商业的角度出发,让网络用户发现商业信息,并通过搜索点击进入商业网站,进一步了解用户所需要的产品或服务信息。

根据中国互联网信息中心《第 50 次中国互联网络发展状况统计报告》显示,截至 2022 年 6 月,我国搜索引擎用户规模达 8.21 亿,较 2021 年 12 月减少 737 万,占网民整体 78.2%。在搜索引擎用户规模总体保持稳定的前提下,近年来,我国互联网企业在搜索引擎领域继续进行深度布局,应用内搜索用户数量持续增长。具体表现在:第一,互联网企业在搜索领域持续投入。2022 年上半年,字节跳动推出独立搜索产品"悟空搜索",形成"头条搜索＋悟空搜索＋抖音搜索"的产品矩阵,尝试吸引更多细分市场流量。第二,应用内搜索用户数量持续增长。随着微信生态的蓬勃发展,微信"搜一搜"逐步满足用户的多元化需求,为内容创作者、服务提供者和入驻商户更好地连接用户提供支撑。截至 2021 年,微信"搜一搜"月活跃用户数超过 7 亿。

16.1.1 搜索引擎的含义

搜索引擎是根据一定的策略和运用特定的计算机程序从互联网上搜集信息,在对信息进行组织和处理后,为用户提供检索服务和将用户检索的相关信息展示给用户的系统。不管是学习、娱乐还是购物,人们都习惯使用搜索引擎来获得自己想要的信息。利用搜索引擎来获取所需要的网络信息和资源是广大网络用户在寻找企业产品和服务信息时最常用的一种方式,相比其他方式而言,这种方式更具有简便、快捷、高效等特点。搜索引擎作为互联网的基础应用,是网民在互联网中获取所需信息的重要工具,其用户规模会随着网民总体规模的增长而进一步提升。

当搜索引擎提供商和企业开始介入用户的搜索过程,通过搜索引擎的营销来推广自己的品牌、产品和服务时,搜索引擎营销就随之诞生。搜索引擎提供商推出了相关的营销产品,企业也对搜索引擎营销提出了相关的要求。如何让自己的产品和服务最大限度地展现到搜索用户面前并得到用户的关注是企业在搜索引擎营销中需要解决的主要问题。

16.1.2 搜索引擎的工作原理

搜索引擎的工作原理基本遵循抓取、编制索引(即建库)、排序和显示搜索结果四部分展开,如图 16-1 所示。

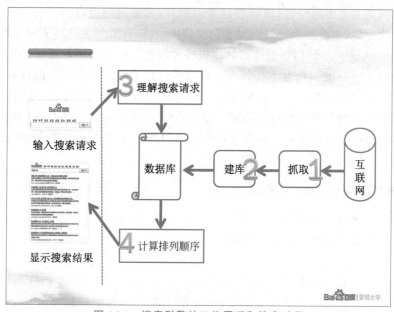

图 16-1 搜索引擎的工作原理和搜索过程

1. 抓取

搜索引擎利用蜘蛛(spider)程序抓取并保存互联网上对用户有价值的资源。蜘蛛程序从数据库中已知的网页出发,就像正常用户的浏览器一样访问网页并抓取文件,最后存入数据库。

2. 建库

建库就是编制索引(indexing)。编制索引即通过蜘蛛程序对抓取的网页进行分解及分析,记录网页及关键词信息,以表格形式存储。这一过程也会创立搜索索引库,即特别的数据库,该仓库存储着列出了互联网所有网页上所有词的列表。

3. 理解搜索请求

理解搜索请求即匹配搜索请求(search query)。搜索引擎必须分析搜索者键入的词语,挑选出与这些词相匹配的网页。一方面,搜索引擎需要选择与自然搜索相匹配的结果,即对于自然搜索结果,需要使用搜索索引库来定位最匹配的网页;另一方面,搜索引擎需要选择与付费广告相匹配的结果,即与自然搜索不同,搜索结果不是从搜索索引中得到。搜索引擎会查询一个由广告主提交的存储所有列表的数据库。每一个广告主都可以选择关键词,并且提交一个投标价格,搜索者每次点击广告时,广告主就按这个价格付款。

4. 计算排列顺序

对于自然搜索而言,计算排列顺序即对某个关键词归档内的所有网页进行排序,以挑选最适合的网页排在前面。通常,网页的排序是按照"相关性"展开,所谓相关性即与搜索请求相匹配的程度。"相关性"是根据不同的要素按照一定的公式计算的,相关性的三种主要构成要素包括关键词密度、关键词突出度和链接流行度。关键词密度(keyword density)即关键词在网页上出现的频率,该值越高越好;关键词突出度(keyword prominence)即关键词在网页上出现的位置,该特性越突出越好;链接流行度(link popularity)即被其他网页链接的数量,该值越大越好。对于付费搜索而言,计算排列顺序相对简单。直接竞价(high bidder auction)即出价最高者的广告将被搜索引擎放在付费搜索结果的最前列。混合竞价(hybrid auction)结合了广告主支付价格与相关性两个因素。以谷歌为例,参加Google AdWords 计划的广告主按照他们愿意支付的价格进行投标,但是出价最高者的广告不一定能在谷歌上得到最好的位置。谷歌将综合衡量出价和点击率(搜索结果显示后搜索者点击的比率),这种将二者相互结合的排序方法鼓励了那些更具相关性的搜索结果,因为它们会比出价高但相关性差的结果排名更高。

16.1.3　搜索引擎营销的实施流程

搜索引擎营销追求最高的性价比,以最小的投入获取最大的来自搜索引擎的访问量,从而产生商业价值。用户在检索信息时所使用的关键字反映了用户对该问题(产品)的关注,这种关注是搜索引擎被应用于网络营销的根本原因。搜索引擎营销(Search Engine Marketing,SEM)就是根据用户使用搜索引擎的方式,利用用户检索信息的机会尽可能将营销信息传递给目标用户。其基本思想是在用户利用某些关键词检索时营销信息出现在检索结果中靠前的位置,从而让用户发现该信息,并通过点击网站,浏览网页进一步了解他所需要的信息。搜索引擎营销可以实现 5 个营销目标:第一,被搜索引擎收录;第二,在搜索结果中排名靠前;第三,增加用户的点击(点进)率;第四,将浏览者转化为顾客;第五,使用户成为企业忠诚客户。

简单来说,搜索引擎营销就是基于搜索引擎平台的网络营销,利用人们对搜索引擎的依赖和使用习惯,在人们检索信息时尽可能将营销信息传递给目标客户。通用搜索引擎是最为重要与常见的搜索平台。通用搜索引擎就如同互联网第一次出现的门户网站一样,通过大量的信息整合导航和极快的查询,将所有网站上的信息整合到一个平台上供网民使用。大家熟知的搜索引擎 Google、百度、Yandex 等是通用搜索引擎的典型代表。

相对于百度等网络用户熟悉的通用搜索工具,垂直搜索是基于特定主题的专业化搜索平台,它能帮助用户快速发现他们所需的特定专业化内容。例如,在快速发展的中国付费网络搜索市场,网络零售平台"淘宝网"在 2009 年年底建立了自己独立的搜索引擎网站,其通过使用购物垂直目录搜索的方式,让网购用户在淘宝网界面上能够迅速便捷地找到物品,这样的搜索方式吸引了无数的潜在顾客。同时,淘宝网将其搜索广告位出售给淘宝卖家,将盈利规模最大化。垂直搜索引擎是通用搜索引擎的细分和延伸,它对网页库中的某类专门信息进行整合,定向分字段抽取出需要的数据,对这些数据进行处理,然后再以某种形式返回给用户。垂直搜索是针对通用搜索引擎的信息量大、查询不准确、深度不够等缺点提出来的新的搜索引擎服务模式，是针对某一特定领域、某一特定人群或某一特定需求提供的具有一定价值的信息和相关服务。相比通用搜索引擎的海量信息无序化，垂直搜索引擎则显得更加专注、具体和深入，其特点就是"专、精、深"，具有强烈的行业或领域色彩。

此外，搜索引擎营销可以有两种划分方式：是否付费、是否专业化。搜索引擎营销按照是否付费分为自然搜索引擎营销和付费搜索引擎营销，如图 16-2 所示。自然搜索引擎营销即免费搜索引擎营销，也称为搜索引擎优化（Search Engine Optimization，SEO），是一种利用搜索引擎的搜索规则来提高目标网站在有关搜索引擎内排名的方式。付费搜索引擎营销主要是竞价排名和付费搜索引擎广告，这在百度、谷歌的广告中很常见。此外，搜索引擎营销按照是否专业化分为通用搜索引擎营销和垂直搜索引擎营销。通用搜索引擎营销是指在通用搜索引擎下进行的营销活动，例如谷歌、百度、雅虎等的搜索引擎营销。垂直搜索引擎营销是针对某一个行业、领域或平台搜索引擎的营销活动，例如淘宝、微信等搜索引擎营销。

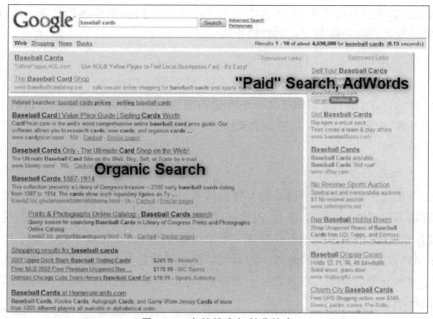

图 16-2　自然搜索与付费搜索

16.2　搜索引擎营销之自然搜索

搜索引擎营销之自然搜索称为有机搜索，或者搜索引擎优化，是搜索引擎营销的重要构成部分。

16.2.1　搜索引擎优化概述

搜索引擎优化即针对搜索引擎对于网页的检索特点,通过对企业官网结构、网页文字和站点间的链接等进行合理优化布局,从而使得相关网页在搜索引擎自然检索结果中的排名靠前。最终,排名靠前的网站与页面可以提高企业销售能力、拓展企业销售渠道、提升品牌形象。简单地说,SEO 是一种让网站在百度、谷歌等搜索引擎中获得较好的排名,从而赢得更多潜在客户的一种网络营销方式。搜索引擎优化的主要方法是通过对网站的"关键词、主题、链接、结构、标签、排版"等方面进行优化,使谷歌、百度等搜索引擎更容易搜索到网站的内容,并且让网站、网页在搜索引擎中获得较高的排名。搜索引擎优化具有相应的优势和劣势。

搜索引擎优化的优势主要体现为以下 5 点。

1. 成本低

和付费搜索相比,搜索引擎优化的推广成本更低。付费搜索一旦停止参与竞价,则竞价排名就会自动截止。但是,对于搜索引擎优化,只要通过正常的优化手段获得了搜索引擎的自然排名,并且持续维护,那么推广效果就会随着时间的推移逐步显现。因此,开展搜索引擎优化可以有效降低企业的营销支出。

2. 覆盖面广

搜索引擎优化具有跨搜索引擎平台的效果,针对网站结构、用户需求、搜索引擎原理等进行整体的优化,而不仅局限于某一个搜索引擎。例如,在百度具有较好排名的网站,其在诸如谷歌、搜狗、360 等其他搜索引擎中也一定具有不俗的表现,所以 SEO 覆盖面是较为广泛的。

3. 全方位提高网站质量

搜索引擎优化不仅有利于网站的关键词排名,而且有利于网站整体质量的提升。搜索引擎爬虫不仅有智能的抓取能力,而且能够通过判断用户行为来分析网站的质量。所以,通过自然搜索,企业的网站不仅带来了搜索引擎流量,而且有利于提升整个网站的质量,优化用户体验,提高用户转化率。搜索引擎优化通常是对于企业页面所做出的有限修改,但是,这种有限的修改不断地完善企业页面,也会对站点的用户体验和搜索的结果产生显著的影响。

4. 信任度更高

相对付费搜索,搜索引擎优化具有更高的用户信任度。用户会认为靠自然排名排上去的网站更专业、更可信,因此该网站更容易吸引点击,用户参与度和转化率也更高。通过搜索引擎优化排名获得的流量更容易被用户认可、信任和接受,这些流量既是高质量的搜索引擎流量,也是转化率极高的有效流量。一般而言,自然结果第一位的自然搜索流量通常要高于排在付费搜索第一位的搜索引擎广告。

5. 屏蔽负面信息

搜索引擎优化还可以被应用于排除位于搜索结果页面的关于企业或产品等的负面信

息。例如,如果在企业的付费搜索结果页面下方出现一条关于企业的负面消息,那么这一负面消息自然就会影响企业的在线流量乃至转化率。通过搜索引擎优化,可以更好地巩固搜索结果页面正向搜索结果的权重,建立关于搜索结果的保护屏障。

搜索引擎优化的劣势主要体现为以下 3 点。

1. 见效时间长

搜索引擎优化的排名需要时间周期。通常,需要若干月的优化时间,才能够体现部分优化效果。如果急于求成,往往会适得其反。因此,需要企业对于这一点具有充分的理解和预期。

2. 沟通成本高

搜索引擎优化需要部门之间的协同与配合。产品、营销、技术、编辑等部门或环节的沟通成本高,因此搜索引擎优化的管理人员通常需要具有较强的组织与沟通能力。

3. 不稳定

搜索引擎具有复杂的算法和动态的属性。与付费搜索相比,因为不是单纯地购买广告,所以没有办法保证站点能够获得多少展示和点击。这样,通常会导致网站关键词排名和流量缺乏稳定性。

16.2.2 搜索引擎优化的实施

搜索引擎优化的通俗理解是通过总结搜索引擎的排名规律对网站进行合理优化,使网站在百度和谷歌的排名提高,让搜索引擎给你带来客户。

1. 关键词选择

在搜索引擎优化的过程中,用户的搜索行为分析非常重要。只有更为清晰地了解用户的搜索行为,才能避开激烈的竞争。企业需要选择与目标搜索用户最为匹配的搜索关键词,并将最终搜索结果以用户喜欢的方式呈现。因此,关键词对于自然搜索优化具有举足轻重的作用。例如,在谷歌上搜索 baseball cards,最先出现的会是关键词设置切合搜索内容的网站,如图 16-3 所示。对于企业而言,企业的品牌名称、经营的产品与提供的服务等都会成为搜索引擎优化的关键词。关键词可以划分为核心关键词与长尾关键词。

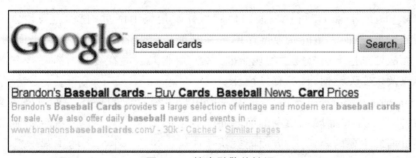

图 16-3　搜索引擎关键词

核心关键词指经过关键词分析确定下来的网站"主打"关键词,通俗地讲就是网站产品和服务的目标客户可能用来搜索的关键词。对于一般小型网站,核心关键词带来的流量占网站总搜索流量的绝大部分。核心关键词具有这些特征：第一，核心关键词一般作为网站首页的标题；第二，核心关键词一般是 2~4 个字构成的一个词或词组，名词居多；第三，核心关键词在搜索引擎中每日都有一定数目的稳定搜索量；第四，搜索核心关键词的用户往往对网站的产品和服务有需求，或者对网站的内容感兴趣；第五，网站的主要内容围绕核心关键词展开。

网站上非核心但也可以带来搜索流量的关键词称为长尾关键词。长尾关键词具有以下特征。第一，比较长，往往是 2~3 个词组成，甚至是短语；第二，存在于内容页面，除了内容页的标题，还存在于内容中；第三，搜索量非常少，并且不稳定；第四，长尾关键词带来的客户转化为网站产品客户的概率比核心关键词低很多；第五，存在大量长尾关键词的大中型网站带来的总流量非常大。

2. 网页元标签优化

元标签是网站优化 SEO 工作中比较重要的环节。元标签是＜head＞与＜/head＞之间的 html 标签，主要用于为搜索引擎提供更多关于网站页面内容的信息。它包括＜title＞标签、＜meta name＝"keywords"＞标签和＜meta name＝"description"＞标签。当对网页元标签进行优化时，这三个标签的优化都较为重要，特别是＜title＞标签和＜meta name＝"description"＞标签的优化，因为这两个标签一般都会在搜索结果中出现，是访问者首先了解网站的窗口，如图 16-4 所示。＜title＞标签和＜meta name＝"description"＞标签的重要性显而易见。

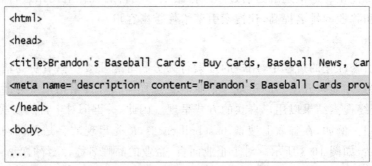

```
<html>
<head>
<title>Brandon's Baseball Cards - Buy Cards, Baseball News, Car
<meta name="description" content="Brandon's Baseball Cards prov
</head>
<body>
...
```

图 16-4　元标签示例

＜title＞标签对应用户可视页面的标题。标题是整个网页的核心，在搜索引擎当中拥有较高的权重，然而大量的企业网站网页标题都是企业名称，没有包含页面的关键词，导致用户无法通过搜索引擎搜索到该企业网站，企业失去潜在客户。标题要包含网页的核心内容以及主要关键词，且具有可读性。

＜meta name＝"description"＞标签对应用户可视页面的描述。页面描述又称为页面摘要，具体是关于页面展示信息的简洁而强有力的概述。其目的在于一方面告知搜索引擎关于页面的主要内容，另一方面能够快速让访客知道一个网页的主题思想。例如，摘要可以是对公司的某一业务或产品的一个简单介绍。

3. 网站地图

网站地图，其又称站点地图，其英文是 SiteMap。网站地图就是一个页面，上面放置了网站上需要搜索引擎抓取的所有页面的链接,如图16-5所示。SiteMap是优化技术中的重要一环。要使自己的网站尽可能多地被搜索引擎收录,除了被动等待之外,SiteMap技术将使网站的收录变得更快速、更全面、更简单。网站地图方便搜索引擎蜘蛛抓取网站页面,通过抓取网站页面,清晰了解网站的架构,并且通常以sitemap.htm为文件名,放置在根目录下;为搜索引擎蜘蛛指路,增加网站重要内容页面的收录。网站地图的作用主要体现在两方面。第一,网站地图面向网站访问者。通过提供一个指明网站结构、栏目和内容说明等基本信息的网页文件,可以使得用户快速了解网站结构和内容,就如同人们来到一个陌生的城市需要一张城市地图一样。第二,网站地图面向搜索引擎。为了收录网站中的内容页面,搜索蜘蛛会首先阅读网站地图。

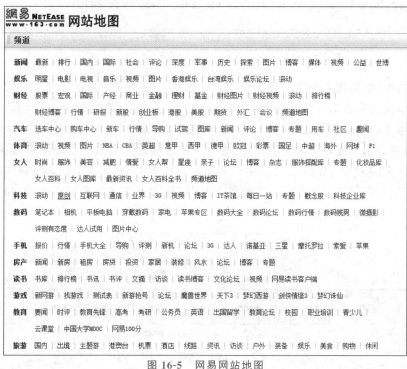

图16-5　网易网站地图

4. 建立外部链接

构建链接是搜索引擎的主要部分,当站点管理者发现相关价值内容或站点时,他们的自然反应通常是链接到价值内容或站点;链接进而向搜索引擎传递网页内容是值得推荐的信息。网站获得的外部链接越多,说明网站获得的外部认可与肯定程度越高。当然,为了防止网站管理者的作弊行为,搜索引擎会对外部链接进行判断。因此,外部链接也是搜索引擎优化的重要内容。企业实施外部链接的主要优化方法包括两方面。第一,交换友情链接。争取与主流网站、权威网站等高质量的网站交换链接,尽量保证对方网站与企业站点具有相关性且具有较高的PR值;避免和质量较差的网站链接,这样的链接会对搜索引擎排名起到负面作用。第二,奉行"内容为王"原则,撰写原创、优秀的内容并发布在企业站点上,再向各大网络媒体投稿。此外,发布的内容注明原文出处和链接不仅可以增加站点的外部链接,而且可以进一步扩大企业的知名度和行业的权威性。

5. 改善域名的结构

URL 是 Uniform Resource Location 的缩写,译为"统一资源定位符",即网页地址。URL 的格式由三部分组成:第一部分是协议(或称为服务方式);第二部分是存有资源的主机 IP 地址(有时也包括端口号);第三部分是主机资源的具体地址,如目录和文件名等。如图 16-6 所示,第一部分和第二部分之间用":∥"符号隔开,第二部分和第三部分用"/"符号隔开。第一部分和第二部分是不可缺少的,第三部分有时可以省略。

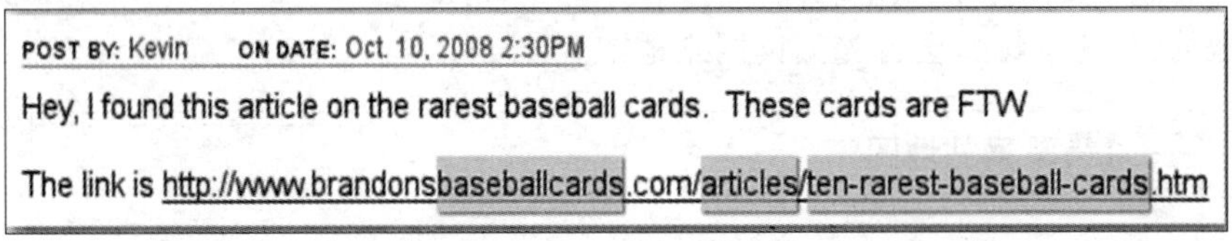

POST BY: Kevin   ON DATE: Oct. 10, 2008 2:30PM

Hey, I found this article on the rarest baseball cards. These cards are FTW

The link is http://www.brandonsbaseballcards.com/articles/ten-rarest-baseball-cards.htm

图 16-6　域名结构

域名的单词、繁简等都会对搜索引擎产生影响。在 URL 中使用与站点的内容和结构相关的单词能更好地导航站点,访客更容易记忆,也更愿意联系。这将为用户和搜索引擎提供更为积极的页面信息,如图 16-7 所示。同时要避免选择通用的页名称,如 page1。对于繁简,要力求创建一个简单的,但是能让用户通过此结构大致了解网页内容的域名,避免使用冗杂的 URL,如图 16-8 所示。冗长和复杂的 URL 可能会让人感到困惑和不够友好,用户很难理解或记忆 URL,特别是当 URL 显示了许多无法识别的参数时,从而导致用户回避与拒绝该网站。

网易证 🔒 https://open.163.com/khan/

图 16-7　以单词显示的域名

http://www.brandonsbaseballcards.com/folder1/1089257/x1/0000023a.htm

图 16-8　以通用页显示的域名

6. 简化网站操作

如图 16-9 所示,简便易于操作的导航网站和自然简单、逻辑清晰的页面能鼓励用户进一步点击浏览站点,深入了解网站。利用有效的导航页面链接子页面可避免制造如蛛网般复杂的导航页面,过于琐碎地切分网页内容;这样,有利于用户从企业首页依次进入细分页面,提高其使用频率。同时,应尽量使用文字导航,使得搜索引擎更为容易搜索到相关信息,避免使用基于图像的下拉菜单式导航等不利于搜索的链接方式。

```
/
/about/
/articles/
/news/
    /2006/
    /2007/
    /2008/
/price-guides/
    /1900-1949/
    /1950-1999/
    /2000-present/
/shop/
/modern/
        /autographs/
        /rookie-cards/
        /star-cards/
/vintage/
        /autographs/
        /hall-of-famer-cards/
```

图 16-9　简便的网站导航

16.3 搜索引擎营销之付费搜索

16.3.1 付费搜索概述

由于消费者在做出购买决定之前都会去搜集信息,所以营销者都希望能在这个关键阶段锁定目标客户。付费搜索意味着公司要通过竞标方式来资助某个搜索短语或关键词的搜索结果,并根据关键词的点击次数向搜索引擎服务商支付费用。付费搜索也称为竞价排名,其基本特点是按点击量付费,推广信息出现在搜索结果中(一般是靠前的位置),如果没有被用户点击,则不收取推广费。2000 年 10 月 23 日,以 Google AdWords 进入中国为标志,谷歌、百度、搜狗、有道等广告服务商先后在中国开展这一广告业务。

16.3.2 付费搜索的优势和劣势

付费搜索的优势主要体现为以下 5 点。

1. 效果立竿见影

相对于自然搜索往往需要长时间的调整优化才能见到营销效果,付费搜索的广告投放启动成本低,见效快;甚至网站关键词的排名和流量可以在几分钟之内见效。商家开户后即可开始投放,效果立竿见影。

2. 便于测试

付费搜索的动态数据信息丰富,可以用来实施 A、B 投放方案的效果测试。通过测试不同组别的关键词和链接页面,观察访客行为数据和订单转化,以挑选具有更好的点击率与转化率的投放方案。

3. 精准投放

付费搜索具有时间与空间的选择性。这一特性尤其对商家的本地化运营具有帮助,企业可以在付费搜索账户后台指定城市投放关键词,这样可以让企业的潜在用户更为精准,减少许多不必要的广告流量与支出。

4. 效果可测

付费搜索具有清晰的展现量、点击量、转化率、费用支出等统计指标,这些数据可以被企业充分地加以分析与衡量,营销人员可以根据这些指标做出相应的调整。

5. 预算可控

企业可以对于付费搜索进行严格、灵活的预算控制。从严格的角度讲,预算控制可以限定在一天范围内的企业意愿支出;从灵活的角度讲,预算控制可以限定在某一类别,甚至某一产品。

付费搜索的劣势主要体现为以下 5 点。

1. 增加了经营管理成本

付费搜索账户的经营管理增加了相应的成本支出。一方面是付费搜索的创意成本,即创作显示在屏幕上的标题与描述需要相应的编辑与设计支出；另一方面是付费搜索的管理成本。付费搜索账号需要企业即时地进行跟踪和调整，企业竞价的工作量较大，无论是中小型企业通过人工进行管理，还是大型企业通过竞价管理软件或服务进行投资，都需要相应的管理成本投入。

2. 关键词广告易于被监测与模仿

关键词广告一旦被竞争对手发现并注意，它就容易被竞争对手观察监测，并复制模仿。

3. 没有长期利益

不同于搜索引擎优化，付费搜索一旦停止支出，流量就会自动停止，绝对不会出现类似搜索引擎优化的"滚雪球效应"。

4. 用户覆盖度受限

由于搜索引擎较为清晰地区分了付费搜索和自然搜索的区别，所以越来越多的消费者更为了解和熟悉二者的功能与属性。付费搜索的用户信任度不如自然搜索优化，这样就导致付费搜索的用户覆盖度有一定的局限性。大量研究表明，消费者更为偏好自然搜索的排名，所以对于企业来说，在做好付费搜索的同时，自然搜索优化也应齐头并进。

5. 恶意点击

互联网领域日益激烈，尤其表现在以网络零售为代表的网络贸易领域，恶意点击时常存在。虽然搜索引擎具有一定的过滤机制，但是仍然难以做到充分地屏蔽恶意点击。

16.3.3　付费搜索的实施流程

付费搜索的实施流程主要包含构建账户结构、关键词设计、创意展现设计、推广效果评价四方面。对于构建账户结构，企业需要针对自身网站产品的定位搭建合适的推广账户，推广账户内需要细分推广计划与推广单元。关键词设计解决推广单元内需要的筛选和归类的关键词，以用于后续推广。创意展现设计解决当关键词被用户搜索时，需要相应的良好创意展现内容匹配，以此吸引用户点击浏览。对于辅助条件配置，需要设置合理的每日上限推广费用及推广的地域与时段来保证账户整体的高效运转。对于推广效果评价，需要通过推广账户所呈现的每日数据进行绩效考评分析，评价整体账户的推广效果。

1. 构建账户结构

账户结构由账户、推广计划、推广单元和关键词及创意四个层级构成，如图16-10所示。建立账户结构的原因在于企业通常具有多条业务线，每条业务线满足不同潜在客户的需求，账户结构帮助客户更好地将这种关系进行对应。账户结构的划分思路体现在产品、促销、用户需求、购买阶段、地域等方面。通过建立账户结构，以将细分的业务线和有需求的用户进行有效对应；此外，对于同一产品具有需求的用户在产品偏好的需求和侧重方面也会有所不同，需要再依次细分同一业务线下的用户需求。账户结构的作用包括三方面。第一,精细化管理。不同的推广目标建立不同的推广计划,同类关键词划分同一单元,有针对性地撰写创意。第二,灵活化管理。不同的业务或产品可设置不同的地域,不同的业务或产品也可以设置不同的预算。第三,科学化评估。对不同计划、单元的推广效果进行准确评估;同一组关键词评估不同创意的吸引力。

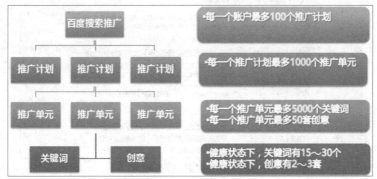

图 16-10　百度付费搜索的账户结构

　　企业建立搜索引擎付费账户后,可以根据自身的模式、发展现状及推广要求建立相应的推广计划。如图 16-11 所示,企业的推广账户下共分为中秋节、情人节和母亲节三个推广计划。

图 16-11　百度推广方案设计

2. 关键词设计

(1) 核心关键词选择。

　　付费搜索的核心在于选择关键词。关键词的选择原则包括关键词不要太宽泛,核心关键词较为简洁,关键词选择从用户角度出发等。关键词的选择可以从获取核心词开始,从企业网站、产品、需求等角度入手,初步拓展出较为精准有效的核心关键词。此外,在获取核心关键词之后,就会发现核心关键词的数量较为有限。此时,可以运用相关平台与工具拓展关键词。例如,用百度或谷歌进行搜索时,在搜索框的下拉框中会展现搜索建议,在搜索页面底部会显示相关搜索,如图 16-12 所示。

图 16-12　相关搜索建议

（2）筛选否定关键词。

否定关键词是一种"短语否定"方式。如果账户中出现不能带来转化的展现和点击，这时就需要适当地使用否定关键词进行过滤，提高关键词的质量度。通过否定关键词，企业可以节省推广费用和转化成本，从而提升投资回报率。例如，假设为关键词"英语培训"设置了广泛匹配，在查看搜索词报告时，发现搜索"英语培训主管招聘"的网民也点击了搜索广告。同时，经过统计数据分析，用户并没有实现真正的转化率。那么，就可以将"主管招聘"添加为推广计划的否定关键词。这样，网民在搜索诸如"英语培训主管招聘"的搜索词时，将不会看到相应的推广结果。

（3）关键词匹配方式。

网民搜索时，系统会自动挑选对应的关键词，将推广结果展现在网民面前。关键词与搜索词的触发机制是由关键词匹配方式来加以实现的。不同的匹配方式可以决定网民搜索词与关键词之间的不同对应关系。关键词匹配方式主要包括广泛匹配、短语匹配和精确匹配。关键词的不同匹配方式决定网民的不同搜索结果页，如图 16-13 所示。此外，关键词的不同匹配方式也具有不同的优势和劣势，如表 16-1 所示。

假如网民的搜索词是"李宁运动鞋"						
关键词	李宁运动鞋	李宁运动鞋哪个系列的好	李宁男运动鞋	哪种运动鞋好	李宁新款鞋	李宁服饰
精确匹配	√	×	×	×	×	×
短语匹配	√	√	√	×	×	×
广泛匹配	√	√	√	√	√	√

图 16-13　关键词的不同匹配方式决定网民的不同搜索结果页

① 广泛匹配。当网民搜索词与企业关键词高度相关时（同义近义词、变形词等），企业推广信息就有可能获得展现机会。

表 16-1　不同关键词匹配方式的优势和劣势

	广泛匹配	短语匹配	精确匹配
优势	提供更多的点击量,囊括一切尽可能的用户	囊括大部分潜在用户	完全清楚知道用户的搜索内容
劣势	CTR 较低,会浪费很多不必要的费用	变体形式不够丰富,易丧失潜在用户	点击量较低,没有变体形式,易丧失潜在用户

② 短语匹配。这在有的搜索引擎竞价排名中又叫词组匹配。当用户搜索词与投放的关键词相同或在投放词前/后包含其他字词时,会展示它。

③ 精确匹配。只有当企业购买的关键词与网民的搜索词完全一致时,企业的推广信息才有展现机会。

3. 创意展现设计

创意是展现给网民看的推广内容,包括标题、描述、显示 URL 及访问 URL,如图 16-14 所示。创意的作用在于:第一,创意的展现是不收费的,即使没有获得点击,也能让网民留下印象;第二,被创意吸引的潜在客户可以通过点击创意直接访问企业网站,为企业赢得潜在客户。

图 16-14　创意示例

(1) 创意标题。

创意标题在搜索结果页中最为明显,且为引导用户点击的主要驱动点,因此在标题的编写上需要突出产品、服务特点、公司优势等。创意标题需要围绕单元主题撰写,并且在创意标题以及描述中多添加核心词,突出检索词和实际业务之间的关系。此外,创意标题中可以使用通配符,以向创意中插入关键词,增强关键词、创意和网民搜索词之间的相关性,并获得显示上的飘红效果。例如,网民搜索"婴儿护肤品",当与创意标题一致时则会出现飘红效果。创意飘红有助于吸引网民的视线关注,提高潜在客户点击访问站点的概率。

(2) 创意描述。

创意描述的目的主要是传递产品相关的服务信息,并告诉用户下一步该如何操作。可以适当添加一些号召性的词语或诉求点,例如"欢迎抢购""产品属性""联系电话"等;也可以围绕单元主题,有针对性地撰写同一产品或服务的不同卖点,如图 16-15 所示。此外,适当插入通配符,尽量多飘红。当创意文字包含的词语与用户搜索词包含的词语完全一致或意义相近时,在展现时将以红色字体显示。创意飘红需要保证在语句通顺的情况下使用,良好的飘红效果可提升创意的点击率和转化率。

106短信平台 容联云通讯5秒内到达 免费测试
106短信平台,容联云通讯10余年研发经验,正规106短信通道,快速实现2次开发。云通讯短信验证码接口,支持多种语言.106短信平台热线:400-610-1019
www.yuntongxun.com 2016-04 ▾ V3 - 推广 - 评价

图 16-15　创意描述展示

(3) 访问和显示 URL。

访问 URL 是网民点击推广结果后实际访问的网站页面。潜在客户会在几秒钟内做出判断,判断广告主是否提供了与潜在客户的搜索词直接相关的内容,从而决定是否在该页面长时间停留。访问 URL 的设置原则包括:第一,对于产品类关键词,可将创意中提到的产品的页面直接展现。第二,访问 URL 的页面应直接跳转至创意中提到的价格或促销信息页。为了避免使潜在客户产生被欺骗感,可以在页面首屏位置明示产品价格和促销活动的详情。显示 URL 是网民在推广结果中看到的最后一行网址,作为创意的一部分出现在网民的搜索结果中,影响着潜在受众对商户推广信息的关注。显示 URL 的设置原则是保证与访问 URL 的主域一致。

这里,以海彼购网站为例,我们将访问 URL 设置为与创意内容密切相关的海彼购网站页面,如 http://guojijie.com.cn/;而在显示 URL 中,我们将加入海彼购联系电话来增加推广内容,在域名上采用用户更容易记忆的域名方式,如 www.guojijie.com.cn/ TEL:0571-28826860。

4. 推广效果评价

付费搜索广告效果的指标体系主要包括展现量、点击量、PV/UV、点击率、千次展现成本、跳出率、投资回报率等。付费搜索的推广效果体现在以下几方面。

(1) 投放数据。

① 展现量。在网民搜索查询时,如果账户内符合网民搜索需求的关键词被触发,则该关键词所对应的创意将出现在搜索结果页上,我们称为关键词和创意的一次展现。一段时间内所获得的展现次数称为“展现量”。在搜索推广中,展现量越高,被网民点击的概率也将越大。

② 点击量。当网民搜索关键词所展现的创意出现在结果页中时,网民将有一定概率对标题进行点击,这称为关键词带来的一次点击。一段时间内网站所获得的点击次数称为“点击量”。点击量可体现网站用户的关注度。在搜索推广中,点击量越高,说明网民对该网站的兴趣越大,网站也有可能获得更多的销售机会,实现更高的销售额。网站的展现位置越好,被网民点击的概率也将越大,与此同时付费推广的费用也将增加。

③ PV/UV。PV(page view)即页面浏览量,通常是衡量一个网络新闻频道或网站甚至一条网络新闻的主要指标。网页浏览数是评价网站流量最常用的指标之一,简称为 PV。

UV(unique visitor)是指独立用户或独立访客。每个用户对网站中每个网页的访问只被记录 1 次。如果是同一用户对同一页面的多次访问,则 UV 不累计。

网站运行在搜索引擎服务商的服务器端,广告主在需要跟踪分析的所有网页中插进一段统计代码,这段代码会自动检测访问信息,并把信息写入服务商数据库中。广告主在搜索引擎服务商提供的界面上查看网站流量统计和分析。PV 与 UV 的统计量越高,说明付费搜索推广的投入效果越好。

(2) 转化效果。

① 点击率。点击率即点击量与展现量之比。点击率反映了网页上某一内容的受关注程度,经常用来衡量广告的吸引程度。点击率越高,预示着关键词所展现的创意更能吸引用户点击,付费搜索推广带来的用户更加精确。

② 千次展现成本。千次展现消费(Cost Per Mille,CPM)是客户获得一千次展现机会所付出的推广费用。在付费搜索推广中,千次展现成本越低,则说明关键词所需的出价越低,关键词质量度越高。因此,关键词能以最低的价格获得更好的展现,同时也体现出关键词与创意、网站的匹配度更高。

③ 跳出率。跳出率是指用户只浏览了一个页面就离开与全部浏览数量的百分比。观察关键词的跳出率就可以得知网站是否对用户有吸引力,所以跳出率是衡量网站内容质量的重要标准。其公式为:跳出率=从这个页面进入网站没有再点击其他页面即离开的次数/所有进入这个页面的次数。跳出率越高说明网站对访问者的吸引力越低,当跳出率达到一定的程度时,说明网站需要进行优化或者页面更新。

④ 转化率。转化率即成交笔数与点击数量之比。转化率是电商领域的核心指标。转化率常指成交转化率,即成交用户除以总访问量,也可以叫作结果转化率,是一个较为直观的结果导向指标。

(3) 投资回报率。

投资回报率(ROI)是指通过投资而应返回的价值,即企业从一项投资活动中得到的经济回报。付费搜索领域的投资回报率用来评估付费搜索的收益率或者利润率。对于计算付费搜索的投资回报率而言,在考量产品销售成本的情况下,付费搜索的投资回报公式如下。

$$ROI=\{[PPC\ 收益-(产品销售成本+PPC\ 费用)]/PPC\ 费用\}\times100\%$$

在不考量产品销售成本的情况下,付费搜索的投资回报公式是:

$$ROI=(PPC\ 收益-PPC\ 费用)\times100\%$$

思考题

1. 试简述自然搜索的优化路径。
2. 利用搜索引擎营销之付费搜索流程为任一企业或产品设计一份搜索营销计划书。

第 17 章 客户界面设计

学习目标

- 理解"格式塔"五项原则；
- 掌握客户界面设计的构成要素。

从计算机问世以来,早期用户以计算机专业人员为主。但随着计算机广泛进入人们的工作、生活领域,计算机用户发生了改变,非计算机专业的普通用户成了用户的主体。这一重大转变使计算机的可用性问题变得日益突出。客户界面应当是什么样的？如何去建造这样的界面？人们开始关注和研究这些问题。随着网络技术的进一步发展,诸如台式计算机、笔记本计算机、掌上计算机以及移动电话的进一步普及,传统商业环境下非常普遍的面对面沟通(face-to-face)逐渐向屏对屏沟通(screen-to-screen)转移。这种以人为媒介的界面向以技术为媒介的界面的迁移变得日益明朗,客户界面在网络营销中扮演了十分重要的角色。客户界面作为网站直接与用户接触的重要部分,如何设计已经是企业高层考虑的重要问题。网民进入网站,网页(特别是首页)最有可能让人印象深刻并由此记住这个网站。因此,网页的设计非常重要,即网页需要美观、清晰地告诉客户这个网站是做什么的。网页作为提供信息的媒介,目的在于通过与目标客户沟通,提高客户对产品或服务的体验兴趣,创造互动有效的客户界面,以区别于其他品牌,促进消费者购买。客户界面作为用户体验的重要环节之一,如何优化客户界面对于企业的设计人员提出高水平的挑战。本章是客户体验的逻辑延伸,具体包括客户界面的用户设计、客户界面的设计原则与客户界面的设计要素三方面。

17.1 客户界面设计概述

客户界面(customer interface)概括成一句话就是"人和工具之间的界面"。这个界面实际上是体现在我们生活的每个环节中的,例如我们切菜的时候,刀把就是这个界面;开车的时候,方向盘和仪表盘就是这个界面;看电视的时候,遥控器和屏幕就是这个界面;用计算机的时候,键盘和显示器就是这个界面。在人和机器的互动过程中存在的客户界面是屏幕产品的重要组成部分。随着产品屏幕操作的不断普及,客户界面已经融入我们的日常生活。一个设计良好的客户界面可以大大提高工作效率,使客户从中获得乐趣,减少由于界面问题而造成的客户的咨询与投诉,减轻客户服务的压力,减少售后服务的成本。因此,客户界面设计对于任何产品或服务都极其重要。客户界面设计需要设计人员充分考虑商业、艺术、技术等多种角度,针对最终用户来完成他们的最佳设计决策。客户界面设计对于用户从视觉和感知方面接触以计算机为代表的界面时起着重要作用。客户界面设计是一个复杂的有不同学科参与的工程,其中认知心理学、设计学、语言学等在此都扮演着重要的角色。严格意义上讲,客户界面设计可以划分为结构设计、交互设计和视觉设计三部分。我们所涉及的客户界面设计主要是面向视觉维度的设计。

优秀的界面简单且用户乐于使用,能够引导用户自己完成相应的动作,起到向导的作用,能给用户带来轻松愉悦的感受和成功的感觉。客户界面的实施过程中包括以下三方面。

第一,预估客户界面的目标客户。预判与分析目标客户,这是设计客户界面的第一步,也是举足轻重的一步。了解你的访客是什么样的人,这对设计网站至关重要。如果企业的用户是精通技术的互联网资深人士,则必须先把他们从那些上网只为了看看孙子孙女照片的人群中区分出来。分出目标用户,然后针对性地给他们制定策略。通过研究客户,可以初步确定目标客户的特点、偏好与行为。根据客户的这些属性,为设计他们认可或喜欢的客户界面建立正确的起点。例如,年轻人会喜欢活泼的界面设计,老年人则喜欢简洁清晰的界面设计。

第二,与客户展开沟通。如果企业并不清楚或者需要进一步确认客户对于界面的需求,企业可以考虑与客户开展线上或线下的沟通,特别是线下沟通;找些现在的或以前的客户,询问他们对你网站相关的问题。根据自己的特别目的,制定一些基于网站的有意义的问卷调查,积极采纳他们的建议。这样,企业可以更为深入地了解和挖掘客户的真实想法。通过双方沟通,企业可以询问有关客户界面的相关问题,以及发放一些针对客户界面设计的问卷调查,甚至积极地去采纳他们的建议。

第三,邀请客户对客户界面进行评价。当企业完成客户界面的初步设计后,需要邀请部分潜在客户对界面设计的雏形进行评价。评价可以采用定性与定量相结合的方式,根据评价的结果对客户界面进行优化与修订。

在完成预估、沟通与评价后,并且在充分考虑客户需求的背景下,企业设计的客户界面就能够基本满足客户的整体需要。

17.2　客户界面的设计原则

客户界面的设计原则可以基于"格式塔"心理学的完形原则展开。完形论是格式塔心理学中最基本的观点。格式塔心理学代表人物魏特海默认为,人在视知觉中总是有一种追求事物结构整体性或完形性的特点,这称作知觉的整体性或完形性。在知觉过程中,知觉的对象往往是由许多部分组成的,各部分具有不同的特征,但是大脑并不是孤立地反映这些部分属性,而是把它们结合成整体或完形。具体而言,格式塔心理学派认为:人们在观看时,眼脑并不是在一开始就区分一个形象的各个单一的组成部分,而是将各部分组合起来,使之成为一个更易于理解的统一体。此外,他们坚持认为,在一个格式塔(即单一视场或单一参照系)内,眼睛的能力只能接受少数几个不相关联的整体单位。这种能力的强弱取决于这些整体单位的不同与相似,以及它们之间的相关位置。如果一个格式塔中包含了太多的互不相关的单位,眼脑就会试图将其简化,把各个单位加以组合,使之成为一个知觉上易于处理的整体。如果办不到这一点,整体形象将继续呈现为无序状态或混乱,从而无法被正确认知。简单地说,就是看不懂或无法接受。

格式塔理论明确地提出:眼脑作用是一个不断组织、简化、统一的过程,正是通过这一过程,才产生易于理解、协调的整体。基于格式塔理论,客户界面设计需要在设计过程中充分组合处理事物,具体遵循以下 6 项原则。

17.2.1　接近原则

接近(proximity)原则强调位置,实现统一的整体。正如图 17-1 所呈现的,当你第一眼看到 10 条白色竖线的时候,会更倾向于把它们知觉为 5 组双竖线。接近的每两条线由于接近,眼脑会把它们当成一个整体来感知。设计中类似的现象还有很多,可以说接近原则是实现整体概念的最简单、最常用的法则。图 17-2 则以卓越亚马逊中国官网为例,在首页左上方,图书、影视与音乐、手机数码与家用电器等商品分类的位置彼此接近。这样,由它们共同组成的"全部商品分类",其整合性相当明显。

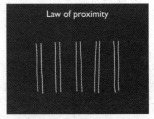

图 17-1　接近原则

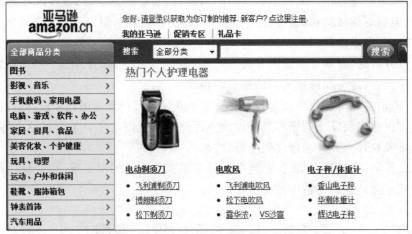

图 17-2　接近原则在亚马逊网站的应用

17.2.2　相似原则

相似(similarity)原则,听起来跟接近原则非常类似,但是它们确实是不同的两个概念。接近强调位置,而相似则强调内容。人们通常把那些明显具有共同特性(如形状、运动、方向、颜色等)的事物组合在一起。如图 17-3 所示,你会怎样判断竖线之间的关系呢?它们好像是塞进去的一样,为什么我们会有这样的感觉呢?因为从颜色上我们已经把它们作为单独的整体,跟白色线条区分开。我们换一个角度来思考,黄色线条与白色线条在位置上是接近的,也是相似的,但是通过颜色变化很清楚地区分了不同的内容,而且我们很容易关注黄色线条。因此,相似中的逆向思维是获取焦点的好方法。这种方法在导航和强调信息部分属性的设计上有着广泛的应用。图 17-4 是天猫商城的"前身"——淘宝商城的商品分类,淘宝商城主要的几大商品分类分别为一楼的美容与珠宝、二楼的服饰与内衣、三楼的鞋包与运动、四楼的食品与母婴、五楼的数码与家电、六楼的家装与家居等。淘宝商城的上述商品分类在形式、色彩、背景、主题等方面做到了基本相近,可以看出,这也是格式塔相似原则的实践体现。

扫码看彩图

图 17-3　相似原则

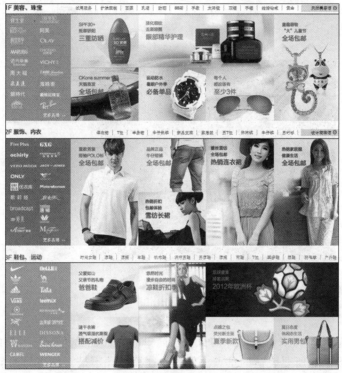

图 17-4　相似原则在淘宝商城网站的应用

17.2.3　一致原则

一致原则是出色的客户界面所应具备的特点。界面的结构必须清晰且一致,风格必须与内容一致。例如,如果在一个列表的项目上双击后能够弹出对话框,那么应该在任何列表中双击都能弹出对话框;并且,要有统一的字体字号、统一的色调、统一的提示用语等。

通过对界面的各种元素(颜色、字体、图形、空白等)使用标准的规范,达到和谐的视觉效果。界面设计上保持一致性,看起来像一个整体。一致的结构设计,可以让浏览者有深刻的形象记忆;一致的导航设计,可以让浏览者迅速而又有效地进入自己所需要的部分;一致的操作设计,可以让浏览者快速完成各种功能操作。破坏这一原则,会误导浏览者,并且让界面设计显现得杂乱无章,给人留下不良的印象。

17.2.4　优先原则

部分网页的常见错误是网页中的每个要素都是优先的,这导致网页的色彩、动画乃至图片等信息过载。事实上,如果任何要素都是同等优先的,那么就没有什么是优先的。如同报纸将最为重要的内容作为头版头条一样,网页也应该将最为重要的内容推荐给客户。例如,在设计首页的时候,一定要让浏览者在第一屏就能够将重要信息浏览完整,如图 17-5 所示。

图 17-5　京东商城的焦点图

17.2.5　简单原则

简单(simplicity)可以说是设计的目标。简单的界面能给人一目了然的感觉,并能在第一时间就找到企业所要表达的重点。但是往往简单并不是一件容易的事情。很多人都在简单问题上做了大量的研究与实践。那么客户界面如何做到简单呢?通常的方法包括删除、重组、放弃和隐藏。

对于重组,客户界面经常要面对的是一些内容非常复杂的问题,正如一个充满数据的表格,我们应该如何一步一步地把它简化呢?对于隐藏,一般设计者往往会认为在每一页上放的信息越多越好,但这是一个不成熟网站的最大特点。图 17-6 展示了亚马逊中国官网 Kindle 分类项下所做的隐藏效果。对于空白,网页需要给访客带来喘息机会,即在背景上留有空白。如果访客看到一个页面充满内容,他们会感到不知所措或压抑,因为网页让人感到过于随意和混乱。访客感到他们似乎不知道从哪里开始阅读这些信息,这将意味着他们可能会跳出网站到其他地方喘口气。需要合理留些空白引导访客注意他们要找的信息;通过结合留白与适当比例的风格和元素,可以暗示并鼓励访客关注特定的东西,使访客有可能采取行动。

综上所述,接近、相似、一致性、重复、优先和简单六项原则并不是独立存在的。简单

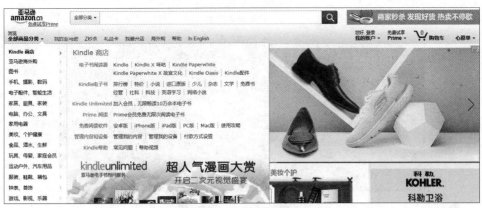

图 17-6　简单原则

更像是追求的目标,而接近、相似、一致性、重复和优先则是实现这一目标的方法。

17.3　客户界面的设计要素

客户界面作为网站直接与用户接触的重要部分,在网购决策中扮演着十分重要的角色。本节对客户界面涉及的要素进行分析,具体包括场景、分类或频道、内容、定制、链接、商务、色彩等要素。设计界面类似于面对一幅空白画布,每一位艺术家在开始作画之前准备调色板、画笔和构思。客户界面设计综合了技术、艺术、心理学、管理学等多学科、多领域的知识与技能。客户界面设计在制作过程中需要考虑多种要素,对不同要素进行编排与组织,并使之成为一个连贯整体。

17.3.1　场景

场景可以理解为消费者对网络客户界面的观感,这个观感可以按照功能或美学准则进行分类。

1. 面向美学的界面

面向美学的界面关注界面的艺术特点,将重点集中体现在视觉特征上,例如颜色、图形、照片、字体选择,以及其他面向视觉的特征。例如,珠宝品牌蒂芙尼(Tiffany)以钻石和银制品著称于世,其官方主页以爱与美、浪漫与梦想为主题。网站首页的一幅精美项链的图片深深吸引着女性的目光,以充满感官的美及柔软纤细的感性满足了世界上所有女性的幻想和欲望,如图 17-7 所示。

2. 面向功能的界面

面向功能的界面关注界面的实际可用性,提供切实明确的信息。例如,链家网是集房源信息搜索、产品研发、大数据处理、服务标准建立于一体的房产服务平台,提供有关房产的信息,方便访问者进行相关决策,如图 17-8 所示。

图 17-7 蒂芙尼官方主页

图 17-8 链家网

3. 面向美学与功能的界面

面向美学与功能的界面则力求注重美学与功能的平衡,例如苏宁易购,如图 17-9 所示。

17.3.2 分类或频道

大多数界面包含太多的信息,在一个计算机屏幕上无法呈现出来,这些众多的信息必须有条理地呈现给客户。网页(特别是首页)扮演着"导游"的导航功能,为使用网站的人绘制该网站的大致脉络,使得产品分类和各项服务一目了然,方便用户正确地选择需要的功能。其中,核心的导航功能体现在网站的分类或频道中。因此,设计清晰、规范的分类或频道能够使人们轻而易举地了解和使用网站。

图 17-9　苏宁易购

17.3.3　色彩

色彩是客户界面设计的重要因素之一,具体涉及颜色的选择、对比和调配等。

1. 颜色的选择

客户界面需要结合企业和产品确定色调。颜色心理学是设计心理学里面最复杂的主题,在这里只是对色彩进行概括性的分类。界面设计人员必须意识到,网站上使用的颜色对网站的访客具有重要的影响,务必明确色彩的代表含义,确保界面所使用的颜色与访客的偏好颜色相吻合。

下面列出颜色和它们的基本含义。当然,颜色的组合搭配以及阴影、色调或色阶的正确使用也会强化它们的意义。

- 红色:具有火热和激情的特点,可以代表爱和愤怒。
- 橙色:具有红色和黄色的属性,可以与能源和温暖相关。它比红色更冷静、更愉快。
- 黄色:温暖、愉快、幸福的颜色,可以表示喜悦或胆怯。
- 绿色:自然、成长和新生的标志。按照同样的道理,绿色有时代表稚嫩,经验不足。在另一面,绿色有时是羡慕或嫉妒。
- 蓝色:代表平静、冷静,但使用太多会令人感到消沉,往往与企业形象关联。
- 紫色:与贵族和财富的关系源远流长,也是一种与精神相关的颜色,可以有创造性的表意。
- 黑色:像变色龙,它可以是保守或前卫,或者传统或现代,它还可以是神秘和性感或常规和安全,这取决于怎么使用以及周围环境。
- 白色:代表着纯洁与清白,很容易与其他颜色搭配。
- 灰色:中性、平衡。灰色是保守的和复杂的,但也可以看作变化无常的。
- 棕色:一个健康和务实的颜色,表示稳定性和可靠性。

此外,还需要根据建站目的和产品类型来作为确定页面色彩的补充。例如,根据产品类型确定颜色。购买频率高、低单价的商品或特卖商品的广告应当以暖色调为宜；而家电家具、钻石珠宝等需要充分时间浏览和挑选考虑的商品需要以冷色调为宜。明确色彩的含义，蓝色是最安全的颜色，黑白搭配效率高。再如，根据建站目的确定颜色。如果是以信息传递为主要目的，则使用简单的色彩，避免造成用户阅读信息时的干扰；如果是以娱乐为主要目的，则大胆采用与产品或服务相匹配的色彩；如果是以销售为主要目的，则采用明亮的色彩，吸引用户关注。

2. 颜色的对比和调配

设计客户界面时要注重颜色的对比和调配。颜色的调配对屏幕显示是重要的一项设计。颜色除了是一种有效的强化技术外，还具有美学价值。使用颜色时应注意以下几点。第一，限制同时显示的颜色数。一般同一画面不宜超过 4 种或 5 种，可用不同层次及形状来配合颜色，增加变化。第二，画面中活动对象的颜色应鲜明，而非活动对象应暗淡。对象颜色应尽量不同，前景色宜鲜艳一些，背景色则应暗淡。第三，尽量避免不兼容的颜色放在一起，如黄与蓝、红与绿等，除非作对比时用。第四，若用颜色表示某种信息或对象属性，则要使用户懂得这种表示，且尽量用常规准则表示。总之，最终应达到令人愉悦的显示效果，要指导用户注意到最重要的信息，但又不包含过多的相互矛盾的刺激。

17.3.4 内容

内容关注客户界面呈现材料的类型，可以从以下三个维度来加以认识。

1. 提供物组合

提供物组合(offering mix)涉及页面传递的产品、信息和服务。例如，中国领先的在线旅行服务公司"携程网"的首页包括机票预订、度假预订、商旅管理、高铁代购以及旅游资讯在内的全方位旅行服务，如图 17-10 所示。

图 17-10 携程网

2. 吸引力组合

吸引力组合(appealing mix)指公司预想的促销和传播信息。吸引力主要有认知吸引力(cognitive appeal)与情感吸引力(emotional appeal)。认知吸引力的焦点在提供物的功能方面,包括诸如价格低廉、可靠性、可用性、客户支持以及个性化的程度。例如,alibaba.com的吸引力组合主要是认知性的或功能性的,这是一个产品齐全、操作简单、功能强大的全球性网络市场,如图17-11所示。情感吸引力强调对产品或品牌的情感共鸣,以价值定位来体现,包括幽默、新颖、热情。例如,上海迪士尼度假区网站以青少年为目标市场,关注的内容主要为与迪士尼直接或间接相关的卡通人物等,以此吸引青少年光顾,如图17-12所示。

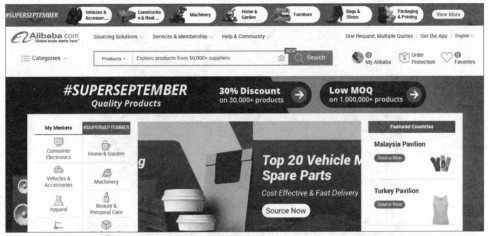

图 17-11   alibaba.com

图 17-12   shanghaidisneyresort.com

3. 多媒体组合

多媒体组合(multimedia mix)指纳入网络界面的各种媒体,包括文本、图像、音频和视频等。其中,在表现概念和刻画细节时可用文本来表现。图像是人们非常容易接受的信息媒体,人们接受的信息的83%来源于视觉,视觉的最大特点是形象、生动、直观,是多媒体技术的重要组成部分。图像擅长表达思想轮廓及蕴含于大量数值数据内的趋向性信息,在空间信息方面有较大优势。动画可用来突出整个事物,特别适于表现静态图形无法表现的动作信息。视频适于表现其他媒体所难以表现的来自真实生活的事件和情景。音频能使对话信息突出,特别是和影像、动画结合时能传递大量的信息。例如,http://www.bam.com.au 采用简单的线条与图形,使用单一的绿色和黑色,来展示网站特点,如图 17-13 所示。

图 17-13　bam.com.au

又如,"淘宝美妆"网站通过文字、图形和音频等的结合来准确表达网站的主题,即销售日本优质美白系化妆产品,如图 17-14 所示。

17.3.5　定制

定制是一个站点为每一客户修改的能力。定制随处体现,例如用户可以更改网站背景颜色、首页模板等;商家收集用户购买习惯和行为,通过购买历史进行个性化分析等。为了更好地满足各个客户的需求,客户界面可以由客户或组织来改变。其中,由客户发起的定制被称为个性化(personalization),由公司发起的定制被称为量身定做(tailoring)。

1. 个性化

部分 Web 站点允许客户确定在内容选择、场景选择和个人化工具上的偏好。一旦客

图 17-14　淘宝美妆

户输入并保存个人偏好，或者在产品上提供定制服务，如衣服尺码、颜色的选择、商品的包装等，则能争取更多的客户群。个性化的产品设计和服务提供能够满足用户更大的需求。例如 LANDS' END，它是一家提供休闲运动服饰的网站，面向人群包括男士、女士、男孩、女孩，页面实施具有创新性的个性化定制工具。在这个站点中，客户能够基于模特，通过点击不同的尺寸、颜色等，模特试穿就会发生相应的变化，给人以非常直观生动的感受，如图 17-15 所示。

图 17-15　LANDS' END 官网页面

2. 站点量身定做

站点根据每个客户的偏好或特征为客户呈现不同的内容和布局。主要基于两种方式：基于用户以往的消费搜索习惯和行为量身定做，基于具有类似偏好的客户进行量身定做。这样，一方面从公司角度而言，会强化精准营销；另一方面会按照客户需求提供定制服务，会给用户带来专属服务的感受与认可。

17.3.6 沟通

沟通是指公司与客户的对话。这个对话可以是单方向沟通，也可以是交互式沟通。

1. 单方向沟通

单方向沟通主要包括广播、大众邮件、FAQ、E-mail 简讯等。广播是一个单方向地从组织到客户的信息传播工具，是瞄准相对广泛的受众的传播。FAQ 即常见问题解答，对经常涉及的问题进行归总。E-mail 简讯通过发送定期简讯，告诉订阅者有关站点、特卖品、公司新闻等信息。

2. 交互式沟通

交互式沟通分即时沟通与非即时沟通两类。例如，LANDS' END 官网的左下方提供了客户服务，包括视频对话和在线聊天，如图 17-16 所示。

图 17-16　LANDS' END
　　　的客户服务

17.3.7 链接

链接是指给定站点通过超文本链接到其他站点或通过超链接从一个 Web 页面跳转至另一个页面。这些链接嵌入 Web 页面之中，其呈现给客户的常见方式是带下画线或加亮显示的词句、图片或图形。链接有两种：一种是相关上下游企业的网站，彰显品质优异；另一种是友情链接相关企业网站，相互吸引。门户网站鼓励客户在不同站点间来回移动，点击广告或单词可进入其他站点，专业网站则更多地链接到自己的供应商或合作伙伴。网页选择其链接的相关网站，不仅提供相关搜索，更体现网站的品位。用户在浏览网页的过程中增加了访问网站和激发需求的可能性。

17.3.8 商务

商务指一个站点的交易能力，具体如下。

- 注册：客户注册允许站点存储信用卡信息、发送地址和偏好。
- 购物车：客户可将商品放到其个人的虚拟购物车中。商品可以立即购买或存放在那里，等客户下次访问该站点时再购买。
- 安全：通过密码（例如 SSL）和认证技术（例如 SET），站点应保障交易和相关数据的安全性。
- 信用卡核准（credit card approval）：通过到信用卡清算行的电子链接，Web 站点具有即时接收信用卡核准以便使用信用卡支付的能力。
- 配置技术：在配置软件的帮助下，客户能够将产品和服务以各种组合形式集合在一起，从而允许对性能/价格的权衡、系统内复杂部件间的互操作以及普通产品对品牌产品的替代进行分析。

- 订单跟踪：客户具有检查自己所订购产品的交付状态的能力。
- 交付选择：客户可以选择其期望的交付速度和成本。
- 会员订单：有会员计划的站点必须跟踪发自会员站点的订单，并确定会员的交易产生费。

17.3.9 区域

企业需要对客户界面的区域进行重点配置，以突出企业要表现的核心产品与信息。

1. 视线跟踪技术

视线跟踪（eye-tracking）技术作为一种研究用户行为的手段，通过分析用户的视线扫描路径，来研究人机交互中人的信息加工的内在机制，使界面的概念模型与人的心理模型相吻合。视线追踪也称为眼动追踪，它被认为是研究视觉信息加工的有效手段。利用专用设备来记录学习者的眼球运动（eye-movement，简称眼动）情况，可以作为分析学习者内部心理活动情况的依据。在眼动实验研究中，当被试者对视觉信息进行提取时，其注视时间、注视次数、注视点序列、眼跳距离、回视次数、瞳孔直径等通常被视为思维和心理加工的重要参数。客户界面最主要的研究方法之一是视线跟踪，使用特殊的设备跟踪用户目光在结果页面上的浏览及点击数据。

2. F 区域

enquiro.com 是专门做 F 区域的实验及统计的公司。2005 年年初，enquiro.com 联合 eyetools.com 和 did-it.com 两家公司进行了一次很著名的视线跟踪实验，实验数据于 2005 年 6 月发表，提出了在 SEO 业界很有名的金三角图像，也有人称其为"F 型"浏览图像，如图 17-17 所示。图中的"金三角"区域代表用户目光的停留位置及关注时间，图像中的×号代表点击。从图中我们可以看到，典型搜索用户打开搜索结果页面后，目光会首先放在最左上角，然后向正下方移动逐个浏览搜索结果，当看到感兴趣的页面时，横向向右阅读页面标题。排在最上面的结果得到的目光关注度最多，越往下越少，形成一个所谓的"金三角"。金三角中的搜索结果都有比较高的目光关注度。这个金三角结束于第一屏底部的排名结果，用户向下拉页面查看第二屏结果的概率大为降低。这个浏览统计是针对

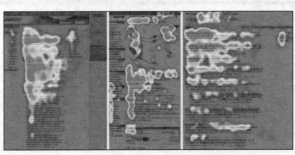

图 17-17　F 图形

谷歌搜索结果页面进行的,后来 enquiro.com 针对雅虎及 MSN 搜索结果页面完成的实验也得到大致相同的结果。

如上的研究结果对 SEO 有很大的参考价值,透露给我们的一个直观信息是:将最重要、最能吸引读者的内容放在网页最显眼的位置。

此外,Nielsen(2006)进行的网页阅读模式研究也与 enquiro.com 的研究结果相近。Nielsen 在研究网页阅读的眼动轨迹时发现,用户经常采用 F 型模式阅读网页,其轨迹呈现两个横向条纹和一个纵向条纹。用户采用这种模式可以在几秒钟内快速获取有用信息,从而大大提高阅读速度,这与传统的书本阅读模式有很大的不同。

F 型阅读模式具体表现为:首先,用户对页面顶部区域的内容进行横向阅读,从而构成 F 的第一横;然后,用户的视线稍微向下移动,再次横向阅读,但视线覆盖的区域比上一次短一些,这就形成了 F 的第二横;最后,用户自上而下浏览页面中左边的内容,若阅读速度较缓慢,则会在注意力热点图中呈现一条实心竖条,如快速浏览则会呈现离散的点,这些竖条或散点形成 F 的最后一竖。

17.3.10　文字

文字设计是增强视觉传达效果,提高网页的诉求力,赋予页面审美价值的重要构成技术。字体字形设计良好,文字组合巧妙能使人感到愉快且留下美好印象,从而获得良好的心理反应。根据站点风格设计字体基调,并充分考虑不同字体的视觉差异,进行不同的组合处理,有利于突出设计的主题,引导观众的视线按主次轻重流动。

同样,字体对建立品牌也是至关重要的。与颜色相似,字体也要满足网络的要求。字体有助于推广品牌的个性,因为成千上万种适用的字体都有产生情感的独特方式,并且能够简单地根据字母组成的方式阐述品牌。根据文字字体的特性和使用类型,文字的设计风格大约可以分为下列几种。第一,秀丽柔美。字体优美清新,线条流畅,给人以华丽柔美之感。此种类型的字体,适用于女用化妆品、饰品、日常生活用品、服务业等主题,如图 17-18 所示。第二,稳重挺拔。字体造型规整,富于力度,给人以简洁爽朗的现代感,有

图 17-18　花西子

较强的视觉冲击力。这种个性的字体,适合于机械、科技等主题,如图 17-19 所示。第三,活泼有趣。字体造型生动活泼,有鲜明的节奏韵律感,色彩丰富明快,给人以生机盎然的感受。这种个性的字体适用于儿童用品、运动休闲、时尚产品等主题,如图 17-20 所示。

图 17-19　得物

图 17-20　B 站

思考题

1. 运用格式塔原则分析若干著名网络品牌站点。
2. 基于客户界面要素模拟或真实设计一个网站首页。

第 **18** 章 联属网络营销

▣ 学习目标

• 理解联属网络营销的概念、主体及计费方式；
• 掌握联属会员网站加入联属网络营销平台的实施过程。

18.1 联属网络营销概述

联属网络营销，又称网站联盟，1996 年起源于亚马逊（amazon.com）。亚马逊通过这种新方式，为数以万计的网站提供了额外的收入来源，且成为网络 SOHO 族的主要生存方式。目前在我国，联属网络营销还处于初步发展阶段，虽然部分个人或企业开始涉足这一领域，但是规模与影响还较为不足，多数网络营销人员对联属网络营销还比较陌生。亚马逊联盟术语参见附录 A。

18.1.1 联属网络营销的起源

联属网络营销在美国已经发展多年。联属网络营销理论发端于亚马逊书店在 1996 年夏推出的一种联属方案（associates program）。根据这一方案，任何网站都可以申请成为亚马逊书店的联属网站，在自己的网站上推介亚马逊书店经营的图书，并依据实际售出书籍的种类和已享折扣的高低获得 5％～15％ 的佣金。该方案一经推出，就在业界引起了轰动。当年加入联属营销计划的网站就超过了 4000 家，次年夏天突破了 1 万家，1998 年夏天达到了 10 万家。最新的数字显示，加入亚马逊书店联属营销计划的网站总数已经超过了 50 万家。正是这些联属网站使得亚马逊书店声名大震，成为网上零售的第一品牌。

18.1.2 联属网络营销的概念

联属网络营销指集合中小网络媒体资源（又称联盟会员，如中小网站、个人网站等）组成联盟，通过联盟平台帮助广告主实现广告投放，并进行广告投放数据监测统计，广告主则按照网络广告的实际效果向联盟会员支付广告费用的网络广告。Zanox 公司即是实施联属网络营销的成功案例（见案例 18-1）。联属网络营销的表现形式为网站 A 为网站 B 放置广告按钮，然后从为网站 B 带来的销售额中获得佣金。

【案例 18-1】 网站联盟让销售渠道无处不在

网站联盟的吸引力在于，尽管单个网站的流量都不值一提，但累加起来的流量仍然不容小觑。"基于互联网的商业模式一定是全球性的商业模式。"信誉旦旦地掷出这句话后，德国人托马斯·赫斯勒坚信自己的生意在中国必然能够成功。赫斯勒的 Zanox 公司成立于 2000 年，是一家盈利公司。赫斯勒(这位曾经的柏林银行高级 IT 经理)将家搬到了上海，在 2005 年年底举行的国际数字广告技术大会上，他的演讲听众爆满，成功完成了第一次亮相。赫斯勒将自己的生意定义为"多渠道商务服务"，它基于一个模块式的跨平台系统，构建一个巨大的网上联盟，把企业的搜索、网上销售等各种电子商务行为整合到一个平台上，让企业的销售渠道无处不在。

(1) 蚂蚁雄兵。

"不积小流，无以成江海"，用荀子的这句话形容 Zanox 公司的"联属会员"策略再合适不过。将互联网上形形色色的网站组成一个大联盟，即使单个网站的流量不值一提，但累加起来的流量仍然不容小觑。这就像一只蚂蚁的力量微不足道，但一大群蚂蚁集合起来就称得上"蚂蚁雄兵"。最大范围地销售自己的产品对于企业来说始终是一件好事，但企业不可能与每个电子商务网站去谈，而这些电子商务网站又希望能够寻找到合适的客户，Zanox 公司希望在其中扮演一个"中介"的角色。赫斯勒说："Zanox 公司在全球已经拥有了超过 40 万个联属会员。"对于加盟的网站来说，这个网上联盟的吸引力在于能够轻松简便地利用自己的访客去创造价值，并且选择哪些广告完全是网站自主决定的。加盟后，网站会收到大量的广告投放要求，其中包括广告主所要求的内容、方式、结算方式等信息，网站根据这些信息进行判断。加盟网站的网页、电子邮件和信息发布渠道都能够作为广告载体。例如，宝洁公司是 Zanox 公司网站联盟的广告主，希望登出宝洁广告的网站就从联盟下载该广告的代码，放在广告位上即可。如果广告主的策略是按点击量付费，那么网站就可以从每次访问中得到宝洁公司支付的广告费；如果广告主的策略是按销售付费，那么网站的访客在点击该网站上的广告来到宝洁公司的销售网站完成购买活动后，网站就能得到广告费，而 Zanox 公司在其中得到的则是佣金。赫斯勒说："在这个流程中，Zanox 公司的角色是一个独立的经纪人，帮联属会员进行支付和账单处理，与相关银行和付款方进行联系。"

(2) CPS 的诱惑。

事实上，在国内，类似的广告联盟之前已经出现，如新好耶信息技术(上海)有限公司(下称"好耶公司")旗下的智易营销联盟(SmartTrade)。好耶公司首席执行官朱海龙说："营销联盟与广告发布技术、广告代理并列，成为好耶的三大块业务之一。这个平台能够做到传统广告永远不可能做到的事情，那就是按照广告效果支付费用。"对于广告主来说，可以选择按照浏览数、点击数、引导数、时间段，甚至按照实际销售额付费(Cost Per Sales, CPS)，CPS 无疑是这种营销联盟最吸引他们的地方。"现在互联网广告有 80% 以上都是按照点击数进行收费的。"Zanox 公司国际客户经理张文宇说。对于广告主来说，不同的网站从点击率到销售额的转化率差异很大，很难准确地测定。而实现 CPS 对于联盟来说，则需要一个强大的技术平台。虽然看上去联盟的流程并不复杂，但会员众多的联盟巨大的广告量、不同的投放策略、不同的结算方式必须有一个强大的后台进行管理。"广告跟踪和监控技术是这个系统的基础，"张文宇说，"只有这样才能真正实现按效果付费。"

Zanox联盟采用的Zanox XS技术是一个模块式的跨平台系统,兼容了XML、ASP和LDAP等多种公共标准,因此用户登录一个界面就可以管理多个跨国账户,支持多国语言、多币种,支撑多种广告模式。赫斯勒说:"这是一个模块化和动态化的系统,可以根据用户的需求,在很短的时间内进行更新和扩展。"并且Zanox XS系统的数据能够集成到企业的资源计划(ERP)等信息系统中去,方便进行数据分析。同国内的广告联盟相比,赫斯勒认为国际化是Zanox公司与它们的明显区别。欧洲的移动娱乐提供商Jamster公司是第一个运用跨国跟踪服务的广告主。Jamster公司通过加入跟踪服务代码,能够保证顺利安全地向跨国的联盟成员支付佣金。通过这项技术,在中国注册的联盟成员也能向匈牙利或者美国发布Jamster公司的信息或者出售它的产品,同时相应的佣金也能被直接打入其在中国的账户。Jamster公司副主席克里斯汀·沃尔曼说:"我们需要在美国和亚洲进行市场开拓,这种国际化的技术非常适用于新客户的开拓。"

(3)价值挖掘。

依靠灵活的底层平台和数量巨大的联盟会员,除了互联网广告以外,直接销售、推荐式销售和顾客忠诚度管理等同样能够在互联网上开展。这些业务都是基于按销售额付费的拓展。Zanox公司构建了一个类似于淘宝网等网上购物网站的门户——Zanox-shop@,不同的是联盟成员可以自主选择Zanox-shop@的产品,把这些产品搬到自己的网站上进行销售,然后按照销售额收取佣金。对于很多小型的电子商务网站来说,这是一个既没有风险,又能够增加销售产品门类的方法。对于厂商来说,则意味着销售渠道的增加。按照销售额付费的方式使得这种销售变得几乎没有成本。如果说Zanox-shop@还只是更大限度地利用了联盟内部的网站,那么推荐式营销系统则将用户也吸引进来,形成一个更加广泛意义上的"联盟"。赫斯勒将它称为"顾客雇佣顾客"的系统,即把网站的最终用户变为销售伙伴。如沃达丰公司将推荐式营销系统放到自己的网站上,用户可以将沃达丰公司的新产品和服务通过电子邮件推荐给自己的朋友,这些推荐如果转化为一个成功的销售,他们也可以从系统获得佣金。Zanox公司国际客户经理张文宇说:"毋庸置疑,朋友发来的推荐比一个垃圾邮件发过来的广告可信度要高得多,对于厂商来说,这种方式的销售转化率与群发邮件不可同日而语。"另外,除了新客户拓展外,这个系统还可以用于顾客忠诚度的管理。这些对于现有的技术平台价值的挖掘使得联盟显得更有价值,也使得广告主的销售渠道无处不在。

18.1.3 联属网络营销的优势

与传统的网络营销方式相比,联属网络营销是一个商家网站、联属会员网站和消费者三方都能受益的网络营销方式。首先,商家网站可以通过发展联属网络以较小的花费在较短的时间内树立自己的网上品牌,实现网上销售额的快速增长。通过吸引众多的网站加入自己的联属网络营销计划,商家网站公司可以将许多在线站点转变为合作伙伴,这种合作避免了社会资源浪费,特别是营销费用上的无谓浪费。其次,联属网站可以通过加入联属网络营销计划从起点较低的内容网站迅速转变为电子商务网站,实现营业收入。许多内容网站都希望通过销售网络广告获得收入,但实际上只有那些真正的热门站点才有希望得到广告主的垂青。与普通网络广告相比,联属营销计划没有访问量门槛的限制,主力网站欢迎所有的网站加入计划,一个网站还可以同时加入多个联属营销计划,这为一些小网站提供了难得的获取收入的机会。最后,网上消费者也能从联属网络营销中获得实惠。商家网站营销成本的降低导致商品总成本的降低,商家网站就有更大的价格空间回馈顾客,给顾客提供物美价廉的商品。联属网站也因为有了资金支持,可以给网上消费者提供更多更好的内容。联属网络营销还使顾客有可能在浏览高质量内容时有更多机会发现中意的商品。

具体而言,联属网络营销的优势表现在以下 5 点。

1. 双赢局面

对于商家,这种"按效果付费"的营销方式意味着他们只需要在对方真正带来"生意"时才付费。例如,采用联属网络营销方式,主力网站仅仅给实际产生销售的网络广告支付广告费,使广告投入的效率显著提高,使获取新顾客的成本显著降低。而对于联属会员网站,只要有访问量,联属会员就可以获取商业收入,不需要生产,不需要采购,不需要营销,也不需要提供售后服务。

2. 较低的客户成本和广告成本

据麦肯锡公司的统计,相对于电视广告成本和杂志广告成本,联属网络营销所带来的平均客户成本是电视广告的 1/3,杂志广告的 1/2。

3. 更广的网络覆盖面以及品牌强化

假设一下,对于某个特定市场(或者特定关键词),如果商家网站排在谷歌搜索结果的第 21 名,而商家网站的联属会员网站却可能占据了前 20 位的一半,甚至包括前三位。商家网站在他们网站上的链接和旗帜广告可以吸引目标市场的大部分眼球,这对于提高访问量和强化品牌是非常有效的。

4. 有利于联属网络营销相关主体的专业化运营

无论是对于商业网站还是联盟会员,都可以各自集中精力专注于核心竞争力的塑造。对于商家网站,可以把精力放到产品开发、客户服务上面;对于联盟会员,可以持续优化网站内容,不断提升网站流量。通过这种双赢模式,商业网站与联盟会员可以各自提高工作效率。

5. 可衡量的结果

联属网络营销"按效果付费"的广告和分销方式相比传统方式的一个显著特点是,客户的每一个点击行为和在线进程都可以被管理软件记录下来,从而可以让商家知道每一分钱的用途,而且还可以通过对这些记录的分析来为产品开发和营销策略提供科学的决策依据。

18.1.4　联属网络营销的趋势

在电子商务日益蓬勃的时代,联属网络营销已被作为一种新颖、有效的商务模式而备受推崇。随着广告联盟市场的发展,中国网络广告联盟市场呈现以下发展趋势。

1. 联属网络广告的认知度加强

随着网络广告的快速发展,越来越多的品牌广告主逐步加大在网络广告优势门户媒体上的投放费用。相对门户网站的网络广告,联属广告价值还未被完全认可,联属广告中的品牌广告主仍然较少,且各联盟平台的广告主资源重合率较高,广告主仍有待挖掘;聚合长尾的联属广告的广告价值还未被大部分品牌广告主认可,一些品牌广告主现阶段只是尝试性地开始投放,大多品牌广告主对投放过程及效果持观望态度。投放联盟广告的多以互联网企业为主,随着广告联盟市场的影响日益明显,联属网络广告将会得到传统广告主的关注与应用,并在投放比例上有所增加,从而将提高网络广告联盟营收能力,促进行业快速发展。

2. 网络联盟营销平台的规模化、专业化与品牌化开始显现

大多数广告联盟基本的趋利性以及低水平使得国内现阶段广告联盟平台竞争陷入价格竞争的低级竞争阶段。一方面广告联盟对有影响力的网站吸引力较小,优质流量不多,导致对广告主吸引力不足;而另一方面现阶段中小站点的主要收入来源是网络广告联盟给它们带来的广告收入,因此为获得更高的收益,这些站点往往会加入多个网站联盟,对单个联盟平台的忠实度不高。综合而言,以上原因容易造成联盟平台为聚集优秀站点资源陷入价格竞争的怪圈,而非注重品牌和服务。随着中国联盟广告市场的发展,国内网络联盟营销平台将会呈现出规模化、专业化与品牌化的趋势。

3. 技术的进步与品牌的提升将进一步突破企业伦理瓶颈

在我国,企业的商业伦理观念普遍比较淡漠,作弊等不规范问题危害网络广告联盟产业链的正常发展。例如,由于网络联盟营销平台各方关注的利益不同,因此选择的计费付费方式出发点也不尽相同,许多中小站点为追逐短期收益,经常采用不规范的方式拉动广告效果(如作弊点击),而非基于广告本身产生新用户或增加活跃用户。因此通常在网络广告停止后,广告主发现广告跟踪数据下降幅度比较明显,这也影响了广告主投放联盟广告的积极性。对于开展网络联盟营销平台的各方而言,计划开展联属网络营销的公司需要有优良的产品和良好的信誉,否则联属网络营销计划便会因为无法吸引到足够的联属网站参与而失败。联属网络营销是网络联盟营销平台与联属网站进行联合推广并共享销售利润的计划,要求合作方能在相互信任的基础上走共同发展的道路。对于联属网站,则需要慎重选择网络联盟营销平台,不仅要考虑网络联盟营销平台经营的产品是否有竞争力,还要考虑网络联盟营销平台所坚持的伦理标准的高低;否则,便会为他人做嫁衣,无法得到实质性的回报。随着网络营销技术的进步与网络联盟营销平台品牌的提升,作弊成本将越来越高,联盟市场将逐步规范,联属网络营销的企业伦理瓶颈将得以突破。

18.2 联属网络营销的主体与实施

联属网络营销的主要内容体现在联属网络营销的主体、计费方式和实施方面。

18.2.1 联属网络营销的主体

联属网络营销实际上是一种广告渠道和产品分销渠道。联属网络营销的构成主体包括商家网站、联盟会员和网络联盟营销平台,如图 18-1 所示。

1. 广告主

广告主(advertiser)即通过网络广告联盟投放广告或者进行分销,并按照网络广告的实

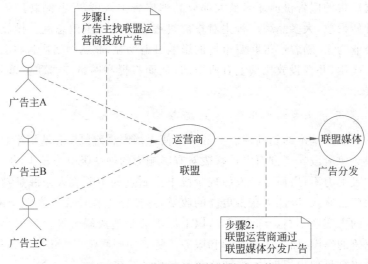

图 18-1　联属网络营销的构成主体

际效果(如销售额、引导数、点击数和展示次数等)支付广告费用的商家网站。相对于网络广告代理而言,通过广告联盟投放广告的广告主多为中小型企业或者是互联网网站,品牌广告主投放的广告费用还相对较少。通过广告联盟投放广告能节约营销开支,提高营销质量,同时节约大量的网络广告销售费用。商家网站通过联属管理软件(Affiliate Management Software)跟踪记录每一个联属会员所产生的点击数(clicks)、印象数(impressions)、引导数(leads)和成交次数或成交额(sales),然后根据联属协议上规定的支付方法给予联盟会员支付费用。

2. 联盟会员

网络中相当数量的站点人气很高,活跃用户也很多。但是令很多站长苦恼的是,由于网站缺乏精力与资金销售网站广告,所以站点无法把巨大的流量转化成收入。联盟会员(affiliate)通过网络联盟营销平台,选择合适的商家网站并通过投放广告主广告提高收益,从而将自身网站访问量转化为网站收益。这样,联盟会员只需要专心做好自己的内容,吸引眼球即可。

3. 网络联盟营销平台

网络联盟营销平台,即广告联盟平台通过连接上游广告主和下游加入联盟的中小网站,通过自身的广告匹配方式为广告主提供高效的网络广告推广,同时为众多中小站点提供广告收入的平台。网络联盟营销平台为联盟会员提供广告主的商品销售、会员注册及第三方的用户访问跟踪、实时报告系统、佣金结算、营销等方面的服务,此外还包括网络营销的咨询、策划、创意、广告投放、效果监测等广泛的增值服务。广告联盟平台作为专门从事网络营销的第三方平台企业,处于商家(merchant)和联盟会员之间,在一定程度上可以有效规避商家或联盟会员之间的信息不对称与透明度不高的问题。具体而言,网站联盟囊括了众多行业类别的网络站点,通过海量的加盟合作网站影响与覆盖网民。当网民进入互联网网站时,网盟推广可以通过人群细分、网站细分、关键词细分、地理细分等方式,精准定位目标客户,并将企业的推广信息以文字、图片、Flash、动画、视频等多种形式展现在目标客户的浏览网页上,从而有效提升企业的品牌知名度和销售收入。

在中国,大规模的网络联盟营销平台除了最先开展网盟推广的卓越亚马逊外,还有百度的网盟推广、谷歌的广告联盟、阿里妈妈等,主要联盟的对比分析如表 18-1 所示。此外,还有部分中小型网络联盟营销平台也占据一席之地,如成果网、橡果国际等。

表 18-1　主要联盟平台对比分析

类　　别	谷歌 AdSense	百度联盟	阿里妈妈
联盟背景	依靠当今世界上市值最大的互联网公司谷歌	中国搜索引擎老大	背靠阿里巴巴集团
规模	最早倡导广告联盟者之一,在国内拥有 30 多万家联盟网站,既有门户网站也有个人站点,既有精英的专业网站,也有草根的个人博客,几乎涵盖了各行各业,功能完善、数量庞大	合作伙伴超过 10 万家,虽然绝对数量不及谷歌 AdSense,但是绝大部分都是人气极旺、美誉度极高的网站,这些合作伙伴的影响力几乎覆盖所有中文网民	上线 100 天,其网站注册会员就超过了 100 万,汇集了超过 14.9 万家的中小网站和超过 13.5 万的个人博客站点
申请条件(共同要求:拥有一个合法站点,并有管理权限,但各大联盟又不尽相同)	起初比较宽松,没有流量的要求,但随着申请者的不断增多和作弊手段的多样化,现在申请条件越来越严格,最低要求是拥有独立域名、内容原创、网站上线时间 3 个月、域名注册半年以上等	对网站 Alexa 排名严格要求,百度自身对网站的页面收录的数量也有很高限制,而且现在加入之前要到站点上加入百度指定的搜索代码,以收集完整数据,包括站点日均展现量和日均检索量等	阿里妈妈要求相对较低,只要注册网站,有淘宝账户就可以进行交易,申请门槛相对较低
广告支付形式(指联盟的付费方式,即联盟大家庭如何分配利润)	一般分为两类:一是直接在站点投放代码,然后按照广告的点击量付费;二是在网站放置搜索框,按照搜索结果广告点击付费,即谷歌 AdWords 里的广告,这类广告的单个点击费用很高	与谷歌 AdSense 相差无几,只不过如果放置百度的搜索框,那么客户的搜索量也可以作为付费的一个指标。另外百度 TV 也开始接受联盟申请,作为视频广告的新形式,开始逐鹿网络	是广告交易平台也是广告联盟,即当广告位没有买家购买时,阿里妈妈会自动匹配相关内容广告,广告既可按时长计费也可按点击计费,比较符合国情
广告费用支付情况(指联盟家庭里的利润分配单价和最低标准)	全部以美元结算,每个点击中文 0.1 美元,英文 0.2 美元,月底结算,最低支付金额是 100 美元,提供邮寄或快递支票和西联汇款两种支付方式	月结,最低支付金额是 100 元人民币,通过银行转账或者邮局汇款	如果按照时长购买,则通过支付宝支付;如果是按照点击量支付则是日结,每日都结算前一天的广告费用,然后通过支付宝直接提现

18.2.2　联属网络营销的计费方式

根据商家网站给联属会员的回报支付方式,联属网络营销可以分为以下三种形式。

1. 按点击数付费(Cost-Per-Click, CPC)

联属网络营销管理系统记录每个客人在联属会员网站上点击到商家网站的文字链接或者图片链接(或者 E-mail 链接)次数,商家按每个点击多少钱的方式支付广告费。

2. 按引导数付费(Cost-Per-Lead,CPL)

又称为 CPA(Cost-Per-Acquisition),访问者通过联属会员的链接进入商家网站后,如果填写并提交了某个表单,管理系统就会产生一个对应这个联属会员的引导记录,商家按引导记录数给会员付费。

3. 按销售额付费(Cost-Per-Sale,CPS)

商家只在联属会员的链接介绍的客人在商家网站上产生了实际的购买行为(大多数是在线支付)后才给联属会员付费,一般是设定一个佣金比例(销售额的 10%～50% 不等)。

上面三种方式都属于按效果付费的营销方式,无论对于商家还是联属会员都是比较容易接受的。由于网站的自动化流程越来越完善,在线支付系统也越来越成熟,越来越多的联属网络营销系统采用按销售额付费的方式。由于这种方法对商家来说是一种零风险的广告分销方式,因此商家愿意设定比较高的佣金比例,这样就使得这种方式的营销系统被越来越多地采用。

18.2.3　联属网络营销的实施

以下以亚马逊中国站为例,简要介绍联属会员网站加入联属网络营销平台的实施过程。

1. 进入联盟站点

进入亚马逊联盟频道 https：//associates.amazon.cn,完成注册并登录后,即进入网页,如图 18-2 所示。联属会员网站可以通过自定义链接,添加引人注目的内容,提高网站流量。

2. 制作链接

联属会员网站浏览并选择网站想添加的产品类型,按照提示说明开始制作亚马逊的产品链接和 Banner 广告链接。当联盟添加产品链接和 Banner 广告链接到联盟网站的网页以后,一旦用户点击上述广告并在亚马逊网站实现购买,联属会员网站即可以获得相应的佣金。亚马逊的链接分为三种,分别为产品链接、Banner 广告和搜索框。

(1)产品链接。

首先,联属会员网站通过产品链接制作工具可以建立亚马逊产品的文本链接、图文链接和图片链接,如图 18-3 所示。产品链接中包含了联属会员网站的联盟 ID,通过此链接带来有效销售额,联属联盟平台将会给联属会员网站支付佣金。其次,创建到亚马逊具体页面的产品链接。联属会员网站可以从分类中选择需要显示并链接的具体商品并创建链接,如图 18-4 所示。在下面的搜索框中输入一个或多个关键词并单击“开始”按钮,联盟

图 18-2　亚马逊联盟页面

网站可以生成所有产品线或者某个产品线的搜索结果链接;同样,也可以输入商品 ASIN 或 ISBN 编码。

（2）Banner 广告。

联属会员网站可以选择 Banner 广告放到自身网站。亚马逊通过 Banner 链接直接向联属会员网站提供转换的广告图片和服务,会员网站只需要选择尺寸后复制到网站的 HTML 代码中,如图 18-5 所示。

图 18-3　产品链接示例图

图 18-4　搜索任意产品示例图

图 18-5　Banner 链接示例图

（3）搜索框链接。

通过在联属会员网站上放置搜索框的产品，可以让联属会员网站的浏览者搜索以下分类，如图18-6所示。

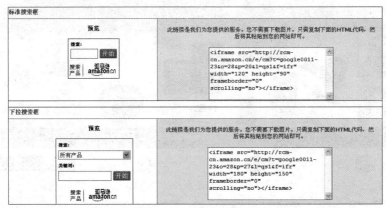

图18-6　搜索框链接

3. 查看报表

联属会员网站定期查看报表，可以掌握站点加入联盟平台的绩效与收益情况。以亚马逊报表为例，包括收益报表、订单报表、广告分类报表、日业绩报表、跟踪 ID 报表、订单跟踪报表等，如图18-7所示。

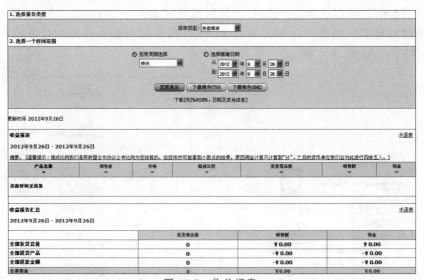

图18-7　收益报表

思考题

以联属会员网站的身份，在百度的网盟推广、谷歌的广告联盟或阿里妈妈之中任选一个联属网络营销平台加入，模拟实施过程。

附录 A 亚马逊联盟术语

亚马逊销售商品：亚马逊销售并配送的商品，不属于第三方销售。

ASIN 编码：为 Amazon.com Standard Item Number 的缩写，亚马逊销售的所有商品都有唯一的 10 位商品编码，即 ASIN。可以在产品最终页产品信息（例如销售排行、出厂日期等）中找到 ASIN 编码。一般情况下，图书的 ASIN 编码经常与它们的 ISBN 一致，不过也有例外情况。请查看 FAQ 中的 ISBN-13 以获得更多信息。

联盟中心：为联盟会员提供丰富的服务，包括报表、链接制作工作、图片库及营销建议。

联盟 ID：自动生成的用来唯一识别联盟账户的名称。

产品链接：可以指向某一个具体产品的链接形式，联盟用户可以下载产品图片、使用产品的文字说明。产品链接引导用户访问具有产品信息的产品页面。

消费电子：日常生活中使用的电器商品。

点击量：用户点击联盟链接的数量。

点击率：点击量除以广告展示量，用百分数表示。例如，如果链接有 1000 次展示量，产生了 50 个点击，那么点击率为 $50/1000 = 0.05$，即 5％。点击率可以用来衡量链接产生流量的有效性。

转化率：商品销售数量除以点击量，用百分比表示。例如，如果一个链接点击量是 200，销售 18 件商品，那么转化率是 $18/200 = 0.09$，即 9％。

CSV：CSV 为 Comma Separated Values 的缩写，是一种允许下载的数据存储格式。从联盟中心下载文本格式的报表使用制表符而非逗号分隔，即 TSV（Tab Separated Values）格式。

日业绩报表：显示每日点击数、订购商品数、转化率，帮助你快速了解网站的业绩。

收益：也称佣金，是通过联盟项目赚取的总金额（包括奖金）。收益报表用来查询某一个时间段内基于有效销售额的佣金情况。

收益概要：查询本季度发货商品数、有效销售额及收益情况。

实际提成比例：基础提成比例加上奖金比例。

热门页面：指向某一个亚马逊页面的链接形式，如销售排行榜、帮助及分类页。

佣金模式和标准：可以在联盟用户合作协议里找到所有相关信息。

首页链接：指向亚马逊首页的链接形式。

HTML：一种用于设计网页的语言，支持文本格式及超链接格式。

JavaScript：一种编程语言，广泛用于增强页面功能，使交互性更强。联盟中许多

Widget 和链接都是使用 JavaScript 编写的。

超级列表：超级列表是亚马逊提供给用户的一种功能。可以使用它来生成自己的亚马逊产品清单。

广告分类报表：用来衡量不同广告类型的报表，包括点击量、订购商品数、发货商品数、转化率及佣金。

广告类型：我们提供了多种类型的广告，以下是每种类型广告的简介，可以通过访问不同广告类型的链接制作方法以获得更多信息。

- 产品链接：链接到产品最终页。
- 搜索框：用户可以输入搜索内容并链接到亚马逊相应搜索结果页面。
- Banner 广告：可以引导用户直接访问亚马逊首页、产品分类页或者特色商品促销信息页。
- Easy Link：动态广告类型，可以自动更新，首页链接是这种广告类型。
- 文字链：可以引导客户访问亚马逊的某一具体页面，例如"热门页面"和任意页面链接。

新客户：指在结账过程中输入一个电子邮件地址和密码（这个邮件地址没有在亚马逊注册过），然后支付并接收货物的亚马逊客户。

订单报表：显示客户已经订购的商品件数以及最有效的广告类型。报表数字是基于订购数据，并不一定发货。

收款人：我们付款的对象，我们会使用在"维护我的付款信息"中提供的银行账户信息。

价格：客户支付的某个商品的最终价格，已经扣除了该客户可以享受的任何折扣。

主要 E-mail 地址：最常使用的 E-mail 地址。

首要用户：指这个账户的拥有人。他有权力改变付款方式和信息，并增加其他用户。

产品最终页：客户可以阅读到产品详细信息的页面，包括商品名称、图片、价格、描述、客户评论及订购选项。

商品链接点击数：客户通过商品链接广告点击亚马逊商品最终页的数量。

产品链接转换率：一个可以体现的用户点击率和购买率百分比，是用产品链接点击数去除相应商品的售出数得到的。例如一个用户点击你的摄像机的链接并购买了该产品，你的转换率就是 100%。如果第二个用户也点击了这个链接，但最终却购买了一块手表，那么你的摄像机产品链接的转换率就降到了 50%（1 件售出商品/2 个点击）。

季度：每年被分为四个季度：Q1（第一季度为 1—3 月），Q2（第二季度为 4—6 月），Q3（第三季度为 7—9 月），Q4（第四季度为 10—12 月）。

本季度：指一个时间段，从本季度开始的第一天到今天。

本季度收益：本季度第一天到昨天的收益总额。

退货：如果客户对购买的商品不满意，可以将商品退回给亚马逊并获得退款，称为"退货"。

销售额：从亚马逊或者第三方卖主购买商品所支付的总金额。

搜索框：客户可以使用亚马逊的搜索功能查找他们想要商品的链接形式。

销售方（卖主）：指履行订单方，亚马逊或者第三方。

发货金额：支付给亚马逊或者第三方卖主的实际发货商品的金额。

独立访客：通过联盟链接访问亚马逊的客户数量，不记录同一天相同的客户重复点击。

URL：Uniform Resource Locator 的缩写，在互联网中用来标识页面所处的地址。

XML：Extensible Markup Language 的缩写，是一种可以在各种系统中共享的创建文件的编程语言。可以用 XML 格式下载报表，然后转换成内部系统可以应用的信息。

参 考 文 献

[1] 雷蒙德·弗罗斯特. 网络营销[M]. 时启亮,陈育君,黄青青,译. 北京:中国人民大学出版社,2021.

[2] 戴夫·查菲,菲奥纳·埃利斯-查德威克. 网络营销战略、实施与实践[M]. 马连福,高楠,等译. 5版. 北京:机械工业出版社,2015.

[3] 戴夫·查菲,菲奥纳·埃利斯-查德威克. 数字营销:战略、实施与实践[M]. 王峰、韩晓敏,译. 7版. 北京:清华大学出版社,2022.

[4] 渠成. 全网营销实战:开启网络营销4.0新时代[M]. 北京:清华大学出版社,2020.

[5] 李东进,秦勇,陈爽. 网络营销:理论、工具与方法[M]. 北京:人民邮电出版社,2021.

[6] 何晓兵,何杨平,王雅丽. 网络营销——基础、策略与工具[M]. 2版. 北京:人民邮电出版社,2020.

[7] 黄敏学,朱华伟,刘茂红,等. 网络营销[M]. 4版. 武汉:武汉大学出版社,2020.

[8] 阳翼. 数字营销[M]. 3版. 北京:中国人民大学出版社,2022.

[9] 卢泰宏,周懿瑾. 消费者行为学:洞察中国消费者[M]. 4版. 北京:中国人民大学出版社,2021.

[10] 王永贵,马双. 客户关系管理[M]. 2版. 北京:清华大学出版社,2020.

[11] 乌尔瓦希·毛卡尔 等. 客户关系管理[M]. 马宝龙,姚卿,译. 北京:中国人民大学出版社,2014.

[12] 特蕾西·L. 塔腾. 社会化媒体营销[M]. 戴鑫,严晨峰,译. 北京:机械工业出版社,2020.

[13] 阳翼. 大数据营销[M]. 北京:中国人民大学出版社,2017.

[14] 秋叶,秦阳,陈慧敏. 社群营销:方法、技巧与实践[M]. 2版. 北京:机械工业出版社,2016.

[15] 温伯格. 正在爆发的营销革命:社会化网络营销指南[M]. 赵俐,等译. 北京:机械工业出版社,2010.

[16] 麓山文化. 剪映短视频剪辑与运营全攻略[M]. 北京:人民邮电出版社,2020.

[17] 袁国宝,谢利明. 网红经济:移动互联网时代的千亿红利市场[M]. 北京:企业管理出版社,2016.

[18] 陈娜,姜梅. 微博营销与运营[M]. 北京:人民邮电出版社,2021.

[19] 菲利普·科特勒,加里·阿姆斯特朗. 市场营销:原理与实践[M]. 楼尊,译. 17版. 北京:中国人民大学出版社,2020.

[20] 鲁道夫·阿恩海姆. 艺术与视知觉[M]. 滕守尧,译. 成都:四川人民出版社,2019.

[21] 刘东明. 网络整合营销兵器谱[M]. 沈阳:辽宁科学技术出版社,2009.

[22] 戴维德·米尔曼·斯科特. 新规则:社会化媒体营销和公关[M]. 赵俐,译. 北京:机械工业出版社,2016.

[23] 张志. 榨干百度谷歌:搜索引擎广告大赢家[M]. 北京:电子工业出版社,2011.

[24] Brian Halligan,Dharmesh Shah. 网络营销3.0:Google,社会化媒体和博客引爆的集客式营销[M]. 候德杰,译. 北京:人民邮电出版社,2011.

[25] 王宜. 赢在网络营销[M]. 2版. 北京:人民邮电出版社,2008.

[26] 文武赵. 微博营销手册(李开复:微博改变一切)[M]. 合肥:黄山书社,2011.

[27] 陈墨. 网络营销应该这样做:制造非一般的网络影响力[M]. 北京:机械工业出版社,2011.

[28] Tamar Weinberg. 正在爆发的营销革命:社会化网络营销指南[M]. 赵俐,刘霞,高朝勤,等译. 北京:机械工业出版社,2010.

[29] 杰西·詹姆斯·加勒特. 用户体验要素——以用户为中心的产品设计[M]. 北京:机械工业出版社,2019.

[30] 拉菲·默罕默德等. 网络营销[M]. 2版. 北京：中国财政经济出版社,2004.

[31] 藏锋者. 网络营销实战指导：知识·策略·案例[M]. 北京：中国铁道出版社,2011.

[32] 毛从任. E-mail营销：网商成功之道[M]. 北京：电子工业出版社,2010.

[33] 曹芳华. 聚合营销：网络整合营销传播[M]. 北京：人民邮电出版社,2010.

[34] 白玉苓,陆亚新. 零售学[M]. 北京：机械工业出版社,2020.

[35] 蒋秀兰,蒋春艳. 零售学[M]. 2版. 北京：清华大学出版社,2018.

[36] 巴里. 伯曼,乔尔. R. 埃文斯. 零售管理[M]. 金钰,译. 13版. 北京：中国人民大学出版社,2021.

[37] 荆林波,史丹,夏杰长. 中国服务业发展报告(No. 9)[M]. 北京：社会科学文献出版社,2013.

[38] 荆林波,梁春晓. 中国电子商务服务业发展报告(No. 2)[M]. 北京：社会科学文献出版,2013.

[39] 中国互联网信息中心. 第50次中国互联网络发展状况统计报告. 北京：中国互联网信息中心,2022.

[40] 中国互联网信息中心. 2019年中国网民搜索引擎使用情况研究报告. 北京：中国互联网信息中心,2019.

[41] 中国互联网信息中心. 2016年中国网民搜索行为调查报告. 北京：中国互联网信息中心,2018.

[42] 中国互联网信息中心. 2016年中国社交应用用户行为研究报告. 北京：中国互联网信息中心,2017.

[43] 秋叶. 短视频实战一本通[M]. 北京：人民邮电出版社,2020.

[44] 乔恩·莫瓦特. 视频营销[M]. 耿聘聘,吕侠,译. 北京：中国商业出版社,2021.

[45] 单凯. 抖音电商2.0运营全攻略[M]. 北京：人民邮电出版社,2022.

[46] 刘东明. 直播电商全攻略[M]. 北京：人民邮电出版社,2020.

[47] 迈克尔·利维. 零售管理(原书第9版)[M]. 俞利军,王欣红,译. 北京：机械工业出版社出版,2017.

[48] 甘志兰,刘琳. 网络零售经营实务[M]. 北京：中国人民大学出版社,2023.

[49] 陈德人,林慧丽,章剑林,等. 网络零售[M]. 2版. 北京：清华大学出版社,2015.

[50] 章剑林,林慧丽. 网络零售[M]. 北京：高等教育出版社,2021.

[51] 朗包卡斯. 网络成功营销权威指南[M]. 赵俐,杨建军,译. 北京：机械工业出版社,2010.

图 书 资 源 支 持

感谢您一直以来对清华版图书的支持和爱护。为了配合本书的使用，本书提供配套的资源，有需求的读者请扫描下方的"书圈"微信公众号二维码，在图书专区下载，也可以拨打电话或发送电子邮件咨询。

如果您在使用本书的过程中遇到了什么问题，或者有相关图书出版计划，也请您发邮件告诉我们，以便我们更好地为您服务。

我们的联系方式：

清华大学出版社计算机与信息分社网站：https://www.shuimushuhui.com/

地　　址：北京市海淀区双清路学研大厦 A 座 714

邮　　编：100084

电　　话：010-83470236　010-83470237

客服邮箱：2301891038@qq.com

QQ：2301891038（请写明您的单位和姓名）

资源下载：关注公众号"书圈"下载配套资源。

资源下载、样书申请

书圈

图书案例

清华计算机学堂

观看课程直播